시스템 프로그래밍

[개정판]

|이형봉 지음|

도서출판 홍릉

저자소개

이형봉 (hblee@gwnu.ac.kr)

1984년 서울대학교 계산통계학과 학사
1986년 서울대학교 계산통계학(전산과학)과 석사
2002년 강원대학교 컴퓨터과학과 박사
1986년~1994년 LG전자 컴퓨터연구소, 선임연구원(유닉스 시스템 개발)
1994년~1999년 한국디지탈㈜, 책임 컨설턴트(유닉스 부문)
1997년~1999년 전자계산조직응용, 전자계산기, 정보관리, 정보통신 기술사
2004년~현재　강릉원주대학교 컴퓨터공학과 교수

[개정판]
시스템 프로그래밍

인　쇄 : 2025년 2월 21일 개정2판 1쇄
발　행 : 2025년 2월 28일 개정2판 1쇄

저　자 : 이형봉
발행인 : 송 준
발행처 : 도서출판 홍릉
주　소 : 01093 서울시 강북구 인수봉로 50길 10
등　록 : 1976년 10월 21일 제5-66호

전　화 : 02-999-2274~5, 903-7037
팩　스 : 02-905-6729
e-mail : hongpub@hongpub.co.kr
http://www.hongpub.co.kr
ISBN : 979-11-5600-270-3(93000)

정　가 : 18,000원

머 리 말

프로그래밍 언어로 구성되는 소프트웨어는 크게 어플리케이션 소프트웨어와 시스템 소프트웨어로 분류할 수 있고, 이중 시스템 소프트웨어는 특정 컴퓨터 시스템에 탑재하여 사용자들을 돕기 위한 목적으로 작성된다. 대표적인 시스템 소프트웨어로 운영체제, 파일 탐색기, 인터넷 브라우저, 편집기, 컴파일러, 어셈블러, 매크로 처리기, 링커, 로더 등을 들 수 있다. 이 교재는 어셈블러를 유닉스・리눅스 환경에서 C 언어로 구현하는 프로젝트 중심의 교과 운영을 목표로 제작되었다. 1 학년에서 C 언어 기반 컴퓨터 프로그래밍을 이수하고, 2학년에서 데이터 구조와 유닉스 기초를 이수한 학생들이 2학년 2학기나 3학년 1학기에 수강하기에 적합하다. 어셈블러는, 피연산자로 오직 절대・직접 주소만 지원하는 단순 가상 기계(SVM: Simple Virtual Machine)용에서 출발하여, 그 외 레지스터, 상대 주소, 직접 주소, 간접 주소 등 다양한 주소 지정 모드를 모두 지원하는 확장 가상 기계(XVM: eXtended Virtual Machine)용까지 단계적으로 확장하며 구현한다.

이 교재는 총 6 장으로 구성되어 있다. 1 장에서는 어셈블러 자체와 직접 관계되는 필수 내용으로 컴퓨터 구조의 일부분인 기계 사이클과 어셈블리 프로그래밍을 다룬다. 이 과정을 거치며 수강생들은 컴퓨터가 동작하는 기본 원리를 깨우칠 것이다.

2 장에서는 SVM 기계 구조 및 니모닉 코드(연산 명령어)를 정의하고, 이를 위한 1-패스 어셈블러(asm_s10)와 2-패스 어셈블러(asm_s20~asm_s22)를 구현한다. asm_s10과 asm_s20은 어셈블러 리스트가 주요 출력이고, asm_s21은 목적 프로그램을 추가 출력하며, asm_s22는 데이터 입·출력을 지원하기 위한 파일 매핑 레코드를 목적 프로그램에 출력한다.

3장에서는 XVM 기계 및 확장된 부분에 대한 니모닉 코드를 추가 정의하고, 이를 지원하기 위한 2-패스 어셈블러(asm_x22~asm_x24)를 구현한다. asm_x22는 asm_s22와 기능 범위가 동일하고, asm_x23은 XVM의 상대 주소 지정 모드를 활용한 자동 변수를 지원하며, asm_x24는 함수 개념을 도입한 지역 변수를 지원한다.

4 장에서는 목적 프로그램을 당초 예정된 위치가 아닌 다른 위치에 적재할 수 있는 재배치를 다루고, SVM 및 XVM 목적 프로그램의 재배치를 지원하기 위한 각각의 어셈블러(asm_s25, asm_x25)를 구현한다.

5 장에서는 여러개의 파일로 분리하여 코딩하는 경우에 필요한 목적 프로그램의 링크를 다루고, 이를 지원하기 위한 XVM 어셈블러(asm_x26)을 구현한다.

6 장에서는 모든 연습 문제에 대한 해설(모범 답안)을 제시한다.

위에 제시된 학습 로도맵을 순조롭게 이어가기 위한 가장 중요한 요소는 C 언어 구사 능력, 자료 구조 활용 능력, 그리고 비트 기반 수치 표현 및 연산 능숙도 등이다. 이들 요건이 다소 미흡한 수강생을 위해 asm_s10과 asm_s20~asm_s22를 위한 주요 프로시저의 C 코드 안과 함께 이들 소스 코드를 편리하고 간편하게 관리하는 프로젝트 관리 도구 makefile 사용법을 제시하였다. 그 외에 이번 개정판에서는 asm_x22를 위한 주요 프로시저를 부록으로 추가 제시하였다.

실습 환경 및 교수자에 따라, 이미 구현되어 완성된 어셈블러 asms(SVM 용)와 asmx(XVM 용)를 실습 시스템에 탑재하면 수강생들이 자신이 구현한 어셈블러 구현 결과와 비교하면서 프로젝트를 진행할 수 있다. 더불어, 이 교재에서 보인 모든 SVM 및 XVM 어셈블리 코드의 목적 프로그램을 위한 적재, 재배치, 링크 그리고 실행 환경을 제공하는 가상기계 에뮬레이터 vmes (SVM 용)와 vemx(XVM 용)를 탑재하면 더욱 효과적인 수업 진행에 도움이 될 것이다.

2025년 2월 저자 씀

목 차

제 1 장 어셈블리 프로그래밍

1.1 컴퓨터의 기본 구성 요소

컴퓨터를 구성하는 가장 기본적인 요소는 CPU(Central Processing Unit)와 주기억장치(main memory, 이하 메모리로 칭함)의 두 가지이다. 즉, 어떤 컴퓨터도 이 두 가지 요소는 반드시 갖추어야 하고, 디스크, 키보드, 마우스, 모니터 등의 기타 주변장치들은 해당 컴퓨터의 용도에 따라 선택적으로 사용된다.

1.1.1 CPU와 메모리의 연결

CPU와 메모리는 [그림 1-1]과 같이 주소 버스, 데이터 버스, 제어 버스 등 세 가지 버스로 연결된다. 일반적으로 전자·전기적 신호를 전달하는 선을 버스라 하고, 선 하나는 0/1의 두 가지 신호를 전달할 수 있다. 따라서, 전달되는 신호의 종류가 많은 경우에는 여러 가닥의 선이 필요하다. 이를테면 5 가지의 서로 다른 신호를 전달하기 위해서는 3 가닥 묶음의 버스를 사용해야 한다. 버스 자체는 저장 기능을 갖지 않기 때문에 버스 양쪽 끝단은 저장 기능이 있는 레지스터와 연결된다.

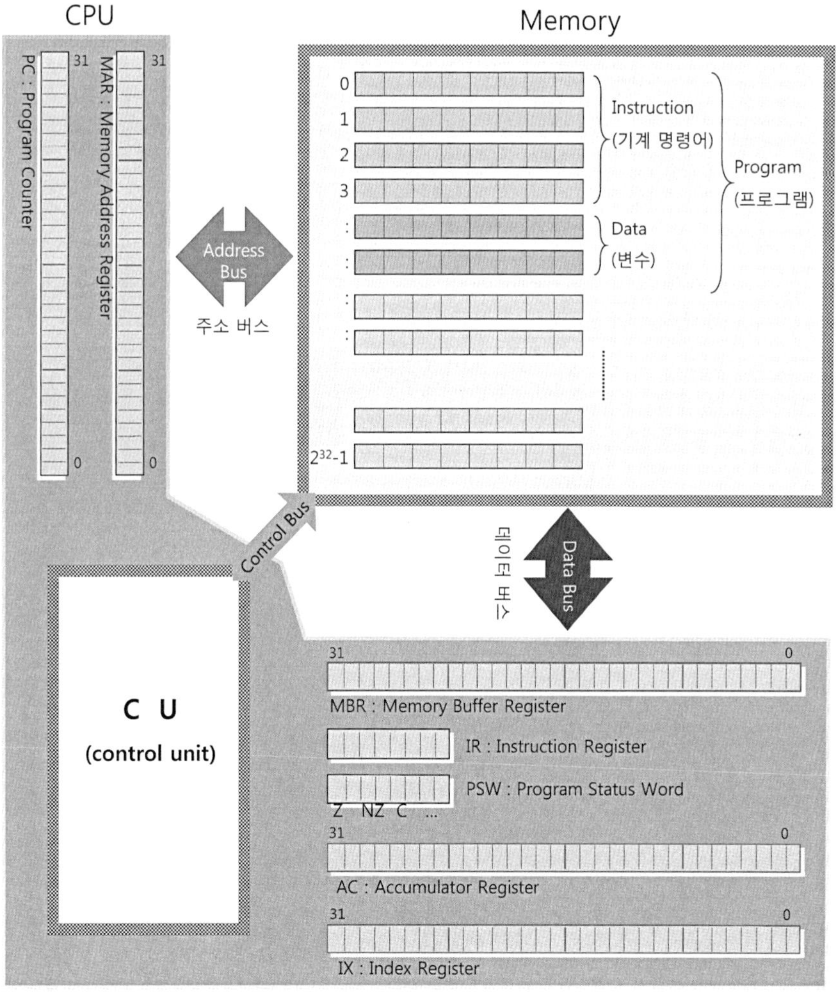

[그림 1-1] 일반적인 컴퓨터 구조

위 세 가지 버스의 용도는 다음과 같다.

□ 주소 버스(address bus)
메모리에 접근하기 전 접근하고자 하는 주소를 전달한다.

□ 제어 버스(control bus)
메모리에 읽기·쓰기 등 기능 및 통제 신호를 전달한다.

□ 데이터 버스(data bus)
메모리 읽기(read) 때는 메모리의 저장 값이 데이터 버스로 실려 전달되고, 메모리 쓰기(write) 때는 데이터 버스로 전달되는 값이 메모리에 저장된다.

1.1.2 레지스터(register)

메모리와 같은 대량의 저장 장치 외에 특수 목적을 갖는 소량의 저장 장치를 레지스터라 한다. 주로 CPU나 입·출력 제어기 등 처리기(processor)의 내부 연산, 상태 표시, 모드 설정, 외부 인터페이스 등의 목적으로 장착된다. 이를테면 [그림 1-1]에서 PC, MAR, MBR, IR, PSW, AC, IX 등이 레지스터들이다.

1.1.3 CPU 제어 회로

CPU는 사용자에 의해 작성된 후 메모리에 적재된 기계 명령어를 차례차례 읽어서 처리하도록 설계된 고도의 집적회로 중의 하나이다. CPU 제어 회로는 [그림 1-2]와 같이 발진기(oscillator)에서 공급되는 클록(clock)에 따라 단계적 처리가 진행되도록 설계되어 있다. 따라서, 발진기의 속도(clock speed)가 곧 CPU 처리 속도를 결정하는데, AVR 등 소형 8비트 MCU의 경우 8MHz 정도이고, 펜티엄 등 대형 CPU들은 2GHz 이상의 클록으로 동작한다. 만약 4GHz CPU가 하나의 기계 명령어를 처리하는데 평균 4개의 클록이 필요하다면, 이 기계는 대략 초당 10억 개의 기계 명령어를 처리할 수 있다.

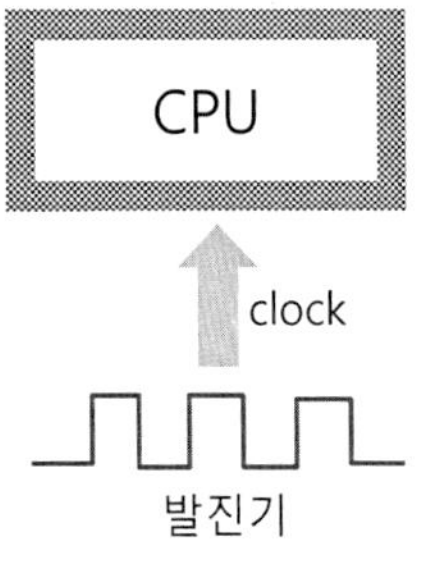

[그림 1-2] CPU 동력

1.1.4 컴퓨터가 연산(계산)을 진행하는 과정

[그림 1-3]에서 보는 바와 같이 컴퓨터에서의 연산은 CPU에 의해 크게 3 단계의 연속으로 이루어진다.

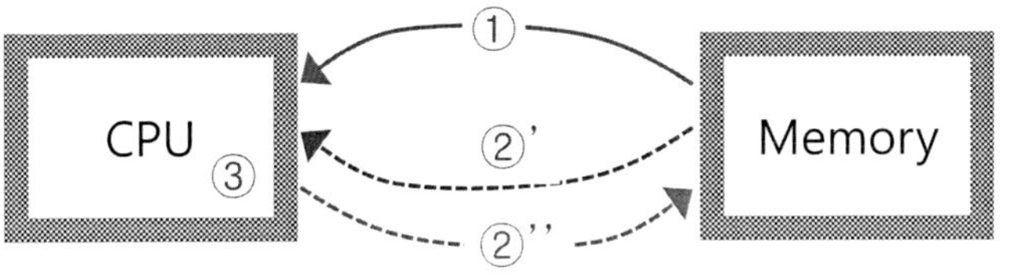

[그림 1-3] 기계 명령어 실행

① 메모리에서 기계 명령어를 가져온다. 이 때 가져올 기계 명령어의 위치는 주소 버스를 통해 메모리에 전달된다.

② 기계 명령어에 포함된 피연산자(변수) 주소를 참조하여 다시 메모리에 접근한다. 만약 읽어야 할 명령어라면 메모리 내용을 CPU 내 지정된 레지스터로 읽어 들이고(②'), 써야 할 명령어라면 CPU 내 지정된 레지스터에 보관 중인 값을 메모리에 쓴다(②'').

③ ②'의 경우 단순히 읽기만 하지 않고, 읽은 후 어떤 연산을 의미하는 명령어라면 읽어 들인 값에 대하여 주어진 연산을 실행한다.

일반적으로 단계 ②에서 단순히 메모리(변수)에서 읽기만 하는 명령어를 load(LOAD, LD), 메모리로 쓰는 명령어를 store(ST) 혹은 save(SAVE)라 명명한다. Load 명령어와 다르게 특정 변수 값을 읽어서 더하거나(add) 감하는(sub) 등의 연산이 주 목적인 경우(③)가 있다. 이를테면 add 명령어의 경우 기계 명령어의 피연산자에 명시된 변수 값을 읽어 CPU 내 특정 레지스터에 더하는 연산을 실행하여 그 연산 결과를 해당 레지스터에 누적시킨다. 이와 같이 메모리에 존재하는 변수 값을 읽어 CPU 내 레지스터와의 연산이 이루어지는 경우에는 해당 레지스터에 의미 있는 값이 미리 준비되어 있어야 하는데, 전형적으로 load 명령어에 의해 초기화된다.

Add나 sub 명령어에서와 같이 메모리의 변수 값을 더하거나 감하는 등의 연산이 이루어질 수 있는 CPU 내 레지스터를 누산기(accumulator)라 하고, 보통 오직 한 개 존재하며, 레지스터 이름을 A 혹은 AC로 부른다.

[그림 1-4]에 몇 가지 연산을 위한 기계 명령어의 전개 예를 보였다.

목적 연산	명령어 구성
x = y	- load 명령어로 메모리의 변수 y 값을 CPU 레지스터에 읽는다. - store 명령어로 CPU 레지스터 값을 메모리의 변수 x에 저장한다.
z = x + y	- load 명령어로 메모리의 변수 x 값을 CPU 누산기에 읽는다. - add 명령어로 CPU 누산기에 메모리의 변수 y 값을 읽어 더한다. - store 명령어로 CPU 누산기 값을 메모리의 변수 z에 저장한다.

[그림 1-4] 기계 명령어 전개의 예

□ 기계 명령어(machine instruction)

C 언어 등 고급 프로그래밍 언어로 작성된 프로그램은 컴파일 과정을 거쳐 [그림 1-5] 형태의 기계 명령어들로 재구성되고, **이들 명령어들이 메모리에 적재되면 CPU가 그 명령어들을 하나씩 읽어 처리함으로써 해당 프로그램이 실행된다.** 이 때 고급 프로그래밍 언어에서 사용된 변수들은 모두 메모리 주소 번지로 대응되어 해당 저장 공간이 확보되고 기계 명령어의 피연산로 기입된다.

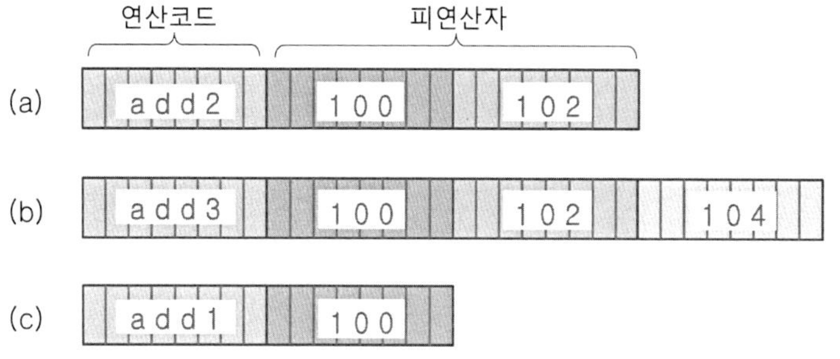

[그림 1-5] 기계 명령어 포맷 예

모든 컴퓨터의 기계 명령어는 메모리에서 읽혀져야 하고, 메모리의 읽기・쓰기 단위가 바이트이므로 그 길이는 바이트 단위일 수밖에 없으며, 크게 연산 코드(operation code)와 피연산자(operand) 등 두 부분으로 구성된다.

기계 명령어의 **연산 코드**는 피연산자(들)에 대하여 어떤 연산을 할 것인가에 대한 코드를 정의하는 부분으로, 이 부분의 비트 패턴에 따라 해당 연산의 내용이 정의되고, 이 부분의 비트 수에 따라 서로 다른 종류의 연산 코드 개수가 결정된다. 이를테면, 연산 코드 부분이 8비트라면 256(=2^8) 가지의 서로 다른 연산 정의가 가능하다. 일반적으로 연산 코드는 비트 패턴 대신 load, store, add 등과 같이 연상(symbolic) 명령어를 부여하여 사용한다.

기계 명령어의 **피연산자** 유형과 개수는 해당 연산 코드의 정의에 따라 적절하게 주어져야 한다. 이를테면, 메모리 100번지의 내용(변수 x)과 102번지의 내용(변수 y)을 더하여 100번지(변수 x)에 저장하는 처리 즉, x = x + y 형태를 한꺼번에 처리를 위한 기계 명령어라면 [그림 1-5]의 (a)와 같이 두 개의 주소 피연산자가 주어져야 할 것이다. 만약 w = x + y와 같이 두 변수의 합을 제 3의 변수에 저장하는 기계 명령어라면 [그림 1-5]의 (b)와 같이 피연산자 세 개가 필요하다. 또한, 피연산자 부분이 동일하더라도 이들은 연산 코드에 따라 다르게 해석될 수 있다. 가령 [그림 1-5]의 (a) 형태는 연산 코드에 따라 상수 100을 메모리 102번지에 초기화(y = 100)하는 명령으로 해석될 수 있고, (b) 형태는 상수 100을 메모리 102번지와 104번지에 동시 초기화(y = w = 100)하는 명령으로 해석될 수 있다.

그런데, 하나의 기계 명령어에 여러 개의 주소 피연산자를 넣으면 그만큼 명령어 길이가 길어지고 명령어 길이도 다양해진다. 이를테면 4G 바이트 메모리 공간 주소 표시를 위한 주소 피연산자 하나는 32비트(4바이트)를 필요로 하므로 이들의 표시를 위한 공간으로 피연산자의 수에 따라 4~12 바이트가 요구된다. 이와 같은 기계 명령

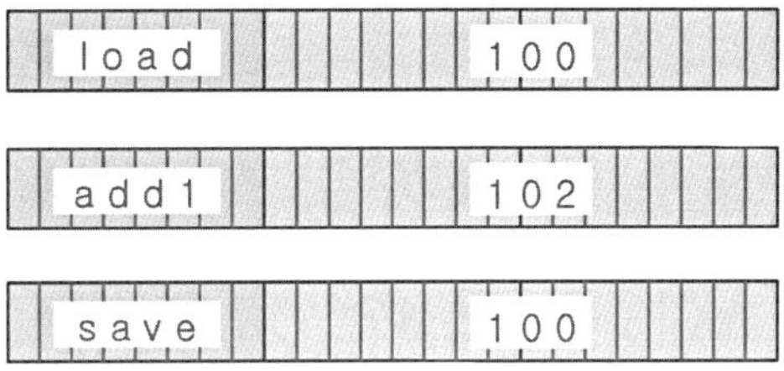

[그림 1-6] 하나의 주소 피연산자를 갖는 기계 명령어들의 연속 실행

어 길이의 다양성을 제한하여 최대한 단순화시키기 위해 대부분의 기계 즉 CPU들은 [그림 1-5]의 (c)와 같이 주소 피연산자는 하나만 허용하는 원칙 하에 명령어를 설계하고, 이런 형태의 명령어를 여러 개 이어서 실행함으로써 (a)나 (b) 형태의 명령어 결과를 얻도록 한다. [그림 1-6]에 이런 예를 보였는데, 이 그림에서 load 연산 코드는 피연산자(주어진 주소의 메모리 값)를 읽어 CPU 내 누산기(연산 레지스터)로 적재하고, add1 연산 코드는 피연산자를 CPU 누산기에 더하며, save 레지스터는 CPU 누산기 내용을 주어진 주소의 메모리에 저장하는 일반적인 명령어 명칭이다. 이들 세 기계 명령어 실행 내용의 줄거리를 요약하면 아래와 같다.

① 100번지의 내용(변수 x)을 누산기에 적재하여 초기화한다.
② 초기화된 누산기의 내용에 102번지의 내용(변수 y)을 더한다.
③ 누산기의 계산 결과를 100번지(변수 x)에 저장한다.

위 ①, ②, ③의 결과는 [그림 1-5]의 (a) 처리 결과와 동일하다.

또한, 대부분의 CPU들은 누산기(연산 레지스터) 외에도, 메모리 값을 임시로 적재하여 피연산자로 사용할 수 있는 범용 레지스터(general purpose register)를 가지고 있어서, 이들을 피연산자로 사용하는 기계 명령어도 제공한다.

MEMO

□ 기계 사이클(machine cycle)

CPU에 설계된 회로([그림 1-1] 참조)가 메모리에 존재하는 기계 명령어를 읽어 처리하는 일련의 과정을 기계 사이클이라 한다. 기계 사이클은 발진 회로의 클록에 따라 진행되는 세부 스텝의 연속으로 이루어지는데 크게 보면 [그림 1-7], [그림 1-8]과 같이 **인출**, **해독**, **피연산자 획득**, **실행** 등 네 사이클의 과정을 영원히 되풀이 하는 다람쥐 쳇바퀴와 유사하다.

① 인출 사이클 (fetch cycle)
CPU 내 PC 레지스터에 저장된 주소의 메모리에서 기계 명령어 하나를 읽어온다.

② 해독 사이클(decoding cycle)
기계 명령어의 연산 코드가 어떤 것인지 식별한다.

③ 피연산자 사이클(operand cycle)
해독된 결과에 따라 메모리로부터 피연산자 값을 획득한다.

④ 실행 사이클(execution cycle)
획득한 피연산자 값과 누산기 사이에 연산 코드에 대응되는 연산을 처리한다.

Major Cycle	Minor Cycle
❑ Fetch Cycle	• MAR ← PC • MBR ← (M) • PC ← PC + 4
❑ Decoding Cycle	• IR ← MBR(31~24)
❑ Operand Cycle	• MAR ← MBR(23~0) • MBR ← (M)
❑ Execution Cycle(ADD operation)	• AC ← AC + MBR

[그림 1-7] 세부 기계 사이클

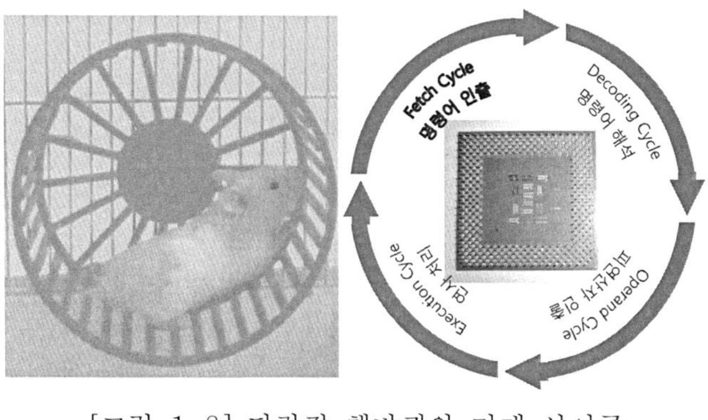

[그림 1-8] 다람쥐 쳇바퀴와 기계 사이클

위 기계 사이클을 자세히 살펴보면 기계 명령어의 피연산자가 메모리에 존재하는 경우 하나의 기계 명령어를 실행하기 위해 명령어 인출과 피연산자 획득 등 두 번의 메모리 접근이 이루어짐을 알 수 있다. 특히, 간접 주소 지정 모드(134쪽 3.2.1절 참조)를 지원하는 경우 피연산자를 획득하는 데에만 두 번의 메모리 접근이 필요한데, 이 때 추가된 메모리 접근을 간접 사이클(indirect cycle)이라 한다.

4 단계의 거시적 기계 사이클(major cycle)도 중요하지만, 더 중요한 것은 [그림 1-7]에 보인 각 사이클을 구성하는 세부 단계(minor cycle)에 대한 이해다. **인출 사이클**에서 기계 명령어가 저장된 메모리에 접근하기 위해서는 우선 주소가 필요한데, 이 주소를 CPU가 자체적으로 PC 레지스터에 관리한다. 메모리 접근 직전 PC의 내용이 MAR(Memory Address Register)에 복사되어 주소 버스에 실리고, 다음 클록에서 해당되는 메모리 내용(기계 명령어)이 데이터 버스를 통해 MBR(Memory Buffer Register)로 인출된다. 인출이 완료되면 PC의 내용을 다음 번 기계 명령어를 가르키는 주소로 업데이트 한다. [그림 1-7]의 경우 기계 명령어 길이 4 만큼을 미리 증가시켜 놓아 다음 번 인출 사이클에서 사용될 수 있도록 한다. 즉, 기계 명령어는 기본적으로 위에서 아래로 하나씩 실행된다는 점을 알 수 있다.

해독 사이클에서는 메모리로부터 MBR로 복사되어 있는 기계 명령어의 연산 코드 부분을 IR로 필터링하는 과정을 통해 어떤 연산인가를 판별한다. 연산 코드의 판독 결과에 따라 만약 피연산자 부분이 메모리 주소라면 **피연산자 사이클**에서 그 값(주소)을 다시 MAR에 복사하여 주소 버스에 실은 후 다음 클록에서 해당 메모리 값(변수 값)을 MBR로 복사해온다. **실행 사이클**에서는 연산 레지스터 AC(누산기)와 피연산자 값이 저장된 MBR 사이에 연산(덧셈 등)을 처리하여 그 결과를 AC에 보관한다.

기계 사이클을 자세히 살펴보면 수리 혹은 논리 연산은 기본적으로 두 피연산자 사이에서 이루어지고, 그 중 하나는 묵시적으로 CPU 내 누산기가 사용된다는 점이다. 따라서, 수리 혹은 로직 연산을 위해서는 반드시 CPU 누산기가 미리 초기화되어 있어야 한다. 이를테면, x+y+z를 계산하기 위해서는 CPU 누산기를 0으로 초기화한 후 세 번에 걸쳐 x, y, z를 차례로 더하는 과정으로 진행한다. 이 때, CPU 누산기를 0으로 초기화 하는 대신 x 값을 적재하여 초기화하면 한 스텝을 줄일 수 있다.

MEMO

1.2 어셈블리 프로그래밍

1.2.1 기계어 프로그래밍

[그림 1-9]의 왼쪽 예에서 보인 기계 명령어의 비트 정보 하나하나를 인식하면서 프로그램을 작성해나가는 과정을 기계어 프로그래밍(machine language programming)이라 한다. 이를테면 load, add1, save에 대한 연산 코드를 각각 0x12, 0x34, 0x56이라 한다면 프로그래머는 피연산자 주소를 이어 붙여 [그림 1-9]의 오른쪽과 같이 0x12000064, 0x34000066, 0x56000064 형태의 기계어 코딩을 해야 한다.

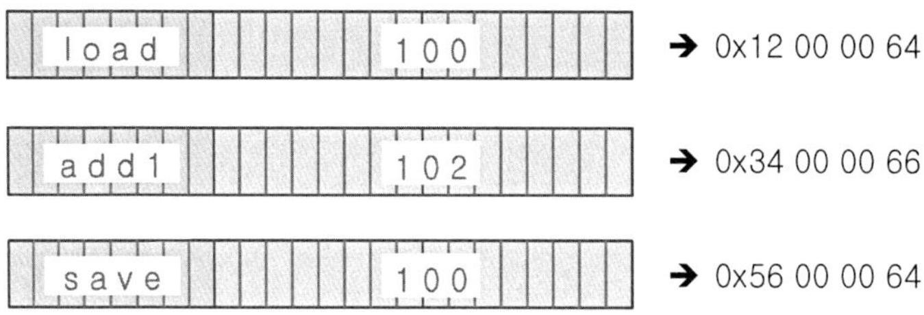

[그림 1-9] 기계어 프로그래밍 개념

그런데 위와 같은 기계어 프로그래밍에는 아래의 문제점들이 있어서 프로그래머들을 매우 곤란하게 한다.

① 수십~수백 개에 달하는 연산 코드를 모두 외우거나 표를 놓고 참조해야 한다.

② 변수(피연산자)로 사용할 공간은 기계어 코드 사이나 기계어 코드가 끝나는 지점에 위치하게 되는데, 프로그래밍 도중에는 기계어 코드들이 차지할 공간의 크기를 사전에 알 수 없으므로 변수들의 위치 또한 확정되지 않는다. 예를 들면 [그림 1-10]에서 "???" 부분의 기계어 코드가 차지하는 공간의 크기에 따라 현재 100(0x64), 102(0x66)번지에 위치하고 있는 변수의 위치가 앞으로 당겨지거나 뒤로 밀려날 수 있다. 따라서, 기계어들의 피연산자 부분을 당분간 확정할 수 없다. 이를 해결하는 한 가지 방법으로 기계어 코드가 차지는 공간을 충분히 크게 예측하여 변수 공간의 위치를 미리 확정하여 사용할 수 있을 것이다. 그러나 이 방법은 프로그램의 중간에 빈 공간이 존재하므로 메모리의 낭비를 초래한다.

③ 어려운 과정을 거쳐 기계어 프로그램이 완성되었다 하더라도, 프로그램을 수정할 필요성이 발생하여 기계어 코드 용량에 상당한 변화가 일어나면 변수들의 위치가 변경되므로 이미 작성되어 있던 모든 기계어 코드의 피연산자 부분을 수정해주어야 한다.

위의 문제들로 인해 순수한 기계어 프로그래밍은 아주 소규모인 경우에만 가능하고 현실적으로 거의 불가능에 가깝다.

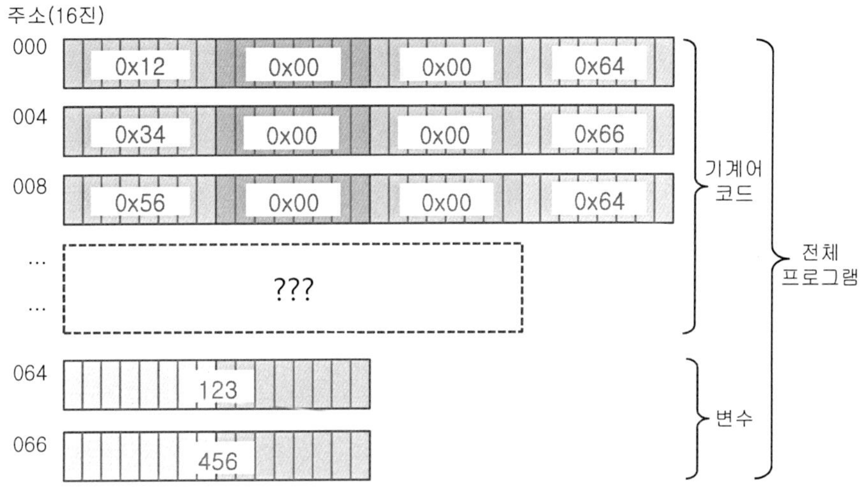

[그림 1-10] 기계어 프로그램에서 기계 명령어 코드와 변수 위치의 관계

1.2.2 어셈블리 프로그래밍

어셈블리 프로그래밍은 1차적으로 기계어 프로그래밍 개념 위에 C/Java와 같은 고급 프로그래밍 언어에서 사용하는 기호를 도입하여 원천 프로그램을 완성한 다음, 2차적으로 기계어 프로그램으로 변환하여 실행하도록 한다. 기호는 연산 코드와 피연산자(주소) 모두에게 적용된다. 이 때, **기호화된 연산 코드**는 이진 연산 코드를 기억하는 코드 기호라는 뜻에서 니모닉 코드(mnemonic code, 연상 코드)라 부르고, **기호화된 주소**는 레이블(label) 또는 심볼(symbol)이라 부른다. [그림 1-11]은 [그림 1-10]의 기계어 프로그램에 기호를 도입하여 작성된 어셈블리 프로그램이다. 이 프로그램에서 'load'는 연산 코드 0x12를 의미하는 니모닉 코드이고, 'x'는 주소 100번지를 대신하는 심볼이며, 'word 123'은 2 바이트 공간에 상수 123을 배치함을 의미하는 지시자이다. 이 그림에서 보는 바와 같이 어셈블리 프로그램은 기계어 프로그램에 비하여 작성과 이해가 용이하다.

주소	
000	load x
003	add y
006	save x
...	...
...	...
100	x: word 123
102	x: word 456

[그림 1-11] 기계어 프로그램([그림 1-10])에 대한 어셈블리 프로그램

MEMO

■ 전통적인 소프트웨어(프로그램)의 분류

◦ 응용 프로그램(Application Program)
◦ 시스템 프로그램(System Program)

■ 응용 프로그램(Application Program)

컴퓨터 사용자가 자신의 문제를 해결하기 위해 작성한 프로그램으로, 아래와 같이 다양하게 정의할 수 있다.

◦ 특정 문제를 풀기위해 사용자가 만든 프로그램
◦ 사용자의 업무를 처리하기 위해 작성된 프로그램
◦ 전문적인 사용자의 관점에서 문제를 해결하기 위해 고안•작성된 프로그램
◦ 사용자의 특정한 정보요구에 따라 사용자 또는 개발자가 개발하는 회계 프로그램, 재고관리 프로그램, 고객 관리 프로그램 등

■ 시스템 프로그램(System Program)

시스템 프로그램이란 UNIX/LINUX, Windows, MAC 등 특정 운영체제 환경에 탑재되어 해당 시스템을 사용하는 사용자들에게 편리함을 제공하는 프로그램으로, 아래와 같이 다양하게 정의할 수 있다.

◦ 프로그램작성자와 사용자가 컴퓨터 시스템을 보다 잘 이용하도록 보조하는 프로그램
◦ 프로그램 개발과 실행을 위해 보다 편리한 환경을 제공하는 프로그램
◦ 컴퓨터를 사용하기 위해 가장 근본적으로 요구되는 소프트웨어로, 응용 프로그램 개발 및 사용에 기반이 되는 프로그램
◦ 사용자들이 프로그램을 작성하고 이를 실행하거나, 프로그램의 오류를 제거하는것을 도와 사용자로 하여금 컴퓨터를 편리하게 사용할 수 있게 하는프로그램
◦ 컴퓨터를 편리하게 작동하거나 제어할뿐만 아니라, 그 처리능력을 향상시킬 수 있도록 설계된 여러 프로그램들의 집합

그렇다면 어셈블리 프로그래밍(assembly programming)이란 어원은 어디서 기인한 것일까? “어셈블(assemble)”의 사전적 의미는 “조립하다”라는 뜻으로, 기호를 사용해 작성된 어셈블리 언어로부터 대응되는 기계 명령어 비트 패턴을 조립해낸다는 의미를 담고 있다. 이와 같은 기초적인 의미 외에 규격화된 작은 명령어들을 조립하여 큰 프로그램을 만든다는 의미도 있다. 즉, 마치 레고 블럭을 조립하여 의미 있는 큰 물체를 만드는 과정과 동일하다.

이와 같이 어셈블리 프로그래밍을 할 수 있도록 구성된 프로그래밍 언어를 어셈블리 언어(assembly language)라 하고, 어셈블리 언어로 작성된 프로그램을 어셈블리 프로그램(assembly program)이라 한다. 어셈블리 프로그램을 구성하는 각각의 명령어들은 앞에서 설명한 바와 같이 기계 명령어로 조립된 후 메모리에 적재되어 CPU의 기계 사이클에 의해 하나씩 실행될 수 있다.

An assembly language is a low-level programming language designed for a specific type of processor. It may be produced by compiling source code from a high-level programming language (such as C/C++) but can also be written from scratch. Assembly code can be converted to machine code using an assembler.

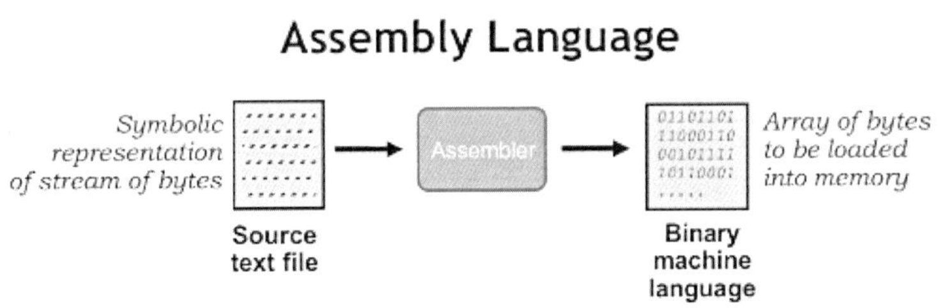

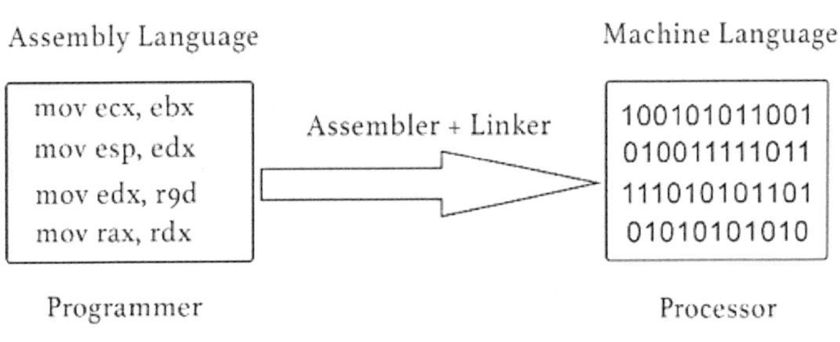

1.3 단순 가상 기계(SVM: Simple Virtual Machine) 어셈블리 프로그래밍

앞 절에서 살펴본 바와 같이 어셈블리 프로그래밍은 사용 기계 즉, 어떤 CPU를 사용하는가에 따라 달라진다. 이 교재에서는 단순 가상 기계(SVM)와 이를 업그레이드한 확장 가상 기계(XVM: eXtended Virtual Machine, 3장 참조) 환경에서의 어셈블리 프로그래밍을 다룬다.

1.3.1 SVM 기계 구조

[그림 1-12]와 [그림 1-13]에 SVM의 내부 구조와 기계 명령어 포맷을 각각 보였다. [그림 1-12]에서 PC, IR, PSW, MAR, MBR 레지스터들은 [그림 1-1]에서 설명한 바와 같고, 기계 사이클 과정에서 내부적으로 참조될 뿐, 이들 레지스터를 직접 참조하는 기계 명령어는 존재하지 않는다. 그 외에 U, X, A 레지스터는 사용자가 작성한 기계 명령어로 접근할 수 있고, 이 중 A 레지스터는 누산기를 의미한다.

□ 기계 명령어 분석

- 기계 명령어의 길이

  SVM의 모든 기계 명령어는 [그림 1-13]에서 보는 바와 같이 모두 32비트(4바이트)이다.

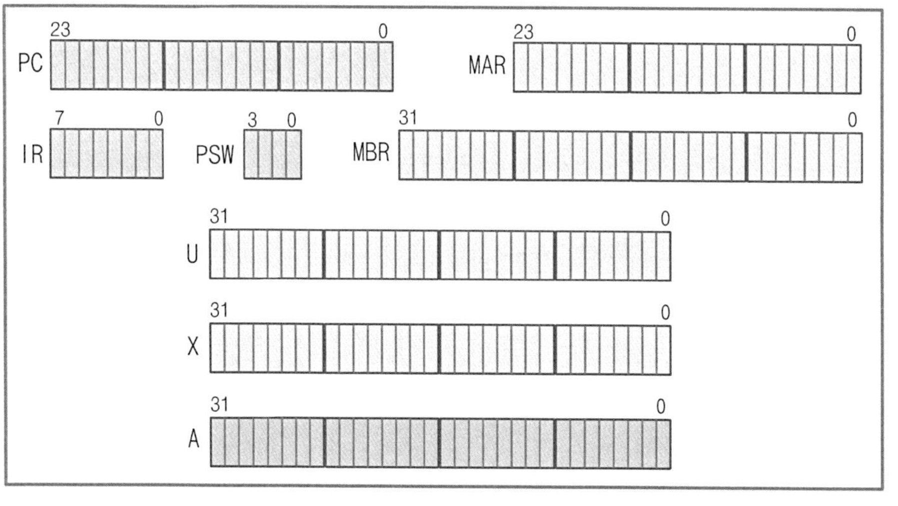

[그림 1-12] SVM 기계 내부 구조

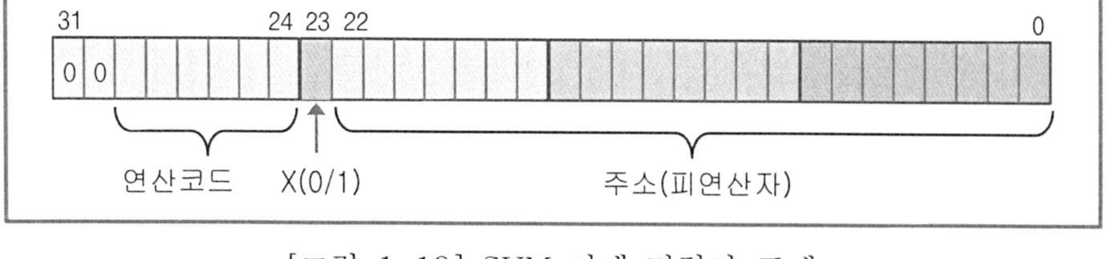

[그림 1-13] SVM 기계 명령어 포맷

- 연산 코드의 개수

[그림 1-13]의 기계 명령어 포맷의 연산 코드 8비트 중 상위 두 비트는 00으로 고정되어 있으므로 나머지 6비트에 의해 총 64(2^6)개의 서로 다른 연산 코드를 지원할 수 있다.

- 피연산자(오퍼랜드)의 개수

[그림 1-13]에서 보는 바와 같이 SVM의 기계 명령어는 [그림 1-14] 형태와 대응되어 오직 하나의 주소 피연산자만을 표기할 수 있다.

- 메모리 용량

[그림 1-13]의 기계어 포맷 중 주소를 표시할 수 있는 부분이 23비트이므로 이에 따른 주소 범위는 0 ~ 2^{23}-1(0 ~ 8M-1)이고, 이는 메모리 용량을 8MB까지 지원할 수 있음을 의미한다. 그런데 기계 명령어의 23번째 X 비트가, 뒤에 주어진 주소 값에 X 레지스터의 값을 더하여 최종 주소 값으로 사용할 것인가의 여부를 지시하게 되는데, 이 경우 최종 합산된 주소가 범위를 넘지 않도록 프로그래밍을 해야 한다.

□ 레지스터 용도

- U(retUrn address) 레지스터

보통 분기 명령어는 단순히 주어진 주소로 점프하거나, 되돌아올 다음 명령어의 주소 위치를 저장하고 점프하는 등의 두 가지 유형이 있다. SVM 기계에서는 두 번째 유형의 점프 시 되돌아 올 주소(return address)의 번지를 U 레지스터에 보관하고, 리턴(되돌아가기) 명령어에서 그 값을 참조한다([표 1-8] 분기 연산).

- X(indeX) 레지스터

배열 접근 시 사용되는 첨자를 보통 인덱스라 부른다. X 레지스터는 고급 프로그래밍에서 사용되는 배열 인덱스를 구현하기 위해 사용된다. 즉, 기계 명령어의 주소(피연산자) 부분에 배열의 시작 주소를 고정하고, X 레지스터의 값을 0, 1, 2... 와 같이 증가시키면 첨자 기반의 배열 접근이 가능해진다.

- A(Accumulator) 레지스터

SVM 기계의 모든 연산은 누산기 A 레지스터에서 이루어지고, 그 연산 결과는 A 레지스터에 업데이트(누적)된다.

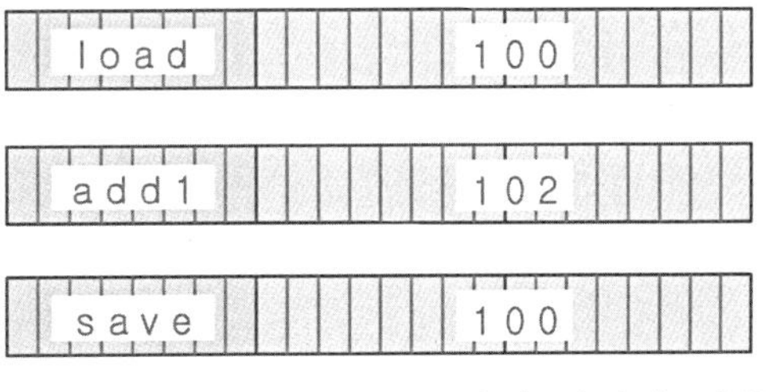

[그림 1-14] 하나의 주소 피연산자를 갖는 기계 명령어 예([그림 1-6]과 동일)

1.3.2 SVM의 기계 명령어 및 니모닉 코드(명령어) 정의

□ 레지스터와 메모리 사이의 적재·저장 연산

- 연산 코드 정의

[표 1-1] 레지스터와 메모리 사이의 적재·저장 연산 정의

연산 내용(목적)	연산코드	어셈블리 문법	내부 연산 표현
주소 m부터 시작하는 메모리 4바이트 내용을 A 레지스터 4바이트에 적재 (int, double_word)	0x00	LDA m	A←(m ~ m+3)
주소 m부터 시작하는 메모리 2바이트 내용을 A 레지스터 하위 2바이트에 적재(short, word)	0x01	LDAW m	$A_{0\sim1}$←(m ~ m+1)
주소 m부터 시작하는 메모리 1바이트 내용을 A 레지스터 하위 1바이트에 적재(char, byte)	0x02	LDAB m	A_0←(m)
주소 m부터 시작하는 메모리 4 바이트 내용을 X 레지스터 4바이트에 적재	0x04	LDX m	X←(m ~ m+3)
주소 m부터 시작하는 메모리 4바이트 내용을 U 레지스터 4바이트에 적재	0x05	LDU m	R←(m ~ m+3)
A 레지스터 4바이트 내용을 주소 m부터 시작하는 메모리 4바이트에 저장 (int, double_word)	0x08	STA m	A→(m ~ m+3)
A 레지스터 하위 2바이트 내용을 주소 m부터 시작하는 메모리 2바이트에 저장(short, word)	0x09	STAW m	$A_{0\sim1}$→(m ~ m+1)
A 레지스터의 하위 1바이트 내용을 주소 m부터 시작하는 메모리의 1바이트에 저장(char, byte)	0x0A	STAB m	A_0→(m)
X 레지스터 4바이트 내용을 주소 m부터 시작하는 메모리 4바이트에 저장	0x0C	STX m	X→(m ~ m+3)
U 레지스터 4바이트 내용을 주소 m부터 시작하는 메모리 4바이트에 저장	0x0D	STU m	R→(m ~ m+3)

* m(주소)은 m'±d(주소 ± 상수) 표현 가능(이후 모든 연산에 공통)
* 주소 m이 기계 명령어의 피연산자 23비트에 채워짐. 주소가 m[X] 형태로 표시되면 기계 명령어의 X 비트가 1이 되고, m+X가 최종 주소임(이후 모든 연산에 공통)
* A 레지스터만이 바이트(1byte)나 워드(2byte) 단위의 적재/저장 가능

- 어셈블리 코딩 예

[표 1-2] 레지스터와 메모리 사이의 적재·저장 연산 예

목적 연산 예 1		목적 연산 예 2	
메모리 100번지부터 4바이트 두 쌍을 108번지 이후로 복사	LDA 100 STA 108 LDA 104 STA 112	100번지에서 X 레지스터 값만큼 떨어진 곳의 1바이트를 200번지부터의 동일 장소에 복사	LDAB 100[X] STAB 200[X]

점검 1-1 메모리 100번지부터 8바이트 공간을 이용해서 X와 A레지스터의 내용을 교환하는 SVM 어셈블리 부분 코드를 작성한다(~home/scode/chk/c_1_01_016.s).

이하 모든 샘플 SVM 어셈블리 코드는 "$ asms s_x_y_z.s↲" 와 같이 asms 명령어로 어셈블하여 확인할 수 있고, "$ vmes s_x_y_z.obj↲" 와 같이 vmes 명령어로 실행 결과를 확인할 수 있다.

□ 수리 연산

• 연산 코드 정의

[표 1-3] 수리 연산 정의(연산의 결과에 따라 Z, NZ, C 상태 플래그를 수정함)

연산 내용(목적)	연산코드	어셈블리 문법	내부 연산 표현
주소 m부터 시작하는 메모리 4바이트 내용을 A 레지스터 4바이트에 가산	0x10	ADD m	A←A+(m ~ m+3) PSW←^Z,^NZ,^C
주소 m부터 시작하는 메모리 2바이트 내용을 A 레지스터 4바이트에 가산	0x11	ADDW m	A←A+(m ~ m+1) PSW←^Z,^NZ,^C
주소 m부터 시작하는 메모리 1바이트 내용을 A 레지스터 4바이트에 가산	0x12	ADDB m	A←A+(m) PSW←^Z,^NZ,^C
주소 m부터 시작하는 메모리 4바이트 내용을 A 레지스터 4바이트에 감산	0x14	SUB m	A←A-(m ~ m+3) PSW←^Z,^NZ,^C
주소 m부터 시작하는 메모리 2바이트 내용을 A 레지스터 4바이트에 감산	0x15	SUBW m	A←A-(m ~ m+1) PSW←^Z,^NZ,^C
주소 m부터 시작하는 메모리 1바이트 내용을 A 레지스터 4바이트에 감산	0x16	SUBB m	A←A-(m) PSW←^Z,^NZ,^C
주소 m부터 시작하는 메모리 4바이트 내용으로 A 레지스터 4바이트에 mod 연산	0x17	MOD m	A←A%(m ~ m+3) PSW←^Z,^NZ
* 연산 결과가 음이면 C, 0이면 Z, 음이거나 양이면 NZ 상태 플래그를 1로 설정 * ADD와 SUB만이 바이트(1byte)나 워드(2byte) 단위 연산 가능			

• 어셈블리 코딩 예

[표 1-4] 수리 연산 예

목적 연산 예 1		목적 연산 예 2	
메모리 100번지부터 4바이트 두 쌍을 A 레지스터 4바이트에 가산	ADD 100 ADD 104	메모리 100번지부터 2바이트 두 쌍을 A 레지스터 4바이트에 감산	SUBW 100 SUBW 102

점검 1-2 메모리 100, 104, 108번지의 4바이트 단위 내용을 모두 더해 112번지 4바이트에 저장하는 SVM 어셈블리 부분 코드를 작성한다(~home/scode/chk/c_1_02_017.s).

점검 1-3 메모리의 100번지의 2바이트에 정수 0이 존재한다. 이를 이용하여 102~110번지 다섯 쌍의 2바이트 내용을 모두 0으로 초기화하는 SVM 어셈블리 부분 코드를 작성한다(~home/scode/chk/c_1_03_017.s).

□ 논리(비트) 연산

• 연산 코드 정의

[표 1-5] 논리 연산 정의(연산의 결과에 따라 Z, NZ 상태 플래그를 수정함)

연산 내용(목적)	연산코드	어셈블리 문법	내부 연산 표현
주소 m부터 시작하는 메모리 4바이트 내용을 A 레지스터 4바이트에 AND 연산	0x18	AND m	A←A&(m ~ m+3) PSW←^Z,^NZ
주소 m부터 시작하는 메모리 4바이트 내용을 A 레지스터 4바이트에 OR 연산	0x19	OR m	A←A|(m ~ m+3) PSW←^Z,^NZ
주소 m부터 시작하는 메모리 4바이트 내용을 A 레지스터 4바이트에 XOR 연산	0x1A	XOR m	A←A^(m ~ m+3) PSW←^Z,^NZ
주소 m부터 시작하는 메모리 4바이트 내용만큼 A 레지스터 4바이트를 왼쪽으로 시프트(우측 비트를 0으로 채움)	0x1C	SHL m	A←A<<(m ~ m+3) PSW←^Z,^NZ
주소 m부터 시작하는 메모리 4바이트 내용만큼 A 레지스터 4바이트를 오른쪽으로 시프트(좌측 비트를 기존 최상위 비트로 채움)	0x1D	SHR m	A←A>>(m ~ m+3) PSW←^Z,^NZ
* 연산 결과가 0이면 Z, 아니면 NZ 상태 플래그를 1로 설정 * ADD 및 SUB 외 모든 수리◦논리 연산은 4 바이트 단위로만 가능			

• 어셈블리 코딩 예

[표 1-6] 논리 연산 예

목적 연산 예 1		목적 연산 예 2	
메모리 100번지부터 4바이트 두 쌍의 AND 결과를 108번지 4바이트에 저장	LDA 100 AND 104 STA 108	메모리 100번지 4바이트를 104번지 4바이트 내용만큼 왼쪽으로 시프트	LDA 100 SHR 104 STA 100

점검 1-4 메모리 100번지와 104번지의 각 4바이트에 정수1과 3이 각각 존재한다. 이를 이용하여 108번지 4바이트 내용의 7번 비트를 반대로 연산하여 저장하는 SVM 어셈블리 부분 코드를 작성한다(~home/scode/chk/c_1_04_018.s).

점검 1-5 메모리 100번지 4바이트에 정수 1이 존재한다. 이를 이용하여 104번지 4바이트 내용을 4로 나누어 저장하는 SVM 어셈블리 부분 코드를 작성한다(~home/scode/chk/c_1_05_018.s).

□ 비교·분기 연산

• 연산 코드 정의

[표 1-7] 비교 연산 정의(연산의 결과에 따라 Z, NZ, C 상태 플래그를 수정함)

연산 내용(목적)	연산코드	어셈블리 문법	내부 연산 표현
A 레지스터 4(2,1)바이트와 주소 m부터 시작하는 메모리 4(2,1)바이트 내용을 뺄셈으로 비교	0x20 (0X21) (0X22)	CMP m (CMPW m) (CMPB m)	A-(m ~ m+3) PSW←^Z,^NZ,^C
X 레지스터 4바이트를 4 증가시키고 그 결과와 주소 m부터 시작하는 메모리 4바이트 내용을 뺄셈으로 비교	0x24	IXC m	X←X+4 X-(m ~ m+3) PSW←^Z,^NZ,^C
X 레지스터 4비이트를 2 증가시키고 그 결과와 주소 m부터 시작하는 메보리 4바이트 내용을 뺄셈으로 비교	0x25	IXWC m	X←X+2 X-(m ~ m+3) PSW←^Z,^NZ,^C
X 레지스터 4바이트를 1 증가시키고 그 결과와 주소 m부터 시작하는 메모리 4바이트 내용을 뺄셈으로 비교	0x26	IXBC m	X←X+1 X-(m ~ m+3) PSW←^Z,^NZ,^C
* 비교 결과가 음이면 C, 0이면 Z, 음이거나 양이면 NZ 상태플래그를 1로 설정			

[표 1-8] 분기 연산 정의

연산 내용(목적)	연산코드	어셈블리 문법	내부 연산 표현
PSW 레지스터의 Z 플래그가 1이면 주소 m 번지로 점프	0x28	JZ m	if (Z) PC←m
PSW 레지스터의 NZ 플래그가 1이면 주소 m 번지로 점프	0x29	JNZ m	if (NZ) PC←m
PSW 레지스터의 C 플래그가 1이면 주소 m 번지로 점프	0x2A	JC m	if (C) PC←m
무조건 주소 m번지로 점프	0x2B	JMP m	PC←m
서브루틴으로 점프(서브루틴 호출)	0x2C	GSUB m	U←PC PC←m
서브루틴에서 주프로그램으로 점프	0x2D	RSUB	PC←U

• 어셈블리 코딩 예

[표 1-9] 비교·분기 연산 예

목적 연산 예 1		목적 연산 예 2	
X 레지스터를 2 증가시키고 100번지 4바이트 내용과 비교	IXWC 100	메모리 100번지부터 4바이트 두 쌍의 내용이 같으면 20번지로 점프	LDA 100 CMP 104 JZ 20

점검 1-6 메모리 0번지부터 기계 명령어가 배치되고, 메모리 100번지 4바이트에 정수 1이 존재한다. 이를 이용하여 104번지 4바이트 내용이 홀수이면 104번지 4바이트에 1을 가산하고, 아니면 1을 감산해서 저장하는 SVM 어셈블리 부분 코드를 작성한다 (~home/scode/chk/c_1_06_019.s).

□ 입·출력 연산

• 연산 코드 정의

[표 1-10] 입·출력 연산 정의(연산의 결과에 따라 Z, NZ, C 상태 플래그를 수정함)

연산 내용(목적)	연산코드	어셈블리 문법	내부 연산 표현
주소 m부터 시작하는 메모리 4바이트에 주어진 입력 장치 포트의 상태를 체크	0x30	CID m	Check (m~ m+3) input port PSW←^Z,^NZ
주소 m부터 시작하는 메모리 4바이트에 주어진 출력 장치 포트의 상태를 체크	0x32	COD m	Check (m~ m+3) output port PSW←^Z,^NZ
주소 m부터 시작하는 메모리 4바이트에 주어진 입력 장치 포트에서 1바이트를 읽어 A 레지스터의 하위 1바이트에 적재	0x34	IN m	A_0←(m ~ m+3) input port
A 레지스터의 하위 1바이트 내용을 주소 m부터 시작하는 메모리 4바이트에 주어진 출력 장치 포트로 출력	0x36	OUT m	A_0→(m ~ m+3) output port
* CID 명령어는 입력 장치, COD 명령어는 출력 장치의 입·출력이 각각 가능한 지를 각각 체크하여 준비가 된 경우 NZ, 아니면 Z 플래그를 1로 설정한다.			

• 어셈블리 코딩 예

[표 1-11] 입·출력 연산 예

목적 연산 예 1		목적 연산 예 2	
메모리 100번지부터 4바이트에 정의된 입력 장치 포트에 데이터가 준비될 때까지 기다리다가 준비가 되면 A 레지스터 하위 1바이트에 읽음	CID 100 JZ 0 IN 100	메모리 104번지부터 4바이트에 정의된 출력 장치 포트가 출력 가능해질 때까지 기다리다가 가능해지면 A 레지스터 하위 1바이트에 보관 중인 데이터를 출력	COD 104 JZ 0 OUT 104

점검 1-7 메모리 0번지부터 기계 명령어가 배치되고, 100번지 4바이트에 입력 장치 포트와 104번지 4바이트에 0이 정의되어 있으며, 108번지부터 1바이트 단위로 입력 데이터를 저장한다. 입력 장치에서 입력된 데이터가 0이면 입력의 끝을 의미한다. 데이터를 입력하는 SVM 어셈블리 부분 코드를 작성한다(~home/scode/chk/c_1_07_020.s).

점검 1-8 메모리 0번지부터 기계 명령어가 배치되고, 104번지 4바이트에 출력 장치 포트와 108번지 4바이트에 0이 정의되어 있으며, 112번지부터 1바이트 단위로 출력할 데이터가 존재한다. 출력 데이터의 끝에는 정수 0을 배치하여 데이터의 끝을 의미한다. 주어진 데이터를 출력하는 SVM 어셈블리 부분 코드를 작성한다(~home/scode/chk/c_1_08_020.s).

종합 실습 1-10-021
(연산 명령어, 부분 코딩)

□ 각 연습에서 작성한 프로그램들을 $ asms s_x_y_z.s↵ 형태로 어셈블을 시도해본다.

연습 1-1 메모리 100번지에 임의의 값이 저장되어 있다. 논리 연산을 이용하여 메모리 100번지에 0을 저장하는 SVM 어셈블리 부분 코드를 작성한다(~home/scode/wrk/w_1_01_021.s).

연습 1-2 메모리 100번지에 임의의 값이 저장되어 있다. **연습 1-1** 의 결과와 IXC 명령어를 이용해서 메모리 100번지에 1을 저장하는 SVM 어셈블리 부분 코드를 작성한다(~home/scode/wrk/w_1_02_021.s).

연습 1-3 메모리 100번지에 임의의 값이 저장되어 있다. **연습 1-2** 의 결과를 활용해서 메모리 100번지에 1을, 104번지에 3을 각각 저장하는 SVM 어셈블리 부분 코드를 작성한다(~home/scode/wrk/w_1_03_021.s).

연습 1-4 메모리 100번지에 임의의 값이 저장되어 있다. **연습 1-3** 의 결과를 활용해서 메모리 100번지에 1을, 104번지에 10을 각각 저장하는 SVM 어셈블리 부분 코드를 작성한다(~home/scode/wrk/w_1_04_021.s).

연습 1-5 메모리 0번지부터 기계 명령어가 배치되어 있고, 100번지부터 변수 공간으로 사용할 수 있다. **연습 1-4** 의 결과와 CMP, JNZ 명령어를 활용해서 1~10까지의 합을 108번지에 저장하는 SVM 어셈블리 부분 코드를 작성한다(~home/scode/wrk/w_1_05_021.s).

1.3.3 어셈블리 프로그램에서 상수 및 변수 공간 확보

점검 1-1 ~ **점검 1-8** 에서 언급했던 "메모리의 100번지에 2바이트 정수 0이 존재한다", "108번지부터 1바이트 단위로 입력 데이터를 저장한다" 등은 메모리의 어느 부분에 미리 특정 값이 저장되어 있거나 필요한 만큼의 공간이 확보되어 있음을 의미한다. 이를 다르게 말하면 메모리에 적재되는 모든 컴퓨터 프로그램은 연산을 지시하는 **기계 명령어 파트**와 연산에서 참조되는 **피연산자 파트** 등 두 가지로 구성된다는 것이다. 일반적으로 기계 명령어 파트를 텍스트(text), 피연산자 파트를 데이터(data)라 부른다. 피연산자(데이터) 파트는 다시 특정 값으로 채워지는(초기화되는) 부분과 초기 값은 무의미하고 오직 공간만 확보하는 부분으로 분류된다.

C와 같은 고급 프로그래밍 언어에서는 변수들이 피연산자 파트이며 언어별로 변수를 선언(잡는) 문법이 존재한다. 어셈블리 언어에서도 마찬가지로 변수 공간을 확보하는 명령어가 필요한데, 이들 명령어는 기계 명령어(니모닉 코드, 니모닉 명령어)와는 달리 주어진 위치에 주어진 형태의 공간 확보를 전제(지시)한다는 의미이기 때문에 의사 코드(의사 명령어, pseudo code) 혹은 어셈블러 지시자(assembler directive)로 부르기도 한다.

□ 변수 공간 선언 어셈블리 지시자(지시 명령어, 의사 명령어, pseudo code)

- 어셈블러 지시자 정의

[표 1-12] 변수 공간 선언 지시 명령어 정의(Define, Reserve)

변수 공간 선언(목적)	의사 코드	내부 처리
4바이트 단위 공간(들)을 확보하고 특정(초기) 값을 채움(int, double_word)	DD $vd_0, \cdots$	해당 코드가 위치한 곳부터 4바이트씩 확보하여 vd_0, … 값으로 초기화
2바이트 단위 공간(들)을 확보하고 특정(초기) 값을 채움(short, word)	DW $vw_0, \cdots$	해당 코드가 위치한 곳부터 2바이트씩 확보하여 vw_0, … 값으로 초기화
1바이트 단위 공간(들)을 확보하고 특정(초기) 값을 채움(char, byte)	DB $vb_0, \cdots$	해당 코드가 위치한 곳부터 1바이트씩 확보하여 vb_0, … 값으로 초기화
4바이트 단위의 공간을 하나 이상 확보(int, double_word 배열)	RD nd	해당 코드가 위치한 곳부터 4바이트 단위로 nd개의 공간을 확보
2바이트 단위의 공간을 하나 이상 확보(short, word 배열)	RW nw	해당 코드가 위치한 곳부터 2바이트 단위로 nw개의 공간을 확보
1바이트 단위의 공간을 하나 이상 확보(char, byte 배열)	RB nb	해당 코드가 위치한 곳부터 1바이트 단위로 nb개의 공간을 확보
* vd, vw, vb, nd, nw, nb 등은 모두 정수형 상수 * DD: Define Double word, DW: Define Word, DB: Define Byte. RD: Reserve Double word, RW: Reserve Word, RB: Reserve Byte.		

• 어셈블리 코딩 예

[표 1-13] 변수 공간 선언 예

목적 변수 선언 예 1		목적 변수 선언 예 2	
현 코딩 위치부터 4바이트씩 정수 5,10 정의	DD 5,10	현 코딩 위치부터 4바이트 단위 공간 10개 확보	RD 10

점검 1-9 기계 명령어가 메모리 0번지부터 배치된다. 12번지 4바이트에 정수 11, 16번지 4바이트에 정수 22, 20번지 4바이트 공간이 확보되도록 하고, 12번지 4바이트와 16번지 4바이트 내용을 더하여 20번지 4바이트에 저장하는 SVM 어셈블리 코드를 작성한다(~home/scode/wrk/c_1_09_023.s).

종합 실습 1-20-023
(변수 선언 지시어, 부분 코딩)

□ 각 연습에서 작성한 프로그램들을 $ asms s_x_y_z.s↲ 형태로 어셈블을 시도해본다.

연습 1-6 메모리 0번지부터 기계 명령어가 배치되고, 100번지부터 변수 공간으로 사용할 수 있다. DD 지시 명령어를 활용하여 세 상수 2, 6, 9를 배치하고, 그 합을 RD로 확보한 120번지에 저장하는 SVM 어셈블리 부분 코드를 작성한다(~home/scode/wrk/w_1_06_023.s).

연습 1-7 메모리 0번지부터 기계 명령어가 배치되고, 100번지부터 변수 공간으로 사용할 수 있다. 1~100까지의 합을 반복구문으로 구하여 120번지에 저장하는 SVM 어셈블리 부분 코드를 작성한다(~home/scode/wrk/w_1_07_023.s).

□ 변수 주소의 기호화

아래 [표 1-14]의 왼쪽 프로그램은 지금까지 부분 코드에 사용했던 방식과 같이 변수 공간에 대한 주소를 상수 값 그대로 사용하여 코딩한 것이다. 이런 경우 1장에서 설명한 바와 같이 프로그래머는 각 명령어들의 주소를 추적해야하고, 코딩이 진행되면서 위치가 계속 변하기 때문에 곤란하다. 이 문제는 [표 1-14]의 오른쪽과 같이 변수 공간 확보 명령어 앞에 기호(레이블, 심볼)를 두고, 이들 기호가 해당 위치의 주소를 의미하도록 규정하면 고급 프로그래밍 언어에서의 변수와 동일한 형태로 코딩할 수 있다.

[표 1-14] 변수 공간 주소의 기호화

상수 주소를 이용하는 경우				기호 주소를 이용하는 경우				
0	LDX	24	// X=0	0		LDX	ZERO	
4	LDA	28	// A=1	4		LDA	ONE	
8	STA	36[X]	// 36[X]=1	8		STA	BUF[X]	
12	ADD	28	// A=A+1	12		ADD	ONE	
16	IXC	32	// X+=4, X==400?	16		IXC	HUND	
20	JNZ	8		20		JNZ	8	
24	DD	0		~~24~~	ZERO	DD	0	
28	DD	1		~~28~~	ONE	DD	1	
32	DD	400	// ~home/scode/smp/	~~32~~	HUND	DD	400	// ~home/scode/smp/
36	RD	100	// s_1_01_024.s	~~36~~	BUF	RD	100	// s_1_02_024.s

□ 연산 명령어 주소의 기호화

[표 1-14]에서 'JNZ 8' 명령어에는 변수 주소가 아닌 연산 명령어(니모닉 코드) 주소 8을 사용하고 있는데 이 역시 불편하기 때문에 [표 1-15]의 왼쪽과 같이 주소 8 위치에 기호를 두어 연산 명령어 위치에 대한 상수 주소 사용을 회피할 수 있다. 이와 같이 모든 상수 주소를 기호로 대치하면 [표 1-15]의 오른쪽과 같이 특정 주소를 의식하지 않고 코딩할 수 있다. 이들 기호는 어셈블리 프로그램의 각 명령어들이 [그림 1-15]의 기계 명령어 포맷으로 변환될 때 대응되는 주소로 치환된다.

[표 1-15] 기계 명령어 주소의 기호화

기호 주소를 이용하는 경우					특정 주소를 의식하지 않음			
0		LDX	ZERO			LDX	ZERO	
4		LDA	ONE			LDA	ONE	
~~8~~	LOOP	STA	BUF[X]		LOOP	STA	BUF[X]	
12		ADD	ONE			ADD	ONE	
16		IXC	FHUND			IXC	FHUND	
20		JNZ	LOOP			JNZ	LOOP	
~~24~~	ZERO	DD	0		ZERO	DD	0	
~~28~~	ONE	DD	1		ONE	DD	1	
~~32~~	FHUND	DD	400	// ~home/scode/smp/	FHUND	DD	400	// ~home/scode/smp/
~~36~~	BUF	RD	100	// s_1_03_024.s	BUF	RD	100	// s_1_04_024.s

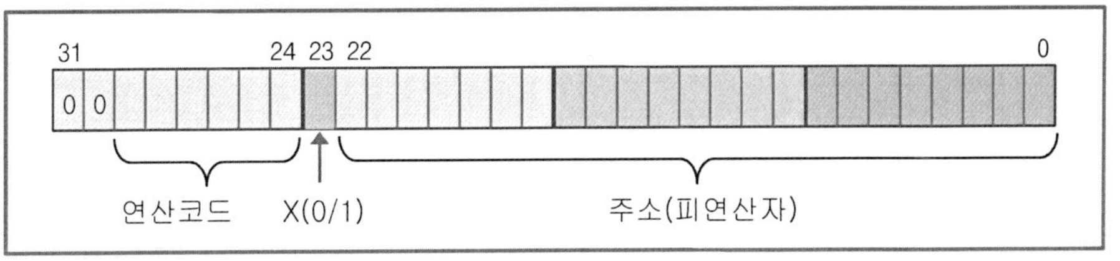

[그림 1-15] SVM 기계 명령어 포맷([그림 1-13]과 동일)

□ 고급 프로그래밍 언어의 어셈블리 언어 번역

모든 고급 프로그래밍 언어로 작성된 프로그램은 컴파일러에 의해 일단 어셈블리 언어로 번역된 후, 다시 기계어로 최종 번역된다. [표 1-16]에 C 프로그램이 SVM 어셈블리 언어로 번역되는 예를 보였다.

[표 1-16] C 프로그램의 SVM 어셈블리 언어 번역 예

<table>
<tr><th>C 프로그램</th><th>번역된 SVM 어셈블리 프로그램</th></tr>
<tr><td><pre>
int   xx = 10;
int   yy = 20;
int   zz;

main()
{
       if (xx == 10)
           zz = xx + yy;
       else
           zz = xx - yy;
       :
}
</pre></td><td><pre>
            :
        LDA   XX
        CMP   TEN
        JNZ   ELSE
        ADD   YY
        JMP   MEET
ELSE   SUB   YY
MEET   STA   ZZ
            :
XX   DD   10
YY   DD   20
ZZ   RD   1   // ~home/scode/smp/
TEN   DD   10   //   s_1_05_025.s
</pre></td></tr>
</table>

점검 1-10, 11 아래 두 개의 C 프로그램에 대한 번역된 SVM 어셈블리 언어 코드를 작성한다. 단, 출력은 27쪽 DMP 명령어를 참조한다(~home/scode/chk/c_1_10_025.s, ~home/scode/chk/c_1_11_025.s).

```
int    s, i;

main()
{
       s = 0;
       for (i = 1; i <= 100; i++)
           s = s + i;
       printf("%d,%d₩n", i, s);
}  /* ~home/scode/chk/c_1_12_025.c */
```

```
short   data[100];
int     i;

main()
{
     for (i = 0; i < 100; i++)
          data[i] = i;
     printf("%d,%d₩n",i, data[99]);
} /* ~home/scode/chk/c_1_13_025.c */
```

1.3.4 SVM 어셈블리 언어 코딩 규칙(띄어쓰기 규칙)

C나 Java 등 대부분의 고급 프로그래밍 언어들은 단어들 사이의 띄어쓰기만 필수 요구 사항이고, 띄우는 공백의 수나 줄바꿈 등은 프로그래머가 자유스럽게 활용할 뿐 문법적으로는 차이가 없다. 그러나 어셈블리 언어는 명령어가 규격화되어 있어서 반드시 한 줄에 하나씩 코딩하는 것이 일반적이다. 그리고 각 줄은 니모닉 코드와 피연산자 두 가지로만 구성되는 경우와 앞부분에 기호까지 세 가지로 구성되는 경우가 있다. 그 외에 프로그램의 내용과 관계없이 코멘트의 일환으로 각 줄에 줄번호를 붙이고 싶을 수도 있다. 이런 점 등을 고려하여 SVM 어셈블리 언어의 코딩 규칙은 [표 1

[표 1-17] SVM 어셈블리 언어 코딩 규칙

번호	규칙 내용
①	연산 명령어와 의사 명령어(지시자 혹은 디렉티브) 관계없이 모든 명령어는 한 줄에 하나씩 코딩하고, 아무 내용도 없는 공백 줄을 허용한다.
②	각 줄의 앞쪽에 줄번호를 기입할 수 있다. 줄번호는 1, 2, 3, ... 혹은 1, 3, 5, ... 혹은 10h, 20h, 30h, ... 등과 같이 프로그래머가 임의(10진 혹은 16진 표현)로 설정하고, 줄번호 값 자체에 대한 별도의 제한 사항은 없다.
	줄번호의 존재 여부는 맨 첫 단어가 수치인가에 따라 결정한다. 즉, 각 줄의 첫 부분이 수치이면 줄 번호가 존재하는 것으로 간주한다.
	줄 번호가 없다면 곧바로 기호나 명령어를 기입한다.
③	②의 줄번호가 존재한다면 줄번호 뒤에 공백으로 분리하여 기호 혹은 명령어를 기입한다.
	기호와 명령어의 구별은 해당 단어가 명령어가 아니면 기호로 간주하는 것으로 한다. 따라서 명령어에 오탈자가 존재하면 기호로 인식되어 오류로 처리된다.
	기호는 대·소문자를 구분하는 알파벳으로 시작하고, 길이는 8자 이내이며, 'h' 이외의 문자로 끝나야 한다(⑦의 16진 숫자열과의 중복 회피).
	기호가 없다면 곧바로 명령어를 기입한다.
④	③의 기호가 존재한다면 기호 뒤에 공백으로 분리하여 명령어를 기입한다.
⑤	명령어 뒤에는 공백으로 분리하여 피연산자를 기입한다. 다만 "RSUB" 명령어와 같이 피연산자를 필요로 하지 않는 경우에는 기입하지 않는다.
	피연산자는 공백 없이 붙여서 기입한다. 이를테면 "BUF[X]" 에서 '[', ']' 등의 문자를 띄어서 쓰지 않는다.
⑥	각 줄 임의의 위치에 "//" 문자열이 나타나면 이후 모든 내용을 코멘트 처리하고, '.' 로 시작하는 줄은 줄 전체를 코멘트 처리한다.
⑦	수치는 10진과 16진, 문자코드('A' 형태) 표현을 사용할 수 있고, 숫자열이 'h'로 끝나면 16진수로 해석한다. 16진 숫자로는 '0' ~ '9' ~ 'A' ~ 'F' 를 사용한다.
⑧	전체 프로그램은 "START" 지시 명령어로 시작해서 "END" 지시 명령어로 끝난다.
	"START" 지시 명령어의 기호 부분에 프로그램의 이름(혹은 함수 이름)을 기입하고, 그 기호는 해당 프로그램의 적재 주소 값을 갖는다(생략 시 임의의 이름을 부여).
	"START" 지시 명령어의 피연산자 부분에 해당 프로그램이 적재될 주소를 기입한다(생략 시 0번지를 부여).
	"END" 지시 명령어의 피연산자 부분에 해당 프로그램의 실행 시작 주소를 기입할 수 있다(생략 시 적재 주소가 곧 실행 시작 주소가 됨)
⑨	탭('₩t')도 공백으로 인정하고, 여러 개의 연속된 공백은 하나로 간주한다.

-17]과 같이 제정한다.

아래 [그림 1-16]의 두 프로그램은 시각적으로 달라 보이지만 문법적으로는 완전히 동일하다. 그러나 오른쪽의 무질서한 프로그램은 올바른 프로그램이 아니다.

```
005   S_106   START  1000h
010   MAIN    LDA    XX
015           CMP    TEN  // 10
020           JNZ    ELSE
025           ADD    YY
030           JMP    MEET
035   ELSE    SUB    YY
040   MEET    STA    ZZ

100   XX      DD     10
105   YY      DD     14h   // 20
110   ZZ      RD     1
115   TEN     DD     Ah // ~home/scode/smp/
120           END       //     s_1_06_027.s
```

```
005 S_107    START   1000h
   MAIN     LDA      XX
015        CMP     TEN
020              JNZ     ELSE
ADD     YY
030              JMP     MEET
035        ELSE      SUB      YY
MEET    STA        ZZ

100     XX        DD     10
YY      DD     14h
110     ZZ        RD    1
115     TEN     DD     10    // ~home/scode/smp/
END                          //     s_1_07_027.s
```

[그림 1-16] SVM 코딩 규칙 적용의 예

1.3.5 SVM 에뮬레이터

어셈블리 코딩 연습을 위해 위 [그림 1-16]과 같은 어셈블리 코드를 읽어 SVM 기계 실행을 흉내 내는 SVM 에뮬레이터 vmes(virtual machine emulator for SVM)을 활용한다. 에뮬레이터의 완성도를 높이기 위해 DMP, HALT, FILE 명령어 및 난수 생성 변수를 추가로 정의한다.

□ DMP 니모닉 코드(연산 명령어)

디버깅을 위해 레지스터나 메모리에 저장된 값을 덤프(출력)하는 DMP(dump) 명령어를 정의한다. DMP(DMPR, DMPM) 명령어는 SVM의 다른 기계 명령어와 같이 길이가 4바이트이고 피연산자의 내용을 크기(4, 2, 1바이트)에 맞추어 16진수와 10진수를 병기하여 아래 [표 1-18]과 같은 형태로 화면에 출력한다.

[표 1-18] SVM 에뮬레이터를 위한 DMP 명령어(DMPW: 2바이트, DMPB: 1바이트)

<table>
<tr><th>명령어</th><th>목 적</th><th>연산 코드</th><th>출 력 형 태</th></tr>
<tr><td>DMPR r</td><td>PC(:0), U(:1), X(:2), A(:3) 레지스터 덤프</td><td>38h</td><td>(A)=0000000Dh=13</td></tr>
<tr><td>DMP m
(DMPW, DMPB)</td><td>주소(기호 m)에 해당되는 메모리 내용 덤프</td><td rowspan="2">39h
(3Ah)
(3Bh)</td><td>(100h)=0000000Dh=13</td></tr>
<tr><td>DMP m[X]
(DMPW, DMPB)</td><td>주소(기호 m+X)에 해당되는 메모리 내용 덤프</td><td>(100h+4h)=0000000Dh=13</td></tr>
<tr><td>DMPS m</td><td>주소(기호 m)에서 시작하는 문자열 덤프</td><td>3Ch</td><td>Happy</td></tr>
</table>

□ HALT 니모닉 코드

SVM 어셈블리 코딩은 앞에서 언급한 바와 같이 START로 시작하고 END로 맺는다. 이와 달리 프로그램의 실행 도중 프로그램을 종료시킬 수 있는 명령어가 필요하다. 이를 위해 프로그램 종료 명령어로 HALT를 정의한다. HALT 명령어는 다른 명령어처럼 길이가 4바이트이고, 피연산자를 필요로 하지 않으며, 연산 코드는 3Fh이다.

□ FILE 지시(디렉티브) 명령어

SVM의 IN, OUT 기계 명령어 지원을 위해 입·출력 장치 포트 번호를 디스크 파일로 매핑하는 FILE 지시 명령어를 제공한다. FILE 지시 명령어의 피연산자 부분에는 포트 번호, 입·출 표시, 파일명 등을 ','로 구분하여 공백 없이 기입한다. 이 때, 입·출 표시는 'I'(입력)나 'O'(출력)를 사용한다. 이 때 파일명 "KEYBD"는 키보드를, "MONIT"는 모니터를 각각 의미하며 아스키 코드(문자)의 입·출력만이 의미가 있다. 특히, 키보드 입력의 경우 엔터키('↲')도 입력에 포함된다. 이를테면 "abc↲"와 같이

```
S_108  START  1000h
LOOP   CID    INPORT
       JZ     LOOP
       IN     INPORT
       CMPB   ZERO
       JZ     STOP
       DMPR   A      // 4Byte
       JMP    LOOP
STOP   HALT
INPORT DD     124
  ZERO DB     00h
       FILE   124,I,DATA.TXT
       END     // ~/s_1_08_028.s
```

[그림 1-17] 완성 프로그램 예1

```
S_109  START  1100h // COPY
ILOOP  CID    IPORT
       JZ     ILOOP
       IN     IPORT
       CMPB   ZERO
       JZ     STOP
       DMPR   A      // 4Byte
OLOOP  COD    OPORT
       JZ     OLOOP
       OUT    OPORT
       JMP    ILOOP
STOP   HALT
IPORT  DD     124
OPORT  DD     125
 ZERO  DB     00h
       FILE   124,I,IDATA
       FILE   125,O,ODATA
       END          // ~/s_1_09_028.s
```

[그림 1-18] 완성 프로그램 예2

```
S_110  START  1200h
MAIN   LDX    INTS
LOOP   LDAB   NAME1[X]
       CMPB   NAME2[X]
       JNZ    SKIP
       IXBC   INTS+4
       JNZ    LOOP
SKIP   DMPR   A
       HALT
INTS   DD     0,4
NAME1  DB     "HONG"
NAME2  DB     'H','O','N','G'
       END     // ~/s_1_10_028.s
```

[그림 1-19] 완성 프로그램 예3

```
S_111  START  1300h    // TEST
VARS   DD     1,2,0
MAIN   LDA    VARS
       ADD    VARS+4
       STA    VARS+8
       DMP    VARS+8
       HALT          // ~home/scode/smp/
       END    MAIN //    s_1_11_028.s
```

[그림 1-20] 완성 프로그램 예4

타이핑하면 'a', 'b', 'c', '↲' 등 네 개의 아스키 코드가 네 번의 IN 명령어에 의해 차례로 입력된다. FILE 지시 명령어는 어느 곳에도 위치할 수 있지만 프로그램의 가독성을 위해 가급적 END 지시자 바로 윗부분에 배치하도록 한다.

앞 페이지 [그림 1-17]~[그림 1-20]에 DMP 및 HALT 연산 명령어와 FILE 지시 명령어를 포함하는 완성된 프로그램의 예를 보였다

□ 난수 생성 내장 변수

"LDA RND" 혹은 "LDA 7FFFFFh"와 같이 LDA 명령어의 피연산자에 내장 기호 변수 RND를 사용하거나 상수 주소 7FFFFFh를 사용하면 4바이트 난수가 얻어진다. 반대로 "STA RND" 혹은 "STA 7FFFFFh"와 같이 STA 명령어의 피연산자로 내장 기호 변수 RND를 사용하거나 상수 주소 7FFFFFh를 사용하면 무조건 난수 씨앗을 새롭게 설정한다. 이와 같이 메모리 주소 7FFFFFh부터 4바이트(내장 변수 RND)에는 난수 값이 관리된다.

아래 [그림 1-21]~[그림 1-23]에 난수 활용 예를 보였다.

```
S_112  START  1000h    // RND
       LDA    RND
       DMPR   A
       LDA    RND
       DMPR   A
       HALT   // ~home/scode/smp/
       END    //        s_1_12_029.s
```

[그림 1-21] 난수 활용 예1

```
S_113  START  1000h // RND
       LDA    SEED
       STA    RND
       LDA    RND
       DMPR   A
       LDA    RND
       DMPR   A
       HALT
SEED   DD     77 // ~home/scode/smp/
       END       //     s_1_13_029.s
```

[그림 1-22] 난수 활용 예2

```
S_114  START  100h   // RND
       LDX    ZERO
       LDA    SEED
       STA    RND
LOOP   LDA    RND
       MOD    HUND
       DMPR   A
       IXBC   TEN
       JNZ    LOOP
       HALT
ZERO   DD     0
TEN    DD     10
SEED   DD     7
HUND   DD     100 // ~home/scode/smp/
       END        //     s_1_14_029.s
```

[그림 1-23] 난수 활용 예3

종합 실습 1-30-030
(기호 활용, 전체 코딩)

□ 아래 연습에서는 주소 번지를 사용하지 않고 기호를 사용한다.
□ 작성한 프로그램은 $ asms s_x_y_z.s↲ 형태로 어셈블한다 ⇒ s_x_y_z.obj 생성
□ 어셈블된(생성된) 목적 프로그램을 $ vmes s_x_y_z.obj↲ 형태로 실행시킨다.

연습 1-8 세 정수 2, 6, 9를 더하여 출력하는 SVM 어셈블리 프로그램을 작성한다(~home/wrk/w_1_08_030.s).

연습 1-9 1~100 범위의 모든 정수를 더해서 출력하는 SVM 어셈블리 프로그램을 작성한다(~home/wrk/w_1_09_030.s).

연습 1-10 1~100 범위의 모든 정수 중 홀수들만 더해서 출력하는 SVM 어셈블리 프로그램을 작성한다(~home/wrk/w_1_10_030.s).

연습 1-11 1~100 범위의 모든 정수 중 홀수들의 합과 짝수들의 합을 각각 구하여 출력하는 SVM 어셈블리 프로그램을 작성한다(~home/wrk/w_1_11_030.s).

연습 1-12 2바이트 100개를 원소로 하는 정수 두 배열 ARR1, ARR2를 확보하여, ARR1을 100~1까지의 수를 차례로 초기화하고, ARR1의 내용을 ARR2에 복사하는 SVM 어셈블리 프로그램을 작성한다(~home/wrk/w_1_12_031.s).

연습 1-13 0~99 범위의 4바이트 난수 10개를 얻어, 난수들 및 최대, 최소, 총합을 구하여 출력하는 SVM 어셈블리 프로그램을 작성한다(~home/wrk/w_1_13_031.s).

연습 1-14 0~99 범위의 4바이트 난수 10개를 얻어 배열에 저장한 후, 배열에서 각 원소 및 최대, 최소, 총합을 구하여 출력하는 SVM 어셈블리 프로그램을 작성한다(~home/wrk/w_1_14_031.s).

연습 1-15 4바이트 원소 10개의 배열에 대하여, 10개의 난수를 얻어 초기화하는 서브 루틴 ARRGET, 10개의 원소를 출력하는 서브 루틴 ARRPUT, 배열에서 최대, 최소, 총합을 구한 서브 루틴 ARRMNS를 만들고, 초기화, 배열 출력, 최대・최소・총합 구하기 및 출력하는 과정을 세 번 반복하는 SVM 어셈블리 프로그램을 작성한다(~home/wrk/w_1_15_031.s).

연습 1-16 덧셈의 연속으로 두 수의 곱을 구하는 서브 루틴 MULTI을 만들고, 이를 이용하여 키보드(KEYBD)에서 1바이트 16진수('0'~'F') 두 개를 입력받아 두 수의 곱을 출력하는 SVM 어셈블리 프로그램을 작성한다(~home/wrk/w_1_16_032.s).

연습 1-17 **연습 1-16** 의 결과를 활용하여 구구단 7단의 결과 값만을 순서대로 출력하는 SVM 어셈블리 프로그램을 작성한다(~home/wrk/w_1_17_032.s).

연습 1-18 뺄셈의 연속으로 두 수에 대한 나눗셈 결과로 몫과 나머지를 구하는 서브 루틴 DIVID를 만들고, 난수 두 개에 대하여 두 수와 함께 몫과 나머지를 출력하는 SVM 어셈블리 프로그램을 작성한다(~home/wrk/w_1_18_032.s).

제 2 장 SVM 어셈블러

2.1 어셈블러란?

2.1.1 어셈블과 목적 프로그램(assemble & object program)

1장에서 "어셈블리 언어"의 제 1차적 어원은 기호를 사용해서 작성된 어셈블리 프로그램이 CPU에 의해 실행되기 위해, 어셈블리 프로그램을 구성하는 각각의 명령어들이 대응되는 기계 명령어로 어셈블(조립)되어야 한다는 점에서 출발한다. 이 때, 어셈블리 프로그램의 각 명령어들은 기계 명령어 포맷에 따라 비트 단위 조립 과정을 거쳐 하나의 기계 명령어로 완성되므로 이러한 변환 과정을 어셈블이라 부른다. 즉, 어셈블의 "조립하다"라는 개념은 규격화된 작은 명령어들을 모아 큰 프로그램을 조립하는 과정 관점에도 적용되지만, 기호화되어 있는 특정 어셈블리 명령어를 비트 단위 정보를 조합하여 대응되는 기계 명령어를 조립하는 과정에도 적용된다.

특정 어셈블리 프로그램이 어셈블(조립·변환)되어 생성된 기계어 프로그램을 일반적으로 목적 프로그램(object program)이라 한다. 이는, 주어진 어셈블리 프로그램을 실행할 특정 CPU의 기계 명령어 포맷을 목표로 어셈블되었다는 뜻이다.

2.1.2 어셈블러(assembler)

아주 소규모 어셈블리 프로그램이라면 종이와 연필을 사용해서 그 프로그램을 기계어 프로그램으로 어셈블하는 일이 어렵지 않다. 그러나, 수동 어셈블 과정은 많은 시간과 노력을 필요로 하므로 매우 비효율적이다. 이 문제를 해결하기 위하여 주어진 어셈블리 프로그램을 대응되는 기계어 프로그램으로 어셈블해주는 소프트웨어인 어셈블러(assembler)를 사용한다. 어셈블러는 C 등 고급 프로그래밍 언어를 번역하는 컴파일러(compiler)와 유사한 일종의 언어 번역기인데, 다만 어셈블리 언어를 번역한다는 점에서 다르다.

어셈블러는 어셈블리 원시 프로그램을 목적 프로그램으로 어셈블하기 위한 몇 가지 원리와 기계(CPU)가 동작하는 기계 사이클만 깨우치면 어렵지 않게 작성할 수 있다. 여기서의 핵심 목표는 이러한 원리를 이해하여 어셈블러를 설계하고 구현하는 데 있다. 종합 실습 1-30-030 에서 $ asms x_y_z.s↲ 와 같이 SVM 어셈블리 프로그램을 어셈블하기 위해 사용했던 asms 명령어는 앞으로 차근차근 구현해나갈 SVM 어셈블러를 미리 구현해 놓은 것이다.

MEMO

어셈블러의 기능 구성을 파악하기 위해 우선 [그림 2-1]의 원천 코드에 대하여 수작업으로 어셈블하는 과정을 [그림 2-1]~[그림 2-4]에 단계별로 보였고 그 내용은 다음과 같다.

■ 단계 1 : 프로그램의 명령어를 하나(한줄)씩 따라가면서 각 명령어가 위치하는 주소(location)를 추적하여, 주소를 대신하는 기호들의 대응 값과 프로그램의 크기를 알아낸다.

- [그림 2-1]의 프로그램은 100h에서 시작하므로 라인 1의 첫 번째 명령어는 100h에 위치한다(이하 [그림 2-2]의 LOC 참조).
- START 명령어는 메모리를 차지하지 않는 지시 명령어이므로 라인 2의 두 번째 명령의 위치는 여전히 100h이다.
- 라인 3의 세 번째 명령어의 위치는 라인 2의 명령어가 4바이트를 차지하므로 그만큼 증가한 104h가 된다.
- 라인 1과 4에 존재하는 주소 대변 기호 S_201과 LOOP는 해당 명령어의 시작 위치인 100h와 108h의 값을 각각 갖는다.
- 라인 12의 위치는 라인 11의 시작 위치인 124h에서 메모리 차지 크기인 4(int, double word)가 증가한 128h가 된다.
- 라인 13의 위치는 라인 12의 시작 위치인 128h에서 메모리 차지 크기인 400(=4x100=190h)이 증가한 2B8h(128h+190h)가 된다.
- 라인 13의 END 명령어는 메모리를 차지하지 않으므로 이 프로그램은 100h ~ 2B7h 범위에 위치하고, 총 소요 메모리 즉 프로그램의 크기는 1B8h(=455, 2B8h-100h)바이트이다.
- 각 라인의 위치 주소를 추적하는 과정에서 수집된 기호들의 대응 값은 그림 2-3]과 같이 기호 테이블(symbol table)로 관리한다.

```
1    S_201   START  100h    // INDEX
2            LDX    ZERO
3            LDA    ONE
4    LOOP    STA    BUF[X]
5            ADD    ONE
6            IXC    FHUND
7            JNZ    LOOP
8            HALT
9    ZERO    DD     0
10   ONE     DD     1
11   FHUND   DD     400
12   BUF     RD     100     // ~home/scode/smp/
13           END            //       s_2_01_036.s
```

[그림 2-1] 어셈블리 원시 프로그램

```
LOC
100h   S_201  START  100h
100h          LDX    ZERO
104h          LDA    ONE
108h   LOOP   STA    BUF[X]
10Ch          ADD    ONE
110h          IXC    FHUND
114h          JNZ    LOOP
118h          HALT
11Ch   ZERO   DD     0
120h   ONE    DD     1
124h   FHUND  DD     400
128h   BUF    RD     100
2B8h          END
```

[그림 2-2] 명령어 위치 추적

프로그램 크기
1B8h

기 호	대응 값(주소)
S_201	100h
LOOP	108h
ZERO	11Ch
ONE	120h
FHUND	124h
BUF	128h

[그림 2-3] 프로그램 크기와 기호 테이블

MEMO

[표 2-1] SVM 니모닉 코드 요약(음영색 부분만 word/byte 단위 연산이 가능함)

연산 그룹	연산코드	어셈블리 문법	비 고
레지스터 적재/저장	0x00	LDA m	A←(m ~ m+3)
	0x01	LDAW m	A←(m ~ m+1)
	0x02	LDAB m	A←(m)
	0x04	LDX m	X←(m ~ m+3)
	0x05	LDU m	U←(m ~ m+3)
	0x08	STA m	(m ~ m+3)←A
	0x09	STAW m	(m ~ m+1)←A
	0x0A	STAB m	(m)←A
	0x0C	STX m	(m ~ m+3)←X
	0x0D	STU m	(m ~ m+3)←X
수리/논리 연산	0x10	ADD m	A←A+(m ~ m+3)
	0x11	ADDW m	A←A+(m ~ m+1)
	0x10	ADDB m	A←A+(m)
	0x14	SUB m	A←A-(m ~ m+3)
	0x15	SUBW m	A←A-(m ~ m+1)
	0x16	SUBB m	A←A-(m)
	0x17	MOD m	A←A % (m ~ m+3)
	0x18	AND m	A←A & (m ~ m+3)
	0x19	OR m	A←A | (m ~ m+3)
	0x1A	XOR m	A←A ^ (m ~ m+3)
	0x1C	SHL m	A←A << (m ~ m+3)
	0x1D	SHR m	A←A >> (m ~ m+3)
비교/분기	0x20	CMP m	A - (m ~ m+3)
	0x21	CMPW m	A - (m ~ m+1)
	0x22	CMPB m	A - (m)
	0x24	IXC m	X←X + 4, X - (m ~ m+3)
	0x25	IXWC m	X←X + 2, X - (m ~ m+3)
	0x26	IXBC m	X←X + 1, X - (m ~ m+3)
	0x28	JZ m	if (Z) PC←m
	0x29	JNZ m	if (NZ) PC←m
	0x2A	JC m	if (C) PC←m
	0x2B	JMP m	PC←m
	0x2C	GSUB m	U←PC, PC←m
	0x2D	RSUB	PC←U
입/출력	0x30	CID m	Check (m ~ m+3) input port
	0x32	COD m	Check (m ~ m+3) output port
	0x34	IN m	A_0←(m ~ m+3) input port
	0x36	OUT m	A_0→(m ~ m+3) output port
메모리/레지스터 덤프	0x38	DMPR r	value dump PC(:0), U(:1), X(:2),A(:3)
	0x39	DMP m	value dump (m ~ m+3)
	0x3A	DMPW m	value dump (m ~ m+1)
	0x3B	DMPB m	value dump (m)
	0x3C	DMPS m	string dump (m ~)
실행 종료	0x3F	HALT	stop execution

[표 2-2] SVM 디렉티브(지시어) 코드 요약

상수 변수 할당	크 기/ 의 미
DD v1(,v2,...)	4byte number
DW v1(,v2,...)	2byte number
DB v1(,v2,...)	1byte numver
FILE pn,I/O,file	입/출력 포트 맵

변수 공간(배열) 할당	단 위
RD n	array of 4byte
RW n	array of 2byte
RB n/string	array of 1byte

■ 단계 2 : 프로그램의 명령어를 다시 처음부터 하나씩 따라가면서 [표 2-1](1장의 [표 1-1]~[표 1-18] 요약)에 정의된 연산 코드와 [그림 2-3]의 기호 테이블을 참조하여 [그림 2-5] 형태의 SVM 기계 명령어(목적 코드)를 조립한다.

- [그림 2-1] 원시 프로그램의 피연산자 부분에 있는 기호들을 [그림 2-4]의 왼쪽과 같이 모두 상수 주소로 대치한다.
- 피연산자 부분의 기호가 상수 주소로 대치되면 [그림 2-4]의 오른쪽과 같이 해당 명령어에 대한 기계 명령어 조립이 가능하다.
- 목적 코드는 비트 패턴을 위해 16진수를 기본으로 사용하기 때문에 'h'표기는 생략한다.
- 라인 4의 경우 기계 명령어 포맷([그림 2-5])의 X 비트가 1이기 때문에 피연산사 부분의 최상위 비트가 1(80h)이다.
- 피연산자가 불필요한 HALT 기계 명령어의 피연산자 부분에는 000000으로 채운다.
- 라인 9~11의 경우 기계 명령어가 아닌 상수 값들이 해당 메모리를 차지할 목적 코드가 된다.
- 라인 12의 경우 공간만 확보할 뿐 공간을 채울 내용은 정의하지 않으므로 굳이 목적 코드를 생성할 필요가 없다.

	LOC			Operand	Object Code
1	100h	S_201	START	100h	
2	100h		LDX	11Ch	0400011C
3	104h		LDA	120h	00000120
4	108h	LOOP	STA	128h[X]	08800128
5	10Ch		ADD	120h	10000120
6	110h		IXC	124h	24000124
7	114h		JNZ	108h	29000108
8	118h		HALT		3F000000
9	11Ch	ZERO	DD	0	00000000
10	120h	ONE	DD	1	00000001
11	124h	FHUND	DD	400	00000190
12	128h	BUF	RD	100	
13	2B8h		END		

[그림 2-4] 기호 값 대치 및 목적 코드 생성

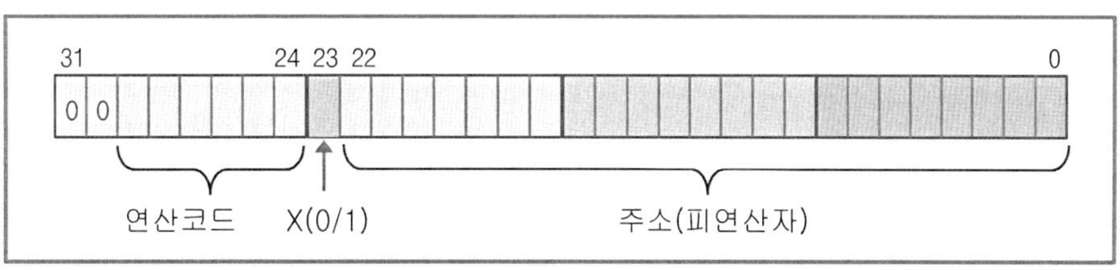

[그림 2-5] SVM 기계 명령어 포맷([그림 1-15]와 동일)

■ 단계 3 : [그림 2-4]의 프로그램을 실행시키기 위해 메모리의 100h~2B7h 영역을 확보한 뒤, [그림 2-4]의 오른쪽 목적 프로그램(코드)을 메모리 100h~127h 영역에 적재하여 CPU가 100h에 있는 명령어부터 차례로 처리하도록 해준다.

- [그림 2-1]의 원천(원시) 프로그램(source program)을 실행시킬 때마다 단계 1~ 단계 3 과정을 거친다면 동일한 어셈블 과정이 되풀이된다.
- 위의 불편함을 해소하기 위해 [그림 2-6]과 같이 [그림 2-4]의 목적 코드만을 떼어내 독립된 파일인 목적 프로그램(object program)으로 생성하고, 실행시킬 때는 목적 프로그램만을 참조하여 메모리에 적재한다.
- 그런데, [그림 2-6]의 목적 프로그램 형태는 프로그램이 적재될 주소를 알 수 없고, 프로그램 전체 크기도 알 수 없다. 프로그램 전체 크기가 필요한 이유는, 목적 프로그램에 초기 값 없이 공간만 확보하는 변수 부분은 누락되어 있기 때문이다.
- 따라서, [그림 2-7]과 같이 이들에 대한 정보 추가가 요구된다. 이 그림에서 'H'는 헤드 레코드(head record)를 의미하고, 그 내용은 "프로그램이름:적재시작주소(16진):프로그램크기(16진):실행시작주소(16진)" 형태로 구성한다.
- [그림 2-7]의 목적 프로그램을 실행시키기 위한 메모리 적재 과정은 아래와 같다.
  - 헤드 레코드를 읽어 프로그램 적재 주소부터 프로그램 크기만큼의 메모리를 확보한다.
  - 목적 코드를 읽어 프로그램 적재 주소부터 차례로 적재(메모리 쓰기)한다.
  - 프로그램 실행 시작 주소로 점프하여 CPU가 기계 명령어를 하나씩 처리하도록 한다.
- [그림 2-7]의 목적 프로그램 구성은 목적 코드들이 중간에 빈틈없이 이어지는 경우에만 적용할 수 있다. 이를테면, [그린 2-8]에서 라인 5~6은 공간만 확보할 뿐 메모리에 적재할 내용은 없기 때문에 목적 코드들이 이어지지 않는 빈틈이 존재하여, [그림 2-7] 형태의 목적 프로그램 구성은 적

```
0400011C
00000120
08800128
10000120
24000124
29000108
3F000000
00000000
00000001
00000190
```

[그림 2-6] [그림 2-4]에 대한 목적 프로그램 구성안 1

```
H:S_201:000100:0001B8:000100
0400011C
00000120
08800128
10000120
24000124
29000108
3F000000
00000000
00000001
00000190
```

[그림 2-7] [그림 2-4]에 대한 목적 프로그램 구성안 2

```
     LOC                                          Object Code
 1   100h  S_202 START  100h
 2   100h        GSUB   INPUT                     2C00011A
 3   104h        DMP    LEN                       3900010C
 4   108h        HALT                             3F000000
 5   10Ch  LEN   RD     1
 6   110h  BUF   RB     10

 7   11Ah  INPUT LDX    ZERO                      0400014E
 8   11Eh        LDA    ZERO                      0000014E
 9   122h  ILP   CID    IPORT                     3000014A
10   126h        JZ     ILP                       28000122
11   12Ah        IN     IPORT                     3400014A
12   12Eh        CMP    ZERO                      2000014E
13   132h        JZ     IEND                      28000142
14   136h        STAB   BUF[X]                    0A800110
15   13Ah        IXBC   ZERO                      2600014E
16   13Eh        JMP    ILP                       2B000122
17   142h  IEND  STX    LEN                       0C00010C
18   146h        RSUB                             2D000000
19   14Ah  IPORT DD     10h                       00000010
20   14Eh  ZERO  DD     0 // ~home/scode/smp/     00000000
21   152h        END      //     s_2_02_041.s
```

[그림 2-8] 중간에 단절이 있는 목적 프로그램의 예

용할 수 없다. 이를 해결하기 위해 아래의 방법을 도입한다.

- 목적 코드들을 적절한 길이 내에서 그룹핑하여 “T:적재주소(16진):길이(16진):목적코드 열(바이트 단위)…” 형태의 목적 레코드(object record)와 “E:실행시작주소(16진)” 형태의 엔드 레코드(end record)를 도입한다. (“T:”는 텍스트(기계 명령어)를, “D:”는 데이터(변수)를 각각 의미함).
- [그림 2-8]에서 라인 7부터의 목적 코드들은 반드시 새로운 목적 레코드로 시작해야 하고, 이들은 적절히 설정된 목적 레코드 길이 한계(길이 표시가 16진 2자인 경우 최대 256바이트)에 따라 다시 몇 개의 목적 레코드들로 분리시킬 수 있다.
- [그림 2-9]에 [그림 2-8]을 위한 목적 프로그램의 예를 보였다. 이 그림에서 ‘^’는 편의상 표기일 뿐이고 실제로는 경계가 알려지지 않는다.
- 헤드 레코드에 있었던 실행 시작 주소가 엔드 레코드로 이동하였다.

```
H:S_202:000100:000052
T:0000100:0C:2C00011A^3900010C^3F000000
T:000011A:18:0400014E^0000014E^3000014A^28000122^3400014A^2000014E
T:0000132:18:28000142^0AFF0110^2600014E^2b000122^0C00010C^2D000000
D:000014A:08:00000010^00000000
E:000100
```

[그림 2-9] [그림 2-8]에 대한 최종 목적 프로그램 구성

2.2 1-패스 SVM 어셈블러(one pass assembler)의 설계와 구현

어셈블러는 2.1.2절에서 보았던 수동 조립 과정을 소프트웨어로 해결한다. 여기서는 어셈블러를 C 언어로 구현한다.

2.2.1 어셈블러를 위한 자료구조

어셈블러는 기본적으로 어셈블리 원천 프로그램을 한 줄씩 읽어가며 대응되는 목적 코드가 존재할 경우 목적 프로그램에 추가한다. 이 과정에서 필요한 자료구조(타입과 변수)는 아래와 같다.

• LOC(Location Counter)

프로그램 적재 시작 주소(보통 0)에서부터 출발하여 해당 줄의 목적 코드 크기만큼씩 증가하면서 해당 줄의 메모리 위치를 추적한다. 해당 줄에 기호(레이블)가 존재할 경우 그 기호에 대응되는 주소는 현재의 LOC 값을 갖는다.

```
int  LOC = 0;
```

• LDaddr(Load address), GOaddr(Execution start address), PGsize(Program size)

소스 코드의 첫줄(START)에 기술된 프로그램 적재 주소(LDaddr)와 마지막 줄(END)에 기술된 실행 시작 주소(GOaddr), 그리고 프로그램의 크기(PGsize)를 관리한다.

• SYMTAB(Symbol Table), SYMCNT(Symbol Counter)

현재 처리 중인 줄에 기호가 존재할 경우 <기호, 현재 LOC 값> 쌍을 기호 테이블(SYMTAB)에 삽입하고 기호 개수(SYMCNT)를 1 증가시킨다.

```
typedef struct symtab {
    char   symbol[MAX_SLEN];
    int    value;
} Symtab;
```

```
int     SYMCNT = 0;
Symtab SYMTAB[MAX_SYM];
```

• LNO, LABEL, OPcode, OPerand

어셈블러가 어셈블리 원천 코드의 한 줄을 읽었을 때, 해당 줄에 존재하는 라인 번호, 기호, 명령어, 피연산자를 토큰으로 분리하여 LNO, LABEL, OPcode, OPerand에 각각 보관한다. 해당 필드가 존재하지 않는 경우 NULL 값을 갖는다.

```
char  *LNO, *LABEL, *OPcode, *OPerand;
```

• OPTAB(Operation Code Table)

어셈블리 원천 코드에 기입된 명령어(OPcode)가 니모닉 코드(연산 명령어)인지를 검색하기 위해 SVM이 제공하는 모든 연산 명령어에 대하여 <니모닉 코드, 연산 코드, 피연산자 개수> 쌍을 테이블로 관리한다(DMP, HALT 명령어 포함).

```
typedef struct optab {
    char    mnemonic[MAX_OLEN];
    unsigned char  opcode;
    char           n_operand;
} Optab;
```

```
Optab OPTAB[MAX_OP] = {
        "LDA" ,  0x00, 1,
         ...     ...  ...
        "RSUB" , 0X20, 0,
         ...     ...  ...
        };
```

• DCTAB(Directive Command Table)

명령어가 OPTAB에서 검색되지 않을 경우 이번에는 DD 등 변수 공간 확보 지시 명령어인가를 검색하기 위해 이들에 대하여 <지시 명령어, 타입(상수 혹은 공간), 크기 단위> 쌍을 테이블로 관리한다.

```
typedef struct dctab {
    char   directive[MAX_DLEN];
    char   type; //CNST or RESV
    char   unit; // 4 or 2 or 1
} Dctab;
```

```
Dctab DCTAB[MAX_DC] = {
      "DD" , CNST,  4,
      "DW" , CNST,  2,
      "DB" , CNST,  1,
      "RD" , RESV,  4,
      "RW" , RESV,  2,
      "RB" , RESV,  1,
};
```

MEMO

2.2.2 1-패스(기초) 어셈블러 알고리즘

어셈블리 언어를 번역하는 어셈블러를 1 패스로 구현하는 방안을 생각할 수 있다. 여기서 1 패스란 소스 코드를 꼭 한 번만 읽으면서 목적 코드를 조립해 나가는 방법을 말한다. 1-패스 알고리즘의 큰 틀은 [그림 2-10]과 같다. [그림 2-10]의 알고리즘을 구현해나가는 과정에서 예로 사용할 프로그램으로 [그림 2-11]의 샘플 프로그램을 사용한다. 이 샘플 프로그램에는 프로그램 코딩 스타일과 다양한 변수 공간 확보 표기법이 포함되어 있다.

```
One_Pass_Assembler()
{
   read_line(); // LNO, LABEL, OPcode, OPerand 토큰 분리, 첫줄 읽음
   · 프로그램 이름인 LABEL이 적절하고, OPcode가 "START" 이며, OPerand의 프로
     그램 적재 주소가 적절하게 명시되어 있는지 확인한다.
   · LOC, LDaddr, GOaddr의 초기 값으로 OPerand에 주어진 값을 설정한다.
   ins_SYMTAB(<LABEL, LOC>);    // SYMTAB에 프로그램 이름 등록
   put_list_head() // 어셈블리 리스트 헤드 출력
   put_list();      // 첫 라인에 대한 어셈블리 리스트를 출력
   while (1) {
      read_line(); // LNO, LABEL, OPcode, OPerand 토큰 분리, 다음 줄 읽음
      if (OPcode == "END")
          break;

      if (Label != NULL, 즉, 기호가 존재하면)
            ins_SYMTAB(<LABEL1, LOC>);     // SYMTAB에 기호 등록
      if (see_OPTAB()이 성공하면,  즉 OPcode가 니모닉 코드이면)
            len = asm_mnemonic();
      else if (see_DCTAB()이 성공하면, 즉 OPcode가 변수 확보 코드이면)
            len = asm_space();
      else
            msg_error();

      put_list();// 어셈블리 리스트를 출력
      LOC = LOC + len
   }
   · "END" 뒤에 피연산자가 있으면 그 값을 GOaddr에 설정한다.
   . 프로그램 크기(LOC - LDaddr)를 PGsiz에 설정한다.
   put_list();// 마지막 줄 어셈블리 리스트를 출력
}
```

[그림 2-10] 1-패스 어셈블러 알고리즘

[그림 2-10] 알고리즘의 최종 목표는 일단 [그림 2-11]의 소스 코드를 읽어 [그림 2-12]와 같은 어셈블리 리스트(assembly list)를 출력하는 것으로 한다. 어셈블리 리스트는 그 자체로 목적 프로그램이 아니고 각 명령어 문장의 목적 코드가 어떻게 어셈블(조립)되었는지를 한 눈에 볼 수 있는 디버깅 목적의 출력물이다.

```
000     S_203   START   1300h
010     VAR1    DD      10+5
020             DD      20-10
030     VAR2    RD      3
040             DW      4,5,'A'
050             DB      6,7,'B','C'
060             RB      10
070             DB      "ABC"

080     MAIN    LDA     VAR1
090             ADD     VAR2+4
100             STA     VAR2
110             HALT                        // ~home/scode/smp/
120             END     MAIN                //      s_2_03_045.s
```

[그림 2-11] 1-패스 어셈블러를 위한 샘플 SVM 어셈블리 프로그램

LNO	Location	Label	Opcode	Operand	Object Code
000	001300	S_203	START	1300h	
010	001300	VAR1	DD	10+5	0000000F
020	001304		DD	20-10	0000000A
030	001308	VAR2	RD	3	
040	001314		DW	4,5,'A'	000400050041
050	00131a		DB	6,7,'B','C'	06074243
060	00131e		RB	10	
070	001328		DB	"ABC"	41424300
080	00132b	MAIN	LDA	VAR1	00001300
090	00132f		ADD	VAR1+4	10001304
100	001333		STA	VAR2	08001308
110	001337		HALT		3F000000
110	00133B		END	MAIN	

[그림 2-12] [그림 2-11]에 대한 어셈블리 리스트

[그림 2-10]에 대한 구현 코드는 [그림 2-15]이고 기능별 주요 내용은 아래와 같다.

어셈블러를 구현하기 위해서는 우선 vi 등으로 편집한 어셈블리 프로그램 소스 코드 파일(텍스트 파일, *.s) 내용을 읽을 수 있어야 한다. 다음으로 읽은 내용(문자열)에서 공백으로 분리된 단어(토큰)를 끊어 내고, 추출 단어가 특정 문자열인지를 비교하거나 단어나 문자열을 복사하는 등의 작업이 필요하다.

- 1-0-0: 파일 입·출력, 문자열 처리(fopen(), fgets(), fclose(), strcmp(), strtok(), strcpy())
  - 파일 개방하기(fopen())
    . FILE *fopen(char *fname, char *rw) 형태의 원형을 가진다.
    . fopen(“s_x_y_z.s“, “r“) 형태로 호출하면 내부적으로 초기화해서 보관하는 FILE 구조체에 대한 주소(포인터)를 돌려준다. 만약 실패하면 NULL 값(0)을 돌려준다.
  - 파일 읽기(fgets())
    . char *fgets(char *buf, int buf_size, FILE *fp) 형태의 원형을 가진다.
    . fgets(buf, sizeof(buf), fp) 형태로 호출하면 fp와 연계된 개방 파일로부터 줄 하나를 읽어 그 내용을 buf 영역에 복사한다. 성공하면 buf 주소를 돌려주고, 더 이상 읽을 내용이 없을 경우나 실패하면 NULL 값(0)을 돌려준다.
    . 읽은 내용에는 줄 끝의 엔터 문자(‘₩n’, ‘₩r’)도 포함된다.
    . 유닉스·리눅스(vi) 환경에서는 파일의 줄 끝에 ‘₩n’ 문자 하나가 존재하고 윈도우(메모장) 환경에서는 ‘₩n’, ‘₩r’ 두 문자가 존재한다.
  - 문자열 개념(string, [그림 2-13] 참조)
    . C 언어에서 문자열은 문자들의 아스키 코드들이 1바이트 정수(char 형) 배열로 연속된 후 맨 끝에 정수 0(‘₩0’, NULL 문자)이 위치하는 형태로 정의된다.
    . 따라서 문자열의 크기(길이)는 지정되어 있지 않고 char 단위의 정수(아스키 코드)가 연속적으로 존재하고 마지막에 0이 위치하기만 하면 된다.
    . 문자열을 저장할 예정인 공간(char 형 배열)은 가장 긴 문자열을 저장할 경우를 대비해 충분히 확보한다.
    . 충분히 큰 저장 공간에 짧은 문자열이 차지하고 남는 부분은 쓰레기(가비지, garbage) 데이터로 낭비되는 공간이고, 좀 더 큰 문자열을 저장하면 그 낭비 공간은 그만큼 줄어든다.
    . 이미 존재하고 있던 문자열의 중간 지점을 0(∅. ‘₩0’)으로 변경하면 원래의 문자열이 축소되어 끊기지만 문자열로서의 자격은 여전히 유효하고, 끊어진 뒷부분도 문자열의 자격이 유지된다(SP1, SP2).
    . 끊어진 두 문자열 사이를 0이 아닌 다른 문자로 수정하면 두 문자열이 하나의 큰 문자열로 연결된다.
    . 공백(space)이나 탭(‘₩t’)도 보이지는 않지만, 자리 하나를 차지하는 어엿한 문자 중의 하나이다.

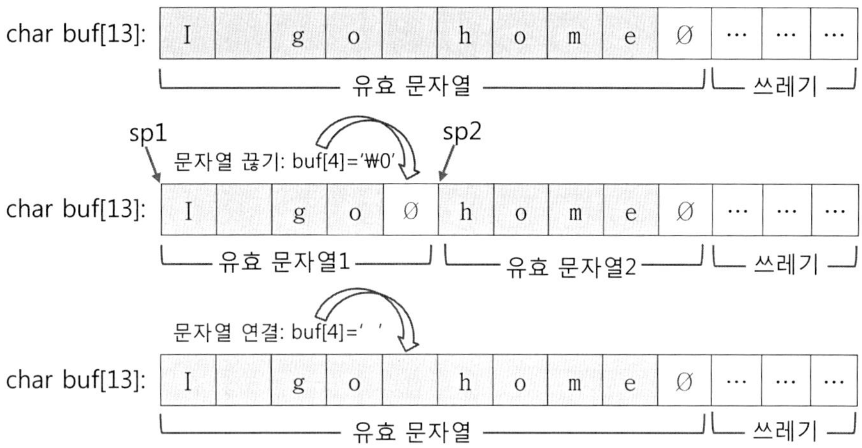

[그림 2-13] 문자열 개념(문자열 끊기, 문자열 연결하기, 가비지)

MEMO

MEMO

■ 표준 C 라이브러리(Standard C library)

표준 C 라이브러리란 C 언어가 설치된 곳이라면 어떤 환경이라도 동일한 기능을 제공하는 C 함수들의 집합을 말한다. 이를테면 Windows, Unix, Linux, Mac 등 개발환경 운영체제가 다르더라도 개발자는 C 언어를 표준에 따라 동일하게 코딩할 수 있다. 이렇듯 표준 C 라이브러리는 C 언어가 표준으로 제공하기 때문에 이를 C 내장 함수라 부르기도 한다.

C 언어 코딩을 효율적으로 수행하기 위해서는 표준 C 라이브러리에 어떤 함수들이 존재하는지를 파악하고 이를 적극적으로 활용해야 한다. 만약 그러한 함수를 발견하지 못한다면 개발자 스스로 그 기능을 위한 함수를 코딩해야 한다. 예를 들어 두 문자열을 비교하는 표준 함수 strcmp()를 모른다면 이를 코딩해야 하는 것이다.

표준 C 라이브러리의 대표적인 분류 그룹은 아래와 같다.

▷ 파일 입·출력 라이브러리

printf(), scanf(), fopen(), fread(), fscanf(), fgets(), fwrite(), fprintf(), fputs(), fclose() 등 표준 입·출력(키보드 모니터 입·출력) 함수와 일반 파일 입·출력을 위한 함수들을 제공한다. 이 외에도 다수의 함수들이 존재하므로 목적에 맞는 함수를 찾아 활용해야 한다.

▷ 문자열 처리 라이브러리

strlen(), strcmp(), strcpy(), strcat(), strtok() 등 C 언어 문자열을 처리하기 위한 함수들을 제공한다.

▷ 수치 계산 라이브러리

sin(), log(), atoi(), strtol() 등 수학의 수치 계산을 위한 함수들을 제공한다.

- 문자열 채우기(scanf(), fscanf(), fgets(), strcpy())
  . 문자열 저장 공간(char 형 배열)에 문자열을 채우는 방법은 다양하다.
  . 가장 기본적인 방법으로 배열 엔트리 하나하나에 문자를 채운다.
  예) <u>buf[0] = 'K' , buf[1] = 'i' , buf[2] = 'm' , buf[3] = '₩0';</u>

char buf[8]:

K	i	m	∅	…	…	…	…	…	…

  . scanf("%s", buf) 함수를 사용해서 키보드에서 "Kim"을 입력한다.
  . fscanf(fp, "%s", buf) 함수를 사용해서 파일에 저장해놓은 "Kim"을 입력한다.
  . fgets(buf, sizeof(buf), fp) 함수를 사용해서 파일에 저장해놓은 "Kim"을 입력한다.
  . 문자열을 직접 복사해 넣어주는 `strcpy(buf, "Kim");` 형태의 함수를 이용한다. 이 때 "Kim"은 char 형 배열과 동일하고, 그 일반적인 형태인 <u>strcpy(buf1, buf2)</u>는 buf2[]에 존재하는 문자열을 buf1[]에 복사한다. 복사 내용이 저장될 앞 쪽 buf1[] 공간의 크기는 충분히 크다는 전제가 있어야 한다.
  . scanf(), fscanf(), fgets(), strcpy() 함수 등은 문자열을 채우거나 복사한 후 문자열 끝에 반드시 0을 배치하여 문자열의 끝을 명시한다.
  . scanf(), fscanf() 함수는 입력 문자열에서 '₩n', '₩r' 문자를 제거하지만, fgets() 함수는 제거하지 않는다.

- 문자열 비교하기(strcmp())
  . 문자열 저장 공간(char 형 배열)에 저장된 문자열이 다른 문자열과 동일한 지를 비교하는 기본적인 방법은 반복구문을 이용해서 두 문자열을 구성하는 문자 하나하나를 차례로 비교하는 것이다. 즉, 비교 도중 하나라도 다르거나, 길이가 다르면 문자열은 일치하지 않는다.

```
for (i = 0; buf1[i] && buf2[i]; i++)
    if (buf1[i] != buf2[i]) break;
if (buf1[i] == buf2]i]) 일치....
else                    불일치...
```

  . <u>strcmp(buf1, buf2)</u> 형태의 함수 결과 값을 이용한다. strcmp() 함수는 두 문자열이 동일하면 정수 0을, 앞 쪽 문자열이 크면 양의 정수를, 뒤 쪽 문자열이 크면 음의 정수를 돌려준다.

```
r = strcmp(buf1, buf2);
if (r == 0) 일치....
else        불일치...
```

  . <u>strcmp(buf, "Kim")</u>는 buf[]에 존재하는 문자열이 "Kim"과 일치하면 0을, 그렇지 않으면 0이 아닌 정수를 돌려준다. 여기서 "Kim"은 char 형 배열과 동일하다.

```
if (!strcmp(buf, "kim"))  일치....
else                      불일치...
```

- 토큰(단어) 분리해 내기(strtok())

. 프로그램 원천 코드를 분석하여 문법이 맞는지를 체크하기 위해서는 공백 등을 포함하고 있는 명령어 문자열로부터 공백 등으로 띄어 쓴 단어(토큰)를 분리하는 일이 가장 급선무이다.

. 이와 같이 문자열로부터 단어를 분리해내는 작업은 불필요한 부분을 파내고 필요한 부분만 남겨두어 원하는 모양을 만드는 조각 과정과 유사하다.

. 단어를 분리하는 문자를 구분자(delimiter)라 하는데, 구분자는 설계자(프로그래머)에 의해 결정되고 보통은 공백, 탭, 엔터 등이 사용된다.

. 기본적인 단어 분리 작업은 단어를 분리하는 문자(들)를 인식하여 해당 문자들을 걷어내고 남은 부분 즉, 단어의 시작과 끝을 하나씩 추적하는 방법으로 이루어진다.

. 직접 코딩에 의한 기본적인 단어 분리 작업은 상당히 번거로운 작업이므로, 단어 분리 작업을 대행해주는 strtok() 함수를 사용한다.

. strtok() 함수의 원형은 strtok(char *buf, char *delimiter)와 같이, 주어진 문자열 buf에서 delimiter 문자열에 주어진 구분자(들)을 참고하여, 내부적으로 해당 단어를 앞뒤로 끊어주고(0으로 채우고) 그 단어의 시작 주소를 알려준다.

. [그림 2-14]에서 buf[]에 원시 문자열이 들어 있으며, 공백(' '), 탭('₩t'), 엔터('₩n', '₩r') 등을 구분자로 사용할 것이므로 delimiter 문자열은 이들 문자들로 구성된 " ₩t₩n₩r"이 되어야 한다.

. 맨 처음 첫 단어를 얻고자 할 때는 buf의 문자열 주소를 넣어준다.

[그림 2-14]의 예

```
wp1 = strtok(buf, " ₩t₩n₩r");
```

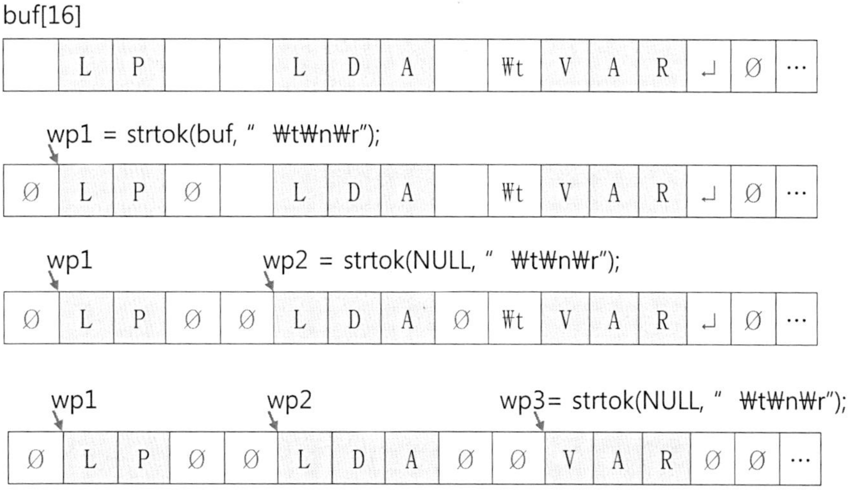

[그림 2-14] 단어 분리 함수 strtok()의 사용법

. 두 번째부터는 buf 문자열 주소 대신 NULL을 넣어준다.

[그림 2-14]의 예

```
wp2 = strtok(NULL, " \t\n\r");
```

```
wp3 = strtok(NULL, " \t\n\r");
```

. 문자열 끝까지 도달하여 더 이상의 단어가 존재하지 않으면 NULL 값을 돌려주며, 이 후에는 여러 번 더 호출하더라도 계속해서 NULL 값을 돌려준다.

. 문자열 끝까지 도달하기 전이라도 buf에 새로운 문자열을 넘기면 그 새로운 문자열에 대한 단어 찾기 시작으로 넘어갈 수 있다.

. strtok() 함수는 [그림 2-14]에서 보는 바와 같이 원래 문자열을 손상시키므로 필요한 경우 복사해두어야 한다.

. 즉, 단어 분리하기를 한 번 진행했던 원래의 문지열에 대하여 처음부터 다시 단어 분리하기를 시도하면 그 결과는 예측할 수 없다.

MEMO

```
#include <stdio.h>
#include <stdlib.h>
#include <string.h>
#include <ctype.h>
#include "optab.h"
#include "dctab.h"
#include "symtab.h"
#include ".....h"
#include "......h"
#include "........h"
int      LOC = 0, LDaddr, GOaddr, PGsize;
char     LBUF[128], *LNO, *LABEL, *OPcode, *OPerand;
unsigned char OBJC[MAX_DNUM*4 + 1]; // max number of constants
char     *null_LNO = "    ";
char     *null_LBL = "         ";
char     *null_OPR = "         ";
void OnePassAssemble(char  *sfile)
{
   FILE         *fp;
   Optab        *op;
   Dctab        *dp;
   int          len;

   if (!(fp = fopen(sfile, "r")))
      fprintf(stderr, "File '%s' not found...\n", sfile), exit(1);

   put_list_head();

   read_line(fp);

   //if (!LABEL) fprintf(stderr, "\n%s --> Program name is not defined ...\n",
   //                                                          LBUF), exit(1);
   if (!LABEL) LABEL = "ASMBLY";

   if (!OPcode || strcmp(OPcode, "START"))
      fprintf(stderr, "\n%s --> Opcode is not 'START' ...\n", LBUF), exit(2);

   if (OPerand && (LOC = str2int(OPerand)) < 0)
      fprintf(stderr, "\n%s --> Start address is invalid ...\n", LBUF),
                                                                 exit(3);
   ins_SYMTAB(LOC, LABEL);  // program name

   put_list();
   LDaddr = GOaddr = LOC;
```

[그림 2-15] [그림 2-10] 1-패스 SVM 어셈블러 알고리즘의 구현 코드(계속)

```
    while (read_line(fp) > 0) {
        if (!OPcode) fprintf(stderr, "₩n%s --> Opcode is not defined ...₩n",
                                                        LBUF), exit(4);
        if (!strcmp(OPcode, "END")) break;

        if (LABEL) {
                if (strlen(LABEL) > MAX_SYM)
                    fprintf(stderr, "₩n%s --> Symbol '%s' is too long ...₩n",
                                                LBUF, LABEL), exit(5);
                if (!ins_SYMTAB(LOC, LABEL))
                    fprintf(stderr, "₩n%s --> Symbol '%s' is duplicated ...₩n",
                                                LBUF, LABEL), exit(5);
        }
        if (op = see_OPTAB(OPcode))
                len = asm_mnemonic(op);
        else if (dp = see_DCTAB(OPcode))
                len = asm_space(dp);
        else  fprintf(stderr, "₩n%s --> Opcode '%s' is not valid ...₩n",
                                                LBUF, OPcode), exit(6);
        if (!OPerand) OPerand = null_OPR;

        if (!LNO)  LNO =  null_LNO;
        if (!LABEL) LABEL = null_LBL;
        put_list();
        LOC += len;
    }
    if (!OPcode || strcmp(OPcode, "END"))
            fprintf(stderr, " --> 'END' opcode is not defined ...₩n"), exit(7);
    if (OPerand) GOaddr = cal_nm_oprnd(OPerand);
    else          OPerand = null_OPR;
    PGsize = LOC - LDaddr;

    LABEL = null_LBL;
    put_list();

    exit(0);
}                                               /* ~home/asm/asm_s10/main.c */
```

[그림 2-15] [그림 2-10] 1-패스 SVM 어셈블러 알고리즘의 구현 코드

MEMO

- S10-1-0: 소소코드 라인 읽기 및 토큰 분리하기(read_line())

개방된 소스 파일에서 한 라인을 읽어서 토큰으로 분리하되 구체적인 절차는 다음과 같고, [그림 2-16]은 그 구현 코드이다.

- 읽은 라인의 원형을 버퍼에 읽은 후 그 원형을 LBUF[]에 복사·보관한다.
- 버퍼에서 첫 번째 토큰을 분리하여 그 토큰이 숫자로 시작하면 라인 번호가 존재하는 것으로 간주하고 그 위치를 전역 변수 LNO에 보관하고, 다음 토큰을 얻는다.
- 이 번 토큰이 니모닉 코드(OPTAB)도 아니고, 변수 공간 확보 지시 명령어(DCTAB)도 아니면 이를 기호(심볼, 레이블)로 간주하고 그 위치를 전역 변수 LABEL에 보관하고 다음 토큰을 얻는다(see_OPTAB(), see_DCTAB()은 각각 [그림 2-19], [그림 2-28] 참조).
- 이 번 토큰이 니모닉 코드(OPTAB)이거나 변수 공간 확보 지시 명령어(DCTAB)이면 그 위치를 전역 변수 OPcode에 보관하고, 다음 토큰을 얻는다. 만약 아직까지 알 수 없는 명령어 코드라면 오류로 처리한다.
- 이 번 마지막 토큰은 피연산자로서 그 위치를 전역 변수 OPerand에 보관한다.
- 위 처리 결과 LNO, LABEL은 비어있을 수 있고, OPcode는 반드시 존재해야 하며, OPerand는 OPcode에 따라 존재 여부가 결정된다.

```
int read_line(FILE *fp)
{
   static  char  buf[128];
   char     *cp;
   LNO = NULL, LABEL = NULL, OPcode = NULL, OPerand = NULL;
   do {
      if (!fgets(buf, sizeof(buf), fp)) return -1;
      strcpy(LBUF, buf); LBUF[strlen(LBUF) -1] = 0;
      if (cp = strstr(buf, "//")) *cp = 0;
   } while (!(cp = strtok(buf, " ₩t₩n₩r")));
   if (isdigit(*cp)) {
      LNO = cp;
      cp = strtok(NULL, " ₩t₩n₩r");
   }
   if (strcmp(cp, "END") && strcmp(cp, "START") &&
                                    !see_OPTAB(cp) && !see_DCTAB(cp)) {
      LABEL = cp;
      cp = strtok(NULL, " ₩t₩n₩r");
   }
   OPcode = cp;
   OPerand = strtok(NULL, " ₩t₩n₩r");
   return 1;
}                                         /* ~home/asm/asm_s10/rdline.c */
```

[그림 2-16] read_line() 프로시저 구현 코드

• S10-2-0: 기호(심볼, 레이블)가 있는 경우 기호 테이블에 삽입하고(ins_SYMTAB(), 필요한 경우 검색하기(see_SYMTAB())

소스 파일에서 읽은 라인에 기호 정의가 존재한다면 해당 기호를 기호 테이블에 등록한다. 정의된 기호는 해당 위치의 주소 값 즉, 현재 LOC 값을 대신하므로 <LOC, 기호> 쌍을 기호 테이블에 기록한다. 이 때, 만약 해당 기호가 이미 등록되어 있다면 중복이므로 실패(0) 값을, 그렇지 않다면 성공(1) 값을 리턴한다.

특히, 난수를 얻기 위한 내장 변수 RND 기호의 값은 미리 정의되므로 SYMTAB[] 에 미리 등록해둔다.

피연산자 부분을 처리할 때 기호가 나타난다면 기호 테이블을 검색하여 대응 값을 알아내야 한다. 이 때, 검색에 실패하면 실패(INV_VAL) 값을, 그렇지 않다면 성공(정의된 값)을 리턴한다.

위 두 프로시저에 대한 구현 코드를 [그림 2-17]에 보였다.

```
#define MAX_SYM         100
#define MAX_SLEN        (8+1)
#define INV_VAL         (-0x7fffffff)
#define RND_OPR         0x7fffff

typedef struct symtab {
        char    symbol[MAX_SLEN];
        int     value;
} Symtab;

int     SYMCNT = 1;
Symtab  SYMTAB[MAX_SYM] = {"RND", RND_OPR, };  // symbol for random number

int  ins_SYMTAB(int value, char *sym) // 1: success,  0: failure
{                                     // ex) ins_SYMTAB(0x1308, “VAR3”)
        if (see_SYMTAB(sym) != INV_VAL)
                return 0;
        strcpy(SYMTAB[SYMCNT].symbol, sym);
        SYMTAB[SYMCNT].value = value;
        SYMCNT++;
        return 1;
}

int  see_SYMTAB(char *sym)            // 1: value,  INV_VAL: failure
{                                     // ex) ins_SYMTAB(“VAR3”)
        int  i;
        for (i = 0; i < SYMCNT; i++) {
                if (!strcmp(SYMTAB[i].symbol, sym))
                        return(SYMTAB[i].value);
        }
        return INV_VAL;
}                                               /* ~home/asm/asm_s10/symtab.c */
```

[그림 2-17] ins_SYMTAB(), see_SYMTAB() 프로시저 구현 코드

- S10-3-0: 명령어가 니모닉 코드(기계 명령어) 인지 검색하기(see_OPTAB())

목적 코드를 생성하기 위해서는 소스 파일에서 읽은 라인의 명령어가 무슨 명령어인가를 알아내야 한다. 그 첫 번째로 우선 니모닉 코드인지를 검색할 수 있어야 한다. 이를 위한 절차는 아래와 같고, 그 구현 코드는 [그림 2-19]와 같다.

- 모든 니모닉 코드를 테이블로 구축하되, 기계어 연산 이진 코드, 피연산자 필요 여부를 표시한다. 즉, [그림 2-18]의 기계 명령어를 조립하기 위한 최소한의 정보를 관리한다.
- 이를 테면 "LDA" 니모닉 코드는 기계 명령어의 연산 코드(operation code)가 0x00이고, 필요한 피연산자는 1개이다.
- 반면에 "RSUB" 니모닉 코드는 기계 명령어의 연산 코드가 0x0D이고, 필요한 피연산자는 없다.
- 검색에 실패하면 실패 값(NULL)을, 성공하면 성공 값(테이블 엔트리 포인터)을 리턴한다.

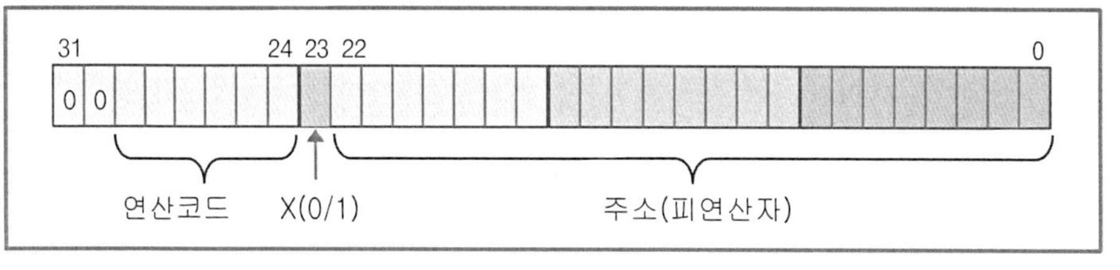

[그림 2-18] SVM 기계 명령어 포맷([그림 2-5]와 동일)

MEMO

```
#define MAX_OLEN        8
#define MAX_OPTAB       (sizeof(OPTAB) / sizeof(struct optab))

typedef struct optab {
        char    mnemonic[MAX_OLEN];
        unsigned char  opcode;
        unsigned char  n_operand;
} Optab;

Optab   OPTAB[] = {
      "LDA",  0x00, 1,   "LDAW", 0x01, 1,   "LDAB", 0x02, 1,
      "LDX",  0x04, 1,   "LDU",  0x05, 1,
      "STA",  0x08, 1,   "STAW", 0x09, 1,   "STAB", 0x0A, 1,
      "STX",  0x0C, 1,   "STU",  0x0D, 1,
      "ADD",  0x10, 1,   "ADDW", 0x11, 1,   "ADDB", 0x12, 1,
      "SUB",  0x14, 1,   "SUBW", 0x15, 1,   "SUBB", 0x16, 1,  "MOD",  0x17, 1,
      "AND",  0x18, 1,   "OR",   0x19, 1,   "XOR",  0x1A, 1,
      "SHL",  0x1C, 1,   "SHR",  0x1D, 1,
      "CMP",  0x20, 1,   "CMPW", 0x21, 1,   "CMPB", 0x22, 1,
      "IXC",  0x24, 1,   "IXWC", 0x25, 1,   "IXBC", 0x26, 1,
      "JZ",   0x28, 1,   "JNZ",  0x29, 1,   "JC",   0x2A, 1,  "JMP",  0x2B, 1,
      "GSUB", 0x2C, 1,   "RSUB", 0x2D, 0,
      "CID",  0x30, 1,                      "COD",  0x32, 1,
      "IN",   0x34, 1,                      "OUT",  0x36, 1,
      "DMPR", 0x38, 1,   "DMP",  0x39, 1,   "DMPW", 0x3A, 1,  "DMPB", 0x3B, 1,
      "DMPS", 0x3C, 1,                                        "HALT", 0x3F, 0
       };

Optab *see_OPTAB(char *opc) // return index of mnemonic code
{                           // ex) see_OPTAB("LDA")
        int  i;
        for (i = 0; i < MAX_OPTAB; i++) {
                if (!strcmp(OPTAB[i].mnemonic, opc))
                        return(&OPTAB[i]);
        }
        return NULL;
}                                               /* ~home/asm/asm_s10/optab.c */
```

[그림 2-19] see_OPTAB() 프로시저 구현 코드

MEMO

MEMO

■ 소스 작성◦분석 방법

제법 규모가 있는 프로그램을 하나의 독립적인 소스로 코딩한다는 일은 불가능하다. 즉, 프로그램은 작은 단위로 나누어 독립적으로 코딩해야 하는 것이다. 이렇게 분리된 파트를 보통 모듈(module)이라 부르는데 C 언어에서는 함수라 부른다.

C 언어로 프로그램을 작성하거나 이미 존재하는 C 프로그램을 이해하기 위해 분석이 필요할 때는 함수의 개념이 매우 중요하다. 새롭게 작성할 때는 함수를 어떻게 조직할 것인가 하는 고민이 있고, 분석할 때는 함수들의 관계가 어떻게 이루어져 있는지가 궁금하기 때문이다.

이와 같이 함수를 조직하거나 분석할 때 아래의 두 가지 전략을 적용할 수 있다.

▷ 하향식(Top-down) 전략

프로그램이 시작하는 부분을 탑(top)이라 하는데 그 이유는 그 함수가 아래의 다른 함수들을 호출할 것이기 때문이다. 이런 개념에 기반하여 위에 위치한 함수부터 코딩이나 분석을 진행하는 전략을 하향식이라 부른다.

▷ 상향식(Bottom-up) 전략

하향식과는 반대로 가장 기본이 되는 저변의 함수부터 코딩이나 분석을 진행하는 전략을 상향식이라 부른다.

특별히 이미 존재하는 소스를 이해하고 분석할 때는 우선 하향식으로 큰 흐름(줄거리)를 파악한 후, 상향식으로 각 함수의 기능을 자세히 파악하는 것이 좋다.

- S10-3-1: 니모닉(기계 명령어) 코드에 대한 기계 명령어 조립(어셈블)하기(asm_mnemonic())

니모닉 코드에 대응하는 기계 명령어를 조립하기 위해 아래 절차를 진행하고, 그 구현 코드는 [그림 2-20]과 같다.

- [그림 2-21]의 기계 명령어를 일단 총 4바이트 int 정수에 조립(어셈블)한다.
- 니모닉 코드에 대응되는 연산 코드를 4바이트 정수 최상위 바이트에 끼운다.
- 만약 피연산자를 필요로 하는 명령어라면 피연산자(Operand)의 값을 계산하여 얻어오고, 필요 없는 명령어이면 피연산자 값을 0으로 간주한다(피연산자 값을 계산하는 cal_nm_oprand()는 [그림 2-22] 참조)
- 계산된 피연산자의 하위 3바이트를 목적 코드 4바이트 정수의 하위 3바이트에 끼운다. 이 때, 최상위 X 비트는 피연산자 계산 과정에서 반영한다.
- 4바이트 정수의 메모리 내부 저장 패턴은 기계마다 다르므로 최상위 바이트부터 한 바이트씩 꺼내어 OBJC[]에 순서대로 배치한다. 이 때, OBJC[0]에는 목적 코드의 총 길이를 표시하고, 목적 코드들은 OBJC[1]부터 끼워 넣는다.
- "DMPR"의 피연산자는 PC, U, X, A 등의 레지스터이므로 특별히 처리한다.

```
int asm_mnemonic(Optab *op)
{
   char      *obp = OBJC;
   unsigned int  obc;   // 4byte
   obc = (op->opcode << 24);

   if (op->n_operand) {
      if (!OPerand) fprintf(stderr, "%s --> Operand is not defined ...₩n",
                                                         LBUF), exit(10);
      if (!strcmp(op->mnemonic, "DMPR")) obc |= cal_nm_dmpr(OPerand);
      else                               obc |= cal_nm_oprnd(OPerand);
   }

   OBJC[0] = 4;          // length of object code
   OBJC[1] = obc >> 24;
   OBJC[2] = obc >> 16;
   OBJC[3] = obc >>  8;
   OBJC[4] = obc >>  0;

   return(OBJC[0]);
}                                         /* ~home/asm/asm_s10/asm_mnmo.c */
```

[그림 2-20] asm_mnemonic() 프로시저 구현 코드

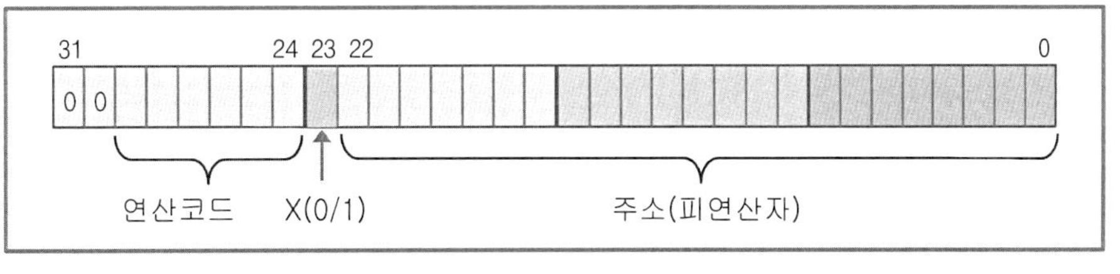

[그림 2-21] SVM 기계 명령어 포맷([그림 2-18]과 동일)

- S10-3-2: 니모닉(기계 명령어) 코드의 피연산자 구하기(cal_nm_dmpr(), cal_nm_oprnd())

니모닉 코드가 피연산자를 필요로 하는 경우에는 피연산자 부분을 분석하여 필요한 값을 계산해야 한다. 이를 위한 절차는 아래와 같고 그 구현 코드는 [그림 2-22]와 같다.

- [표 2-3]의 "DMP" 계열의 명령어는 실제 기계 명령어가 아니고 디버깅(출력)을 위해 도입한 인위적 명령어다.
- "DMP" 계열의 명령어 중 "DMPR"은 레지스터 값을 출력하는 명령어로서 피연산자는 "PC", "U", "X", "A" 중의 하나이고, 이들의 피연산자 값은 각각 0x000000, 0x000001, 0x000002, 0x000003으로 정하므로, 이를 위한 피연산자 처리는 따로 해야 한다(cal_nm_dmpr()).

[표 2-3] SVM 에뮬레이터를 위한 DMP 명령어(DMPW: 2바이트, DMPB: 1바이트, [표 1-18]과 동일)

명령어	목 적	연산 코드	출 력 형 태
DMPR r (DMPW, DMPB)	PC(:0), U(:1), X(:2), A(:3) 레지스터 덤프	38h	A=0000000Dh(13)
DMP m (DMPW, DMPB)	주소(기호)에 해당되는 메모리 내용 덤프	39h 3Ah 3Bh	MD(100)=0000000Dh(13)
DMP m[X] (DMPW, DMPB)	주소(기호+X)에 해당되는 메모리 내용 덤프		MD(104)=0000000Dh(13)
DMPS m	주소(기호)에 존재하는 문자열 덤프	3Ch	Happy

- 나머지 "DMP", "DMPW", "DMPB", "DMPS"의 피연산자는 다른 일반 기계 명령어와 동일하므로 아래와 동일하게 처리한다(cal_nm_oprnd()).
- 피연산자의 최종 계산 결과 값은 주소 값으로서, 기계 명령어 실행 시 연산 값을 가져오거나 연산 결과 값을 저장할 주소로 사용된다.
- 피연산자 표기 유형은 아래 [표 2-4]와 같고, 빈칸 없이 이어서 코딩한다.
- 우선 "[X]" 문자열이 있는지 조사하여 존재하면 X 비트를 표시하고, 해당 부분을 토큰에서 끊어서 버린다.
- 남은 문자열에서 [표 2-4]의 수식을 계산한 후 X비트를 고려하여 최종 피연산자 주소 값을 리턴한다(cal_one_expr() 프로시저는 [그림 2-23] 참조).

MEMO

[표 2-4] 니모닉 코드(기계 명령어) 피연산자 표기 형태("DMPR" 명령어 제외)

형 태 유 형	형 태 해 석	코 딩 예
"100" 혹은 "96h" 형태	10진으로 100번지, 16진으로 96번지 등 주소를 특정 상수 값으로 코딩	LDA 100 LDA 96h
"100±1" 혹은 "100h±1"	상수 주소에 상수(거리)를 더하거나 감하는 수식으로 코딩	LDA 100+10h LDA 96h-16
"VAR"	주소에 대응되는 기호로 코딩	LDA VAR
"VAR±1"	기호의 대응 값을 기준으로 상수(거리)를 더하거나 감하는 수식으로 코딩	LDA VAR+2 LDA VAR-4
"100[X]" 혹은 "100±1[X]", "VAR[X]" 혹은 "VAR±1[X]"	위 모든 유형에 X 비트(첨자) 추가를 의미하도록 코딩	LDA 100[X] LDA 96h-4[X] LDA VAR[X] LDA VAR+4[X]

```
#define OP_XBIT    0x800000

int cal_nm_dmpr(char  *oprnd)   // operand of "DMPR" mnemonic
{                               // ex) cal_nm_dmpr("X")
        int     opr;

        if      (!strcmp(oprnd, "PC")) opr = 0x000000;
        else if (!strcmp(oprnd, "U"))  opr = 0x000001;
        else if (!strcmp(oprnd, "X"))  opr = 0x000002;
        else if (!strcmp(oprnd, "A"))  opr = 0x000003;
        else fprintf(stderr, "%s --> Operand is not valid ...₩n", LBUF),
                                                          exit(10);
        return(opr);
}

int cal_nm_oprnd(char  *oprnd)  // operand of mnemonic  code
{                               // ex) cal_nm_oprnd("BUF")
   char buf[128], *xp;          // ex) cal_nm_oprnd("VAR3+ 4")
   int         opr;             // ex) cal_nm_oprnd("BUF[X]")

   strcpy(buf, oprnd);          // keep unchanged original operand string
   if (xp = strchr(buf, '[')) { // '[X]' ?
      if (strcmp(xp, "[X]"))
         fprintf(stderr, "%s --> Operand is not valid ...₩n", LBUF), exit(10);
      *xp = 0;
   }
   opr = cal_one_expr(buf);     // CON +/-const, SYM+/-const
   opr &= 0x007fffff;           // for minus value
   if (xp) opr |= OP_XBIT;
   return(opr);
}                                          /* ~home/asm/asm_s10/cal_mnmo.c */
```

[그림 2-22] cal_nm_dmpr(), cal_nm_oprnd() 프로시저 구현 코드

• S10-3-3: 니모닉(기계 명령어) 코드의 피연산자 수식 계산하기(cal_one_expr())

아래 [표 2-5]의 유형 중의 하나로 표기된 수식을 아래 절차로 계산하고, 그 구현 코드는 [그림 2-23]과 같다.

- 첫 항 앞에 부호가 존재하면 이를 기록하고, 그 후부터 수식을 따진다.
- 빈칸 없이 연결된 수식에 '+' 혹은 '-' 연산자가 끼어있는지 조사하여 기록해 두고, 그 사이를 끊어 두 항으로 분리한다.
- 각 항에 대하여 수치 값을 얻는다(cnv_one_term() 프로시저는 [그림 2-24]참조).
- '+' 혹은 '-'의 존재 여부에 따라 최종 수식 값을 계산하여 리턴한다.

[표 2-5] 니모닉 코드(기계 명령어) 피연산자 표기 형태([표 2-4]와 동일)

형 태 유 형	형 태 해 석	코 딩 예
"100" 혹은 "96h" 형태	10진으로 100번지, 16진으로 96번지 등 주소를 특정 상수 값으로 코딩	LDA 100 LDA 96h
"100±1" 혹은 "100h±1"	상수 주소에 상수(거리)를 더하거나 감하는 수식으로 코딩	LDA 100+10h LDA 96h-16
"VAR"	주소에 대응되는 기호로 코딩	LDA VAR
"VAR±1"	기호의 대응 값을 기준으로 상수(거리)를 더하거나 감하는 수식으로 코딩	LDA VAR+2 LDA VAR-4
"100[X]" 혹은 "100±[X]", "VAR[X]" 혹은 "VAR±[X]"	위 모든 유형에 X 비트(첨자) 추가를 의미하도록 코딩	LDA 100[X] LDA 96h-4[X] LDA VAR[X] LDA VAR+4[X]

```
int cal_one_expr(char  *expr)              // ex) cal_one_expr("BUF")
{                                          // ex) cal_one_expr("VAR3+4")
        int     expv, v1, v2, sign;        // ex) cal_one_expr("10h+10")
        char    *pp = NULL, *mp = NULL, *v2p = NULL;    // pp:'+', mp:'-'

        if ((sign = issign(*expr)) != 0)  expr++;
        else                              sign = 1;

        if (pp = strchr(expr, '+'))       *pp = 0;
        else if (mp = strchr(expr, '-'))  *mp = 0;

        if (pp)         v2p = pp + 1;
        else if (mp)    v2p = mp + 1;

        v1 = sign * cnv_one_term(expr);
        if (v2p)        v2 = cnv_one_term(v2p);

        if (pp)         expv = v1 + v2;
        else if (mp)    expv = v1 - v2;
        else            expv = v1;

        return(expv);
}                                    /* ~home/asm/asm_s10/cal_expr.c */
```

```
int  issign(int  c)
{
   switch(c) {
     case  '+'   : return 1;
     case  '-'   : return -1;
     default     : return 0;
   }
}
```

[그림 2-23] cal_one_expr() 프로시저 구현 코드

- S10-3-4: 니모닉(기계 명령어) 코드의 피연산자 수식의 항 변환하기(cnv_one_term())

피연산자 수식을 구성하는 각 항에 대한 수치 값을 아래의 절차에 따라 얻고, 그 구현 코드는 [그림 2-24]와 같다.

- 각 항에 대한 수치 변환은 문자열을 분석하여 크게 10·16진 상수, 아스키 문자 상수("'AB'" 형태), 기호 대응 등 세 가지로 분류하여 계산한다.
- '0' ~ '9'의 숫자로 시작하거나(10진 혹은 16진), 'h'로 끝나는 문자열(16진)은 상수로 간주하고 변환을 시도한다(str2int() 프로시저는 [그림 2-25] 참조).
- 상수가 아니고 "'로 시작하는 문자열은 문자 상수로 간주하고 변환을 시도한다. 이를테면 '1A'는 각 문자의 아스키코드들로 구성된 상수 0x3141을 의미한다(asc2int() 프로시저는 [그림 2-26] 참조).
- 위의 어떤 상수 유형도 아니면 기호로 간주하고 기호 테이블을 검색하여 대응 값을 얻는다(see_SYM() 프로시저는 [그림 2-17] 참조).

```
int  cnv_one_term(char *term)   // ex) cal_one_term("BUF")
{                               // ex) cal_one_term("10h")
   int  val;                    // ex) cal_one_term("'AB'")
   if (isdigit(term[0]) || term[strlen(term) -1] == 'h') {  // const
      if ((val = str2int(term)) == INV_VAL)
         fprintf(stderr, "%s --> Operand number '%s' is not valid ...₩n",
                                               LBUF, term), exit(11);
   }
   else if (term[0] == '₩'') {                              // 'A', 'AB', ...
      if ((val = asc2int(term)) == INV_VAL)
         fprintf(stderr, "%s --> Operand number '%s' is not valid ...₩n",
                                               LBUF, term), exit(11);
   }
   else {                                                   // symbol
      if ((val = see_SYMTAB(term)) == INV_VAL)
         fprintf(stderr, "%s --> Operand symbol '%s' is not defined ...₩n",
                                               LBUF, term), exit(12);
   }
   return(val);
}                                      /* ~home/asm/asm_s10/cal_term.c */
```

[그림 2-24] cnv_one_term() 프로시저 구현 코드

- S10-3-5: 10진, 16진 상수 표현 항 변환하기(str2int(), dec2int(), hex2int())

10진 혹은 16진 상수로 표현된 항은 아래의 절차에 따라 수치로 변환하고 그 구현 코드는 [그림 2-25]와 같다.

- 문자열 끝이 'h'인가 여부에 따라 10진 및 16진을 식별한다.
- 이를테면, 100이나 010은 10진으로(dec2int()), 100h나 A10h는 16진으로(hex2int()) 간주한다. 이 때, 16진 숫자로는 'A' ~ 'F'의 대문자만 허용한다.
- "Th"는 끝자 'h'로 인해 일단 16진수로 간주되지만, 변환 과정에서 오류 처리된다.
- 10진 숫자 '0' ~ '9'의 대응 수치는 해당 아스키 코드에서 '0'의 아스키 코드 값을 감하여 얻는다(예: '7' - '0' = 0x37 - 0x30 = 7).
- 16진 숫자 '0' ~ '9'의 대응 수치는 10진과 동일하게 구하고, 'A' ~ 'F'의 대응 수치는 해당 아스키 코드에서 'A'의 아스키 코드 값을 감한 후 10을 더하여 하여 얻는다(예: 'C' - 'A' + 10 = 0x43 - 0x41 + 10 = 12).

```
int str2int(char *sp)                    // ex) str2int("4")
{       int     l = strlen(sp);          // ex) str2int("10h")
        if (sp[l -1] != 'h')
                return(dec2int(sp));
        else
                return(hex2int(sp));
}
int dec2int(char *sp_dec)                // ex) str2int("4")
{       int     d, n = 0;;
        for (n = 0; *sp_dec; sp_dec++) {
                if (isdigit(*sp_dec))
                        d = *sp_dec - '0';
                else
                        return INV_VAL;
                n = n * 10 + d;
        }
        return(n);
}
int hex2int(char *sp_hex)                // ex) str2int("10h")
{       int     x, n;
        for (n = 0; *(sp_hex +1); sp_hex++) {   // last one is 'h'
                if (isdigit(*sp_hex))
                        x = *sp_hex - '0';
                else if ('A' <= *sp_hex && *sp_hex <= 'F')
                        x = *sp_hex - 'A' + 10;
                else    return INV_VAL;
                n = (n << 4) + x;
        }
        return(n);
}                                          /* ~home/asm/asm_s10/str2int.c */
```

[그림 2-25] str2int(), dec_2int(), hex2int() 프로시저의 구현 코드

- S10-3-6: 문자 상수 표현 항 변환하기(asc2int())

  '1', '1A', 'AB' 형태로 주어진 문자 상수 문자열은 아래의 절차에 따라 수치로 변환하고 그 구현 코드는 [그림 2-26]과 같다.

  - '' 사이의 아스키코드들이 차례로 16진수 1바이트씩 차지하는 수치로 변환한다.
  - 이를테면 '1234'는 각 문자의 아스키코드들로 구성된 상수 0x31323334을 의미한다.
  - 끝 문자가 ''가 아니면 오류 처리한다.
  - 길이가 기계 명령어의 피연산자 부분 크기 23비트([그림 2-27] 참조)를 초과하면 초과된 부분은 [그림 2-20]의 조립 과정에서 무시된다.

```
int asc2int(char *ap)             // ex) str2int("'AB'")
{
        int      l = strlen(ap), v;
        if (ap[l -1] != '\'')
                return(INV_VAL);
        for (v = 0; *(ap +1) != '\''; ap++)
                v = (v << 8) | *(ap +1);
        return(v);
}                                         /* ~home/asm/asm_s10/asc2int.c */
```

[그림 2-26] asc_2int() 프로시저의 구현 코드

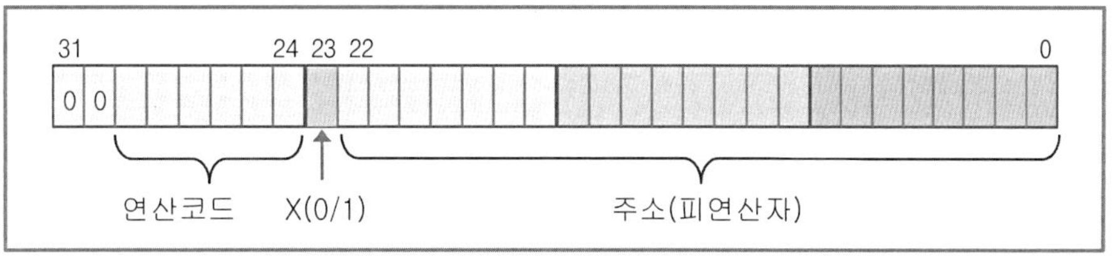

[그림 2-27] SVM 기계 명령어 포맷([그림 2-21]과 동일)

MEMO

- S10-4-0: 연산 코드가 변수 공간 확보 지시 명령어인지 검색하기(see_DCTAB())

소스 파일에서 읽은 라인의 명령어가 니모닉 코드(OPTAB)가 아니라면 이번에는 변수 공간 확보 지시 명령어인지를 검색하고, 만약 그렇다면 해당 변수 공간을 채울 목적 코드(변수 초기 값)를 생성해야 한다. 이를 위한 절차는 아래와 같고, 그 구현 코드는 [그림 2-28]과 같다.

- 변수 공간 확보 지시 명령어의 문법은 [표 2-6]과 같다(피연산자 부분은 빈칸 없이 이어서 코딩함).
- 모든 변수 공간 확보 지시 명령어를 테이블로 구축하되, 초기 값을 정의하는지 여부, 공간의 단위가 얼마인지를 표시한다.
- 초기 값을 정의하지 않고 공간만 확보하는 경우 특별히 채울 내용이 없으므로 공간의 크기만 얻으면 되고, 초기 값을 정의하는 경우에는 크기뿐만 아니라 주어진 문자열로부터 변환된 수치 값을 얻어 해당 공간을 채울 목적 코드로 생성해야한다.
- 공간의 단위는 4바이트, 2바이트, 1바이트 등 총 세 가지이다.

[표 2-6] 변수 공간 확보 지시 명령어 표기 형태

형 태 유 형	형 태 해 석	코 딩 예
DD 상수1,상수2, …	4바이트 정수 공간을 연속 확보하여, 주어진 값을 채움	DD 10,'2AB4',30
DW 상수1,상수2, …	2바이트 정수 공간을 연속 확보하여, 주어진 값을 채움	DW 10+2,'2A',30
DB 상수1,상수2, …	1바이트 정수 공간을 연속 확보하여, 주어진 값을 채움	DB 'A',10,'B',8-2
DB 문자열	문자열 길이만큼의 1바이트 정수 공간에 문자열을 구성하는 문자들의 아스키 코드를 채우고, 끝에 '₩0'을 추가	DB "EOT"
RD 개수 RW 개수 RB 개수	4바이트(혹은 2바이트 혹은 1바이트)단위의 공간을 개수만큼 확보하고, 채울 내용은 지정하지 않음	RD 100 RW 200 RB 300

MEMO

```
#define MAX_DLEN        8
#define MAX_DCTAB       (sizeof(DCTAB) / sizeof(struct dctab))
typedef struct dctab {
        char    directive[MAX_DLEN];
        char    type;   // CNST or RESV
#define DC_CNST         0
#define DC_RESV         1
        char    unit;   // DW(4) or WD(2) or BT(1)
#define DC_DW           4
#define DC_WD           2
#define DC_BT           1
} Dctab;
Dctab DCTAB[] = {
  "DD", DC_CNST, DC_DW,  "DW", DC_CNST, DC_WD,  "DB", DC_CNST, DC_BT,
  "RD", DC_RESV, DC_DW,  "RW", DC_RESV, DC_WD,  "RB", DC_RESV, DC_BT
};
Dctab *see_DCTAB(char  *dcc)    // return index of directive code
{                               // ex) see_DCTAB("DD")
        int     i;
        for (i = 0; i < MAX_DCTAB; i++) {
                if (!strcmp(DCTAB[i].directive, dcc))
                        return (&DCTAB[i]);
        }
        return NULL;
}                                       /* ~home/asm/asm_s10/dctab.c */
```

[그림 2-28] see_DCTAB() 프로시저의 구현 코드

MEMO

- S10-4-1 변수 공간 확보 지시 명령어에 대한 목적 코드 구하기(asm_space())

변수 공간 확보 지시 명령어에 대한 목적 코드를 OBJC[]에 얻기 위해 아래의 절차를 진행하고, 그 구현 코드는 [그림 2-29]와 같다([표 2-7] 참조).

- 변수 공간만 확보하는 경우(RD, RW, RB)의 피연산자 '개수'는 10진 혹은 16진 표현의 단순 상수만 가능하고(str2int() 프로시저는 [그림 2-25] 참조), 부호를 허용하지 않으며, 목적 코드는 없다.
- 변수 공간을 초기화하는(채우는) 경우(DD, DW, DB), 초기 값 '상수1', '상수2' 등은 10진이나 16진 등 단순 상수 표현뿐만 아니라 상수, 기호, 문자 코드 등의 두 항이 '±'로 연결된 수식이 가능하다(cal_dc_oprnd 프로시저는 [그림 2-30] 참조).
- 바이트 단위의 변수 공간은 "문자열" 형태로도 초기 값을 지정할 수 있다(cal_dc_oprnd_string() 프로시저는 [그림 2-30] 참조).

[표 2-7]변수 공간 확보 지시 명령어 표기 형태([표 2-6]과 동일)

형 태 유 형	형 태 해 석	코 딩 예
DD 상수1,상수2, …	4바이트 정수 공간을 연속 확보하여, 주어진 값을 채움	DD 10,'2AB4',30
DW 상수1,상수2, …	2바이트 정수 공간을 연속 확보하여, 주어진 값을 채움	DW 10+2,'2A',30
DB 상수1,상수2, …	1바이트 정수 공간을 연속 확보하여, 주어진 값을 채움	DB 'A',10,'B',8-2
DB 문자열	문자열 길이만큼의 1바이트 정수 공간에 문자열을 구성하는 문자들의 아스키 코드를 채우고, 끝에 '\0'을 추가	DB "END"
RD 개수 RW 개수 RB 개수	4바이트(혹은 2바이트 혹은 1바이트)단위의 공간을 개수만큼 확보하고, 채울 내용은 지정하지 않음	RD 100 RW 200 RB 300

MEMO

```
int asm_space(Dctab *dp)        // return length of object code
{
    int len;

    if (!OPerand) fprintf(stderr, "%s --> Operand is not defined ...₩n",
                                                        LBUF), exit(10);
    if (dp->type == DC_RESV) {                      // RD 100
       if ((!isdigit(OPerand[0]) && OPerand[strlen(OPerand) -1] != 'h') ||
                                  (len = str2int(OPerand)) == INV_VAL)
           fprintf(stderr, "%s --> Operand number '%s' is not valid ...₩n",
                                                LBUF, OPerand), exit(11);
       len *= dp->unit;
       OBJC[0] = 0;
       return(len);
    }
    if (dp->unit == 1 && OPerand[0] == '₩"')     // DB "EOT"
       len = cal_dc_oprnd_string(OPerand, OBJC);
    else                                           // DW 10+2,'2A',30
       len = cal_dc_oprnd(OPerand, dp->unit, OBJC);
    return(len);
}                                         /* ~home/asm/asm_s10/asm_space.c */
```

[그림 2-29] asm_space() 프로시저의 구현 코드

MEMO

- S10-4-2 변수 공간 확보 지시 명령어에 대한 초기 값 변환하기(cal_dc_oprnd(), cal_dc_oprnd_string())

변수 공간을 확보하고 초기 값을 채우는 경우(DD, DW, DB), 각각의 초기 값을 수치로 변환하여 목적 코드를 구해야 한다. 이를 위해 아래의 절차를 진행하고, 그 구현 코드는 [그림 2-30]과 같다.

- [표 2-8]과 같이 초기 값은 단항 혹은 두 개의 단항이 '±'로 연결된 수식으로 표현된다(cal_dc_oprnd()).
- 수식 전체는 빈칸 없이 이어서 코딩된다.
- cal_one_expr() 프로시저는 [그림 2-23] 참조.
- 단, "주소+주소" 형태의 수식은 허용되지 않지만, 편의상 여기서는 오류 체크를 하지 않는다(어셈블리 프로그램 코딩 시 유의해야 함).
- 변환된 수치들을 목적 코드로 생성한다.
- 1바이트 단위(DB)인 경우 문자열 형태(끝에 '₩0' 추가)의 처리가 가능하다(cal_dc_oprnd_string()).

[표 2-8] 변수 확보 지시 명령어의 피연산자(초기 값) 표기 형태

형 태 유 형	형 태 해 석	코 딩 예
"100" 혹은 "96h"	10진 혹은 16진으로 상수 값 코딩	DD 100,96h DW 96h,100
"VAR"	원하는 상수 조소 값을 기호로 코딩	DD VAR1,VAR2
"'A'"	원하는 상수를 문자(아스키) 코드의 연속으로 코딩	DD 'AB','CD' DB 'A','B','C'
"항±항"	위 모든 상수 표현을 '±' 로 연결한 수식으로 코딩	DD 100+10h, 100h-'A' DW VAR+4, VAR1-VAR2
"문자열"	1바이트 단위인 경우에만 가능하고 문자열을 구성하는 문자들의 아스키 코드들이 목적 코드를 구성	DB "EOT" (끝에 '₩0' 추가됨)

MEMO

```
#define  MAX_DNUM        8  // ex) cal_dc_oprnd("4h,'AB',VAR1-VAR2",4,OBJC)
int cal_dc_oprnd(char  *oprnd, int unit, unsigned char obj[])
{                          // ex) cal_dc_oprnd("100,VAR1,BUF-4", 2, OBJC)
        char    buf[128], *exp;
        char    *op = (char *)(obj +1);
        short   *sp = (short *)(obj +1);
        int     *ip = (int *)(obj +1);
        int     n = 0, v, len = 0;

        strcpy(buf, oprnd);
        exp = strtok(buf, ",");

        do {
                if (++n > MAX_DNUM)
                    fprintf(stderr, "%s --> Operand '%s' is not valid ...₩n",
                                                    LBUF, oprnd), exit(11);
                v = cal_one_expr(exp);
                switch(unit) {
                case 4: *op = v >> 24; op++, len++;
                        *op = v >> 16; op++, len++;
                case 2: *op = v >>  8; op++, len++;
                case 1: *op = v;       op++; len++; ;
                }
        } while (exp = strtok(NULL, ","));

        obj[0] = len;
        return(len);
}

int cal_dc_oprnd_string(char  *oprnd, unsigned char obj[])
{                          // ex) cal_dc_oprnd_string("EOT", OBJC)
        int     i;

        for (i = 1; oprnd[i] && oprnd[i] != '₩"' && i <= MAX_DNUM; i++)
                obj[i] = oprnd[i];

        if (oprnd[i] != '₩"' || !oprnd[i] || oprnd[i +1])
             fprintf(stderr, "%s --> Operand '%s' is not valid ...₩n",
                                                    LBUF, oprnd), exit(11);
        obj[i] = '₩0'; obj[0] = i;

        return (i);
}                                          /* ~home/asm/asm_s10/cal_drctv.c */
```

[그림 2-30] cal_dc_oprnd(), cal_dc_oprnd_string() 프로시저의 구현 코드

• S10-5-0: 어셈블리 리스트 출력하기(put_list_head(), put_list())

소스 파일에서 읽은 현재 라인을 원래 모양대로 출력하되 [그림 2-31]과 같이 적재 주소와 목적 코드가 추가된 어셈블리 리스트를 출력한다. 그 구현 코드는 [그림 2-32]와 같다.

- 소스 파일에서 읽은 현재 라인은 read_line() 함수에서 각 파트별(라인번호: LNO, 기호: LABEL, 연산 명령어: OPcode, 피연산자: OPerand) 토큰으로 분리된다.
- 현재 라인의 목적 코드가 적재될 주소는 LOC 변수에 관리된다.
- 현재 라인의 목적 코드는 asm_mnemonic() 함수나 asm_space() 함수에 의해 OBJC[] 배열에 저장된다.

```
LNO Location Label   Opcode  Operand          Object Code
--- -------- -----   ------  -----------      -----------
000 0001300  S_203   START   1300h
010 0001300  VAR1    DD      10               0000000a
020 0001304  VAR2    DD      20               00000014
030 0001308  VAR3    RD      3
040 0001314          DW      4,5,'A'          000400050041
050 000131a          DB      6,7,'B','C'      06074243
060 000131e          RB      10
070 0001328          DB      "ABC"            414243

080 000132b  MAIN    LDA     VAR1             00001300
090 000132f          ADD     VAR2             10001304
100 0001333          STA     VAR3             08001308
110 0001337          HALT                     3F000000
110 000133B          END     MAIN         // ~/s_2_03_045.s
```

[그림 2-31] 어셈블리 리스트 예([그림 2-12]와 동일)

```
void put_list_head()
{
  printf(" LNO  Location  Label    Opcode   Operand          Object Code\n");
  printf(" ---  --------  -----    ------   -----------      -----------\n");
}

void put_list()
{
       int     i;
       printf("%4s  %.7X   %-8s %-8s %-16s",
                         LNO, LOC, LABEL, OPcode, OPerand), fflush(stdout);
       for (i = 0; i < OBJC[0]; i++)
              printf("%.2X", OBJC[i+1]);

       printf("\n");
       OBJC[0] = 0;
}                                          /* ~home/asm/asm_s10/put_list.c */
```

[그림 2-32] put_list_head(), put_list() 프로시저의 구현 코드

■ 1- 패스 어셈블러 구현 소스의 전체 구조

위에서 살펴본 1-패스 어셈블러의 소소 코드 구조를 호출 관계 즉, 주·종 관계에 의한 구조도를 그려보면 [그림 2-33]과 같다.

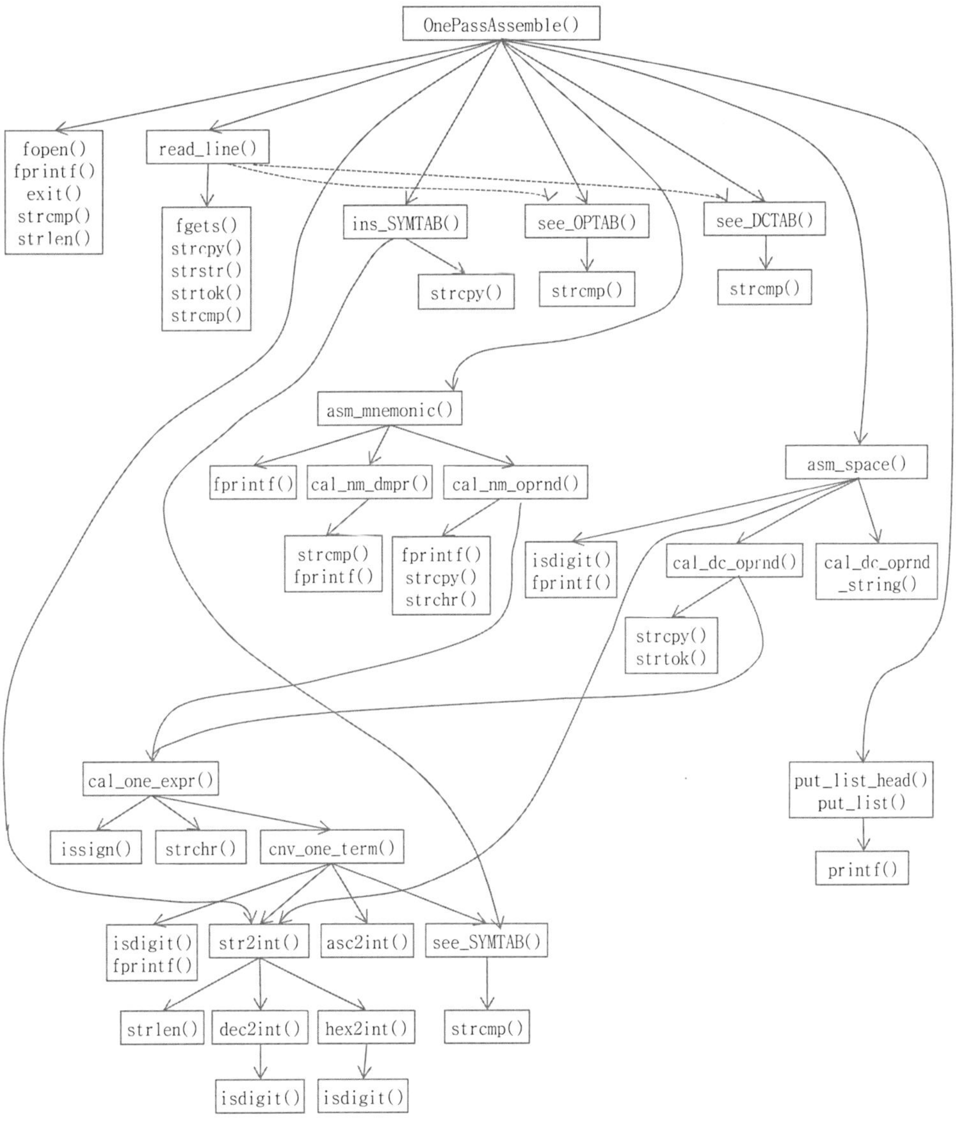

[그림 2-33] 1-패스 어셈블러 구현 소스 코드 구조도

2.2.3 소스 파일 구성과 Makefile

2.2.3.1 하나의 파일로 작성된 거대 프로그램의 문제점

프로그래밍 언어에 관계없이 프로그램의 규모가 커지면 전체 프로그램을 하나의 파일에 코딩하는 일은 어렵고 비효율적이며 점차 불가능하게 된다. 이를테면 [그림 2-34]는 main(), ins_SYMTAB(), see_SYMTAB(), see_OPTAB(), see_DCTAB() 등 네 개의 함수를 하나의 파일에 모아 작성한 예이다.

그런데, 위와 같이 전체 프로그램을 하나의 파일로 작성한다면 아래와 같이 불가능하거나, 비효일적이거나 혹은 어려운 점에 직면한다.

① 여러 프로그래머들이 팀을 이루어 코딩하기가 불가능하다.
② 수정·삽입·삭제 등 편집 작업 시 원하는 위치를 찾고 이동하는 일에 많은 시간이 소요된다.
② 프로그램의 전체적인 구성을 파악하기가 어렵다.
④ 프로그램의 극히 일부를 수정하더라도 전체를 다시 컴파일해야 한다
⑤ 프로그램 중 일부분을 다른 프로그램에서 재활용하기가 어렵다.

이를 해결하기 위해 C 언어는 함수 단위를 경계로 여러 개의 파일로 나누어 코딩할 수 있는 방법을 제공한다.

2.2.3.2 C 프로그램의 구성 요소

프로그램을 여러 개의 파일로 분리하기 위해서는 우선 프로그램의 구성 요소를 특성별로 파악할 수 있어야 하는데, 그 내용은 아래와 같다.

① 사용자 정의 타입
- #define에 의한 상수 혹은 매크로 정의
- typedef에 의한 타입 별명 정의
- enum에 의한 열거형 정의
- struct에 의한 구조형 정의
- union에 의한 공용형 정의

② 전역 변수
- 단위 변수, 구조형(공용형) 변수
- 단위 변수의 배열, 구조형(공용형) 변수의 배열

③ 함수
- main() 함수부터 시작해서 호출·복귀(리턴)에 의해 주·종 관계를 이루는 모든 함수

위의 프로그램 구성 요소들 중 사용자 정의 타입(①)과 전역 변수(②)는 반드시 어떤 함수에서 직접 활용하기 위해 배치된다. 물론 이들은 하나 이상의 함수에서 접근하거나 활용할 수 있는데, 이런 경우는 어느 함수를 주인으로 할 것인가를 전체적인 구조나 빈도 혹은 비중에 따라 정할 수 있다.

```
#define MAX_SYM         100
#define MAX_SLEN        (8+1)
#define INV_VAL         (-0x7fffffff);

#define MAX_OLEN        8
#define MAX_OPTAB       (sizeof(OPTAB) / sizeof(struct optab))

#define MAX_DLEN        8
#define MAX_DCTAB       (sizeof(DCTAB) / sizeof(struct dctab))

typedef struct symtab {
        char    symbol[MAX_SLEN];
        int     value;
} Symtab;

typedef struct optab {
        char     mnemonic[MAX_OLEN];
        unsigned char  opcode;
        unsigned char  n_operand;
} Optab;

typedef struct dctab {
        char    directive[MAX_DLEN];
        char    type;    // CNST or RESV
#define DC_CNST         0
#define DC_RESV         1
        char    unit;    // DW(4) or WD(2) or BT(1)
#define DC_DW           4
#define DC_WD           2
#define DC_BT           1
} Dctab;

int     SYMCNT = 1;
Symtab  SYMTAB[MAX_SYM] = {"RND", -INV_VAL, }; // for random number

Optab   OPTAB[] = { … };
Dctab   DCTAB[] = { … };

int main() {
   long v;  Optab *op; Dctab *dp;
   ins_SYMTAB(…); v = see_SYMTAB(…); op = see_OPTAB(…); dp = see_DCTAB(…);
}

int    ins_SYMTAB(int value, char *sym) // 1: success,  0: failure
{      …      }

int    see_SYMTAB(char *sym)            // 1: value,    INV_VAL: failure
{      …      }

Optab *see_OPTAB(char *opc)             // return index of mnemonic code
{      …     }

Dctab *see_DCTAB(char  *dcc)            // return index of directive code
{      …     }
```

[그림 2-34] 하나의 파일로 구성된 C 프로그램의 예

2.2.3.3 C 프로그램의 파일 나누기

C 프로그램을 여러 개의 파일로 나누어 코딩할 때는 기본적으로 기능적 관점에서 유사한 함수들을 최대 4~5개 이내로 모아 별도의 파일에 코딩한다. 물론 함수의 크기와 독립성에 따라 하나의 파일에 배치할 함수의 개수는 유동적이기 때문에 이는 전적으로 프로그래머의 재량에 달려 있다. 어떤 경우에는 전체 프로그램의 설계자에 의해 하나의 파일에 작성할 함수의 내용과 개수가 결정되기도 한다.

여기서는 [그림 2-33]의 프로그램을 함수별로 각각 독립된 파일로 분리하는 아래의 과정으로부터 파일 분리 방법의 개념을 이해하도록 한다.

단계 1: 함수를 중심으로 단순 분리

- 함수와 관계되는 사용자 정의 타입과 전역 변수를 해당 함수와 동일한 파일에 배치하여 [그림 2-35]와 같이 네 개의 파일로 분리한다.
- 파일 이름은 가급적 포함 함수를 연상하도록 명명한다.

main.c

```
int main()
{
   long v;  struct optab *op; struct dctab *dp;
   ins_SYMTAB(…); v = see_SYMTAB(…); op = see_OPTAB(…); dp = see_DCTAB(…);
}
```

symtab.c

```
#define MAX_SYM          100
#define MAX_SLEN         (8+1)
#define INV_VAL          (-0x7fffffff)

typedef struct symtab {
        char    symbol[MAX_SLEN];
        int     value;
} Symtab;

int     SYMCNT = 1;
Symtab  SYMTAB[MAX_SYM] = {"RND", -INV_VAL, }; // for random number

int     ins_SYMTAB(int value, char *sym) // 1: success,  0: failure
{     …     }

int     see_SYMTAB(char *sym)              // 1: value,    INV_VAL: failure
{     …     }
```

optab.c

```
#define MAX_OLEN        8
#define MAX_OPTAB       (sizeof(OPTAB) / sizeof(struct optab))

typedef struct optab {
        char     mnemonic[MAX_OLEN];
        unsigned char  opcode;
        unsigned char  n_operand;
} Optab;

Optab   OPTAB[] = { … };

Optab *see_OPTAB(char *opc)            // return index of mnemonic code
{      …     }
```

dctab.c

```
#define MAX_DLEN        8
#define MAX_DCTAB       (sizeof(DCTAB) / sizeof(struct dctab))

typedef struct dctab {
        char    directive[MAX_DLEN];
        char    type;    // CNST or RESV
#define DC_CNST         0
#define DC_RESV         1
        char    unit;    // DW(4) or WD(2) or BT(1)
#define DC_DW           4
#define DC_WD           2
#define DC_BT           1
} Dctab;

Dctab   DCTAB[] = { … };

Dctab *see_DCTAB(char  *dcc)           // return index of directive code
{      …     }
```

[그림 2-35] 네 개의 파일로 분리된 [그림 2-34] 소스 코드

MEMO

단계 2: 헤더 파일 작성 및 include

- 분리된 파일 각각에 대하여. 사용자 정의 타입, 전역 변수 선언, 함수 선언을 헤더 파일(*.h)로 작성한다([그림 2-36]).
- 전역 변수 선언문에는 반드시 "extern"을 붙여야 하고, 함수 선언문 앞에는 생략해도 무방하다.
- 헤더 파일 이름은 본체 파일(*.c)의 이름과 동일하게 부여한다.
- 본체 파일에서 사용자 정의 타입 부분을 제거하고, 헤더 파일을 include한다.
- main.c에는 사용자 정의 타입이나 전역 변수가 없으므로 main.c 자체 헤더 파일이 필요 없다.

% 선언(declaration) : 매크로, 구조형 등 생성 타입, 변수・함수의 모양(형태)을 알림(헤더 파일의 역할)

% 정의(definition) : 변수 공간을 실제 확보하거나 함수의 구체 내용(몸통)을 구현함(본체 파일의 역할)

symtab.h

```
#define MAX_SYM         100
#define MAX_SLEN        (8+1)
#define INV_VAL         (-0x7fffffff)

typedef struct symtab {
        char    symbol[MAX_SLEN];
        int     value;
} Symtab;

extern  int     SYMCNT;
extern  Symtab  SYMTAB[];

extern  int     ins_SYMTAB(int value, char *sym);
extern  int     see_SYMTAB(char *sym);
```

symtab.c

```
#include "symtab.h"

int     SYMCNT = 1;
Symtab  SYMTAB[MAX_SYM] = {"RND", 0x7fffff, }; // for random number

int     ins_SYMTAB(int value, char *sym) // 1: success,  0: failure
{       …       }

int     see_SYMTAB(char *sym)           // 1: value,    INV_VAL: failure
{       …       }
```

optab.h

```
#define MAX_OLEN         8
#define MAX_OPTAB        (sizeof(OPTAB) / sizeof(struct optab))

typedef struct optab {
        char     mnemonic[MAX_OLEN];
        unsigned char  opcode;
        unsigned char  n_operand;
} Optab;

extern  Optab   OPTAB[];

extern  Optab *see_OPTAB(char *opc);
```

optab.c

```
#include "optab.h"

Optab   OPTAB[] = { … };

Optab *see_OPTAB(char *opc)              // return index of mnemonic code
{      …     }
```

dctab.h

```
#define MAX_DLEN         8
#define MAX_DCTAB        (sizeof(DCTAB) / sizeof(struct dctab))

typedef struct dctab {
        char     directive[MAX_DLEN];
        char     type;    // CNST or RESV
#define DC_CNST          0
#define DC_RESV          1
        char     unit;    // DW(4) or WD(2) or BT(1)
#define DC_DW            4
#define DC_WD            2
#define DC_BT            1
} Dctab;

extern  Dctab   DCTAB[];

extern  Dctab *see_DCTAB(char  *dcc);
```

dctab.c

```
#include "dctab.h"

Dctab   DCTAB[] = { … };

Dctab *see_DCTAB(char  *dcc)             // return index of directive code
{      …     }
```

[그림 2-36] 분리된 네 개의 파일([그림 2-35]에 헤더 파일을 도입한 소스 코드

단계 3: 각 파일별 컴파일 상황 점검(의존 관계 확인)

- 여러 개의 파일로 분리된 프로그램은 일단 각 본체 파일(*.c) 단위로 컴파일이 이루어진 후 최종적으로 링크된다는 점에 주안점을 둔다.
- 헤더 파일은 본체 파일이 컴파일 될 때 삽입(include)되어 참조될 뿐 독립적인 컴파일 대상이 아니다.
- main.c 점검([그림 2-37])
  - 외부에 정의된 ins_SYMTAB(…), see_SYMTAB(…), see_OPTAB(…), see_DCTAB(…) 등의 함수를 호출하기 때문에 이들에 대한 함수 선언이 필요하다.
  - ins_SYMTAB() 함수는 symtab.h에 선언되어 있으므로 이를 include하도록 한다. 이 때, symtab.h에 포함된 MAX_SYM 등의 매크로 선언, symtab 구조형 선언, SYMCNT 등의 전역 변수 선언 부분은 main.c에서 참조하지 않으므로 무시된다. 즉, 필요한 부분만 참조된다.
  - see_OPTAB() 함수는 optab.h에 선언되어 있으므로 이를 include하도록 한다. 또한 see_OPTAB() 함수의 결과 값을 받을 경우에는 그 결과 값의 타입인 optab 구조형이 필요한데 이 구조형도 optab.h에 선언되어 있으므로 해결된다.
  - see_DCTAB() 함수는 dctab.h에 선언되어 있으므로 이를 include하도록 한다. 또한 see_DCTAB() 함수의 결과 값을 받을 경우에는 그 결과 값의 타입인 dctab 구조형이 필요한데 이 구조형도 dctab.h에 선언되어 있으므로 해결된다.

main.c

```
#include "symtab.h"
#include "optab.h"
#include "dctab.h"
int main() {  ins_SYMTAB(…); see_SYMTAB(…); see_OPTAB(…); see_DCTAB(…); }
```

[그림 2-37] 본체 파일 main.c에서 호출하는 함수 관련 헤더 파일들 include

- symtab.c 점검([그림 2-38])
  - symtab.h는 원래 본체 파일 symtab.c의 선언적 내용을 독립시킨 헤더 파일로 symtab.c에 존재하는 전역 변수나 함수들을 참조하고자 하는 다른 본체 파일에 include되어 두 파일 사이의 연결고리 역할을 한다.
  - symtab.h가 자신의 본체 파일인 symtab.c에 include되었을 경우에는
    - MAX_SYM 등의 매크로나 symtab과 같은 구조형 선언은 직접적이고 필수적으로 참조된다.
    - SYMCNT 등의 전역 변수나 ins_SYMATB() 등의 함수에 대한 선언은 필수적으로 필요한 것은 아니나, 실제 본체와의 동일성(일관성) 체크에 적용되어 불일치(mismatch) 오류 예방에 활용된다.

이를테면 헤더 파일에는 "extern int SYMCNT"으로 선언했는데 본체 파일에서 "unsigned int SYMCNT"로 정의했다면 컴파일러는 선언과 정의 사이의 불일치를 발견하여 자칫 묻힐 뻔했던 오류를 통지한다.

전역 변수의 선언과 정의 사이의 일치성도 중요하지만 함수의 선언과 정의 사이의 일치성도 매우 중요하다. 헤더 파일에 "extern int ins_SYMTAB(int value, char *sym)"로 선언된 함수가 본체에서 "long ins_SYMTAB(char *sym, int value)"와 같이 정의되었다면 함수의 타입(결과 값)과 매개 변수가 일치하지 않아 이를 바로잡지 못했다면 실행 시 올바른 결과를 얻을 수 없다.

symtab.h

```
#define MAX_SYM        100
#define MAX_SLEN       (8+1)
#define INV_VAL        (-0x7fffffff);

typedef struct symtab {
        char    symbol[MAX_SLEN];
        int     value;
} Symtab;

extern  int     SYMCNT;
extern  Symtab  SYMTAB[];

extern  int    ins_SYMTAB(int value, char *sym);
extern  int    see_SYMTAB(char *sym);
```

symtab.c

```
#include "symtab.h"

int     SYMCNT = 0;
Symtab  SYMTAB[MAX_SYM];

int    ins_SYMTAB(int value, char *sym) // 1: success,  0: failure
{      …      }

int    see_SYMTAB(char *sym)            // 1: value,    INV_VAL: failure
{      …      }
```

[그림 2-38] 본체 파일 symtab.c에 헤더 파일 symtab.h를 include([그림 2-36]과 동일)

- optab.c, 점검
  - [그림 2-35], [그림 2-36]을 참조하여 symtab.c에서와 동일한 내용으로 해석하여 점검한다.
- dctab.c 점검
  - [그림 2-35], [그림 2-36]을 참조하여 symtab.c에서와 동일한 내용으로 해석하여 점검한다.

2.2.3.4 Makefile 작성(프로젝트 컴파일/유닉스·리눅스 환경)

여러 개의 파일이 모여 전체적으로 하나의 프로그램을 완성하는 소스 코드 파일 체계를 보통 프로젝트(project)라 부른다. 즉, 프로젝트는 여러 개의 헤더 파일(*.h)과 본체 파일(*.c)로 구성된다. 이들 본체 파일들은 앞에서 언급한 바와 같이 각 본체 파일별로 독립적으로 컴파일된 후 최종적으로 링크(연결)된다.

• 기초적인 프로젝트 컴파일 방법

프로젝트를 구성하는 각 본체 파일에 대한 컴파일 과정에서 해당 파일의 컴파일 결과로 목적 코드 파일(object code file, *.o)이 생성된다. 이를테면 main.c, symtab.c, optab.c, dctab.c 등 4 개의 본체 파일에 대하여 main.o, symtab.o, optab.o, dctab.o 등 4 개의 목적 코드 파일이 각각 생성된다.

위 과정에 대한 기초적인 컴파일 과정은 [그림 2-39]와 같다.

- cc(C 컴파일러) 명령어는 내부적으로 4 개의 목적 코드 파일(main.o, symtab.o, optab.o, dctab.o)을 생성하고,
- 최종적으로 4 개의 목적 코드 파일을 합쳐 연결한 실행 파일 "a.out"을 생성한다.

```
$ cc  main.c symtab.c  optab.c  dctab.c ↵
$ ./a.out  s_x_y_z.s ↵
```

[그림 2-39] 기초적인 프로젝트 컴파일 방법

위의 cc 명령어는 내부적으로 아래 [그림 2-40]의 컴파일 명령어를 차례로 진행하는데, cc의 "-c" 옵션은 목적 코드만 생성하라는 지시이고, ld 명령어는 나열된 목적 코드들을 연결하는 명령어인데, ld 대신 cc를 사용해도 내부적으로 ld 명령어가 호출된다.

```
$ cc -c  main.c ↵                                    --> main.o 생성
$ cc -c  symtab.c ↵                                  --> symtab.o 생성
$ cc -c  optab.c ↵                                   --> optab.o 생성
$ cc -c  dctab.c ↵                                   --> dctab.o 생성
$ ld  main.o symtab.o optab.o dctab.o -lc↵          ==> a.out 생성
 (cc  main.o symtab.o optab.o dctab.o)
```

[그림 2-40] [그림 2-39]의 내부 컴파일 명령어 진행 절차

그런데, 위의 컴파일 방법은 4 개의 소스 코드 파일 중 하나만 수정되었다 하더라도 나머지 다른 모든 소스 코드 파일도 다시 컴파일하여 목적 코드 파일을 새로 생성하는 과정을 반복해야 하는 단점이 있다.

• 변경된 파일만 다시 컴파일하여 연결하는 방법

[그림 2-39] 혹은 [그림 2-40]의 기초적인 프로젝트 컴파일을 한 번 하고 난 후에는 변경된 본체 파일만 다시 컴파일하도록 하는 방법이 있다. 가령, optab.c만 변경되었다면 [그림 2-41]과 같이 cc 명령어에 변경이 없는 다른 파일은 모두 목적 코드 파일(*.o)을 지정하고, 변경된 파일에 대해서만 본체 파일(optab.c)을 지정한다.

```
$ cc  main.o symtab.o  optab.c  dctab.o ↲
$ ./a.out  s_x_y_z.s ↲
```

[그림 2-41] 변경된 파일만 다시 컴파일하는 방법 1

위의 cc 명령어는 내부적으로 아래 [그림 2-42]의 명령어 절차로 진행된다.

```
$ cc -c  optab.c ↲                                  --> optab.o 생성 ↲
$ ld  main.o symtab.o optab.o dctab.o -lc ↲   ==> a.out 생성
$ ./a.out  s_x_y_z.s ↲
```

[그림 2-42] 변경된 파일만 다시 컴파일하는 방법 2

• 파일 변경의 의미

어떤 본체 파일(*.c)이 변경되었다는 의미에는 다음의 두 가지 경우가 있다.

- 말 그대로 본체 파일이 변경된 경우
- 본체 파일 자체는 변경이 없으나 본체 파일에 include된 헤더 파일(*.h)이 변경된 경우

이를테면 아래의 본체 파일 main.c는 main.c 자체의 변경뿐만 아니라, 컴파일 시 삽입되는 symtab.h, optab.h, dctab.h 등 3 개의 헤더 파일 중 하나라도 변경되었다면 결과적으로 main.c에 변경 영향이 파급된다. 즉, 컴파일 시에는 모든 헤더 파일이 include된 상태가 완성된 본체 파일로 여겨지기 때문이다. 따라서, 어떤 헤더 파일이 변경되었다면 해당 헤더 파일을 include하는 모든 본체 파일이 변경된다는 점에 유념해야 한다.

main.c

```
#include "symtab.h"
#include "optab.h"
#include "dctab.h"
int main() {  ins_SYMTAB(…); see_SYMTAB(…); see_OPTAB(…); see_DCTAB(…); }
```

위와 같이 헤더 파일이 변경된 경우, 관련된 본체 파일들을 근방 알아채기가 쉽지 않다. 물론 프로젝트 규모가 작은 경우에는 어렵지 않을 수도 있겠지만, 파일의 수가 늘어나면 최악의 경우 일일이 본체 파일을 열어봐야 될 수도 있다.

• Makefile의 활용

Makefile은 변경 사항에 대한 파급 범위 즉, 의존성(dependency)를 설정하고, 해당 변경에 대한 대응 처리(컴파일)를 지정하는 일종의 룰(rule, 규칙) 파일로 make 명령어에 의해 분석되고 수행된다. make 명령어는 [그림 2-43]과 같이 기본 룰 파일("Makefile")을 참조하거나 "-f" 옵션에 의해 주어진 임의의 룰 파일을 참조한다.

```
$ make ↲                    --> 기본 룰 파일 "Makefile" 참조
$ make -f asm.mk ↲          --> 주어진 룰 파일 "asm.mk" 참조
```

[그림 2-43] make 명령어에 대한 룰(규칙) 파일 지정

Makefile은 룰의 연속으로 이루어지는데, 기본적인 룰은 아래와 같이 타겟(target, 목적), 의존 인자(dependency item), 대응 처리(action) 등 세 파트로 구성된다. 그 내용은 다음과 같다.

```
target: dep_item1 dep_item2 ...
        action
```

- target은 이루고자 하는 목적물의 상징적 기호 역할을 담당한다.
- target은 dep_item1, dep_item2 등의 의존 인자들 변경에 영향을 받는다. 따라서, dep_item1, dep_item2 등을 모두 변경(미결, 불결) 상태로부터 청결 상태로 전환시켜야(선결해야) 한다.
- 의존 인자 dep_item1, dep_item2 등에 변경 사항(청결 상태로의 전환 활동)이 있었다면 대응 처리 action을 수행하고, 변경 사항이 없었다면 action은 수행하지 않는다.

아래의 예에서 타겟 main.o는 헤더 파일 symtab.h, optab.h, dctab.h와 본체 파일 main.c의 변경에 영향을 받으며, 이들 중 하나라도 변경이 있었다면 "cc -o main.c"를 수행한다. 이 때, 변경의 존재 여부는 main.o의 생성 시간과 symtab.h optab.h dctab.h main.c의 편집 수정 시간을 비교하여 결정된다.

```
main.o: symtab.h optab.h dctab.h main.c.
        cc -c main.c
```

아래의 예에서 타겟 "all"은 main.o의 영향을 받고, main.o를 청결 상태로 전환시키기 위해서는 타겟 "main.o"를 해결해야 한다.

- 이 때, main.o가 이미 청결 상태이면 즉, symtab.h, optab.h, dctab.h, main.c 등 4 개의 파일에 변경이 전혀 없다면 대응 처리 "ld main.o ..."는 수행되지 않는다.
- 만약 main.o가 미결(불결) 상태이면 즉, symtab.h, optab.h, dctab.h, main.c 등 4 개의 파일 중에 변경이 있다면 대응 처리 "cc -c main.c"가 수행되어 main.o가 새로 생성된 후, 최종 대응 처리 "ld main.o ..."가 수행된다.

```
all: main.o ...
     ld  main.o ...
main.o: symtab.h optab.h dctab.h main.c.
     cc -c main.c
```

아래의 [그림 2-44]는 하나의 완성된 Makefile인데, 타겟 clean은 의존 인자가 없기 때문에 무조건 대응 처리 "rm -f asm_s10 *.o"가 수행된다. cc의 "-o" 옵션은 생성 파일을 지정하고, "$@"는 해당 룰의 타겟을 의미하는 메타 문자이다.

```
all: asm_s10
asm_s10: main.o symtab.o optab.o dctab.o
     cc -o $@ main.o symtab.o optab.o dctab.o
main.o: symtab.h optab.h dctab.h main.c
     cc -c main.c
symtab.o: symtab.h symtab.c
     cc -c symtab.c
optab.o: optab.h optab.c
     cc -c optab.c
dctab.o: dctab.h dctab.c
     cc -c dctab.c
clean:
     rm -f  asm_s10  *.o
```

[그림 2-44] 완성된 Makefile의 예

Makefile에 대하여 make 명령어는 [그림 2-45]와 같이 묵시적으로 타겟 "all"부터 시작하고, 타겟을 지정하면 해당 타겟부터 시작한다.

```
$ make ↲                 --> 기본 타겟 "all" 부터 시작
$ make clean ↲           --> 지정 타겟 "clean" 부터 시작
```

[그림 2-44] make 명령어의 시작 타겟 지정

종합 실습 2-10-086
(SVM 1-패스 어셈블러 구현)

아래 절차에 따라 SVM 1-패스 어셈블러를 구현하여 예제 프로그램들을 어셈블 해보자.

1. 실습환경
   - 유닉스/리눅스
2. 1-패스 어셈블러 구현
   - ~home/asm/asm_s10 디렉터리에서 C 소스를 편집하고 Makefile을 이용하여 실행파일 "asm_s10" 생성
   - 쉘 변수 PATH에 ~home/asm/asm_s10 디렉터리 등록
     ex) $ PATH=$PATH:~home/asm/asm_s10; export PATH
     % set path=($path ~home/asm/asm_s10)
3. SVM 예제 프로그램 편집
   - ~home/scode/smp 디렉터리에서 SVM 예제 어셈블리 코드 편집(s_x_y_z.s)
4. 예제 프로그램 어셈블
   - $ asm_s10 s_x_y_z.s ↲ ==> 출력 결과(어셈블리 리스트 혹은 오류) 확인
   - $ asms s_x_y_z.s ↲ 의 출력 결과와 비교

□ 상수 주소

```
S_101 START 0
 0     LDX   28      // X=0
 4     LDA   32      // A=1
 8     STA   40[X]   // 36[X]=1
12     ADD   32      // A=A+1
16     IXC   36      // X+=4, X==400?
20     JNZ   8
24     HALT

2428      DD    0
2832      DD    1
3236      DD    400
3640      RD    100
       END
```

~home/scode/smp/s_1_01_024.s

```
S_204   START 0
  0     DD    0
  4     DD    1
  8     DD    400
 12     RD    100

412  GO LDX   0       // X=0
416     LDA   4       // A=1
420     STA   12[X]   // 36[X]=1
424     ADD   4       // A=A+1
428     IXC   8       // X+=4, X==400?
432     JNZ   420
436     HALT
        END   GO
```

~home/scode/smp/s_2_04_086.s

□ 주소의 기호화

```
   S_205 START 0
  0 ZERO  DD     0
  4 ONE   DD     1
  8 FHUND DD     400
 12 BUF   RD     100

412 MAIN  LDX    ZERO   // X=0
416       LDA    ONE    // A=1
420 LOOP  STA    BUF[X] // 36[X]=1
424       ADD    ONE    // A=A+1
428       IXC    FHUND  //X+=4,X==400?
432       JNZ    LOOP
          HALT
          END    MAIN
```

~home/scode/smp/s_2_05_087.s

```
S_206 START  0
ZERO  DD     0
ONE   DD     1
FHUND DD     400
BUF   RD     100

MAIN  LDX    ZERO   // X=0
      LDA    ONE    // A=1
LOOP  STA    BUF[X] // 36[X]=1
      ADD    ONE    // A=A+1
      IXC    FHUND  //X+=4,X==400?
      JNZ    LOOP
      HALT
      END    MAIN
```

~home/scode/smp/s_2_06_087.s

□ 수치(상수) 표기법

```
S_207  START  1300h    // TEST
VAR0   DD     1
VAR1   DD     2
VAR2   DD     3
VAR3   RD     1

MAIN   LDA    VAR0
       ADD    VAR1
       ADD    VAR2
       STA    VAR3
       HALT
       END    MAIN
```

~home/scode/smp/s_2_07_087.s

```
S_208  START  1300h
VAR0   DD     4-3        // 1
VAR1   DD     10h-14     // 2
VAR2   DD     ADh-AAh    // 3
VAR3   RD     1          // 4-3 ?

MAIN   LDA    VAR0
       ADD    VAR1
       ADD    VAR2
       STA    VAR3
       HALT
       END  MAIN
```

~home/scode/smp/s_2_08_087.s

```
S_209  START  1300h
VAR0   DD     0+1          // 1
VAR1   DD     ‘D’-‘C’      // 2
VAR2   DD     ‘AD’-‘AA’    // 3
VAR3   RD     1

MAIN   LDA    VAR0
       ADD    VAR1
       ADD    VAR2
       STA    VAR3
       HALT
       END    MAIN
```

~home/scode/smp/s_2_09_087.s

```
S_210  START  1300h
VAR0   DD     25h-36        // 1
VAR1   DD     ‘D’-42h       // 2
VAR2   DD     4144h-‘AA’    // 3
VAR3   RD     1

MAIN   LDA    VAR0
       ADD    VAR1
       ADD    VAR2
       STA    VAR3
       HALT
       END    MAIN
```

~home/scode/smp/s_2_10_087.s

```
S_211  START  1300h
VAR0   DD     25h-36
       DD     'D'-42h
       DD     4144h-'AA'
       RD     1

MAIN   LDA    VAR0
       ADD    VAR0+4    // VAR1
       ADD    VAR0+8    // VAR2
       STA    VAR0+12   // VAR3
       HALT
       END    MAIN
```

~home/scode/smp/s_2_11_088.s

```
S_212  START  1300h
VAR0   DD     25h-36,'D'-42h

       DD     4144h-'AA'
       RD     1

MAIN   LDA    VAR0
       ADD    VAR0+4    // VAR1
       ADD    VAR0+8    // VAR2
       STA    VAR0+12   // VAR3
       HALT
       END    MAIN
```

~home/scode/smp/s_2_12_088.s

□ 문자와 문자열(바이트 단위 데이터)

```
S_213  START  1300h
NAME   DB     "HONG"
BUF    RB     10
ZERO   DD     0

MAIN   LDX    ZERO
LOOP   LDAB   NAME[X]
       STAB   BUF[X]
       IXBC   ZERO      // dummy
       CMP    ZERO
       JNZ    LOOP
       DMPS   NAME
       DMPS   BUF
       HALT
       END    MAIN
```

~home/scode/smp/s_2_13_088.s

```
S_214  START  1300h
NAME   DB     'H','O','N','G',0
BUF    RB     10
ZERO   DD     0

MAIN   LDX    ZERO
LOOP   LDAB   NAME[X]
       STAB   BUF[X]
       IXBC   ZERO      // dummy
       CMP    ZERO
       JNZ    LOOP
       DMPS   NAME
       DMPS   BUF
       HALT
       END    MAIN
```

~home/scode/smp/s_2_14_088.s

```
S_215  START  1300h
NAME   DB     'H','O','N','G'
BUF    RB     10
ZERO   DD     0
LEN    DD     4

MAIN   LDX    ZERO
LOOP   LDAB   NAME[X]
       STAB   BUF[X]
       IXBC   LEN
       JNZ    LOOP
       HALT
       END    MAIN
```

~home/scode/smp/s_2_15_088.s

```
S_216  START  1300h
NAME   DB     'H','O','N','G'
BUF    RB     10
ZERO   DD     0
LEN    DD     4

MAIN   LDX    ZERO
LOOP   LDAB   ZERO-14[X] // NAME
       STAB   ZERO-10[X] // BUF
       IXBC   LEN
       JNZ    LOOP
       HALT
       END    MAIN
```

~home/scode/smp/s_2_16_088.s

□ 전방 참조와 1-패스 알고리즘

```
000   S_203   START   1300h
010   VAR1    DD      10
020   VAR2    DD      20
030   VAR3    RD      3
040           DW      4,5,'A'
050           DB      6,7,'B','C'
060           RB      10
070           DB      "ABC"

080   MAIN    LDA     VAR1
090           ADD     VAR2
100           STA     VAR3
110           HALT
120           END     MAIN
```

~home/scode/smp/s_2_03_045.s

```
000   S_217   START   1300h
080   MAIN    LDA     VAR1
090           ADD     VAR2
100           STA     VAR3
110           HALT

010   VAR1    DD      10
020   VAR2    DD      20
030   VAR3    RD      1
040           DW      4,5,'A'
050           DB      6,7,'B','C'
060           RB      10
070           DB      "ABC"
120           END     MAIN
```

~home/scode/smp/s_2_17_089.s

```
S_206 START  0
ZERO  DD     0
ONE   DD     1
FHUND DD     400
BUF   RD     100

MAIN  LDX    ZERO    // X=0
      LDA    ONE     // A=1
LOOP  STA    BUF[X]  // 36[X]=1
      ADD    ONE     // A=A+1
      IXC    FHUND   //X+=4,X==400?
      JNZ    LOOP
      HALT
      END    MAIN
```

~home/scode/smp/s_2_06_087.s

```
S_104   START   0
        LDX     ZERO
        LDA     ONE
LOOP    STA     BUF[X]
        ADD     ONE
        IXC     FHUND
        JNZ     LOOP
        HALT

ZERO    DD      0
ONE     DD      1
FHUND   DD      400
BUF     RD      100
        END
```

~home/scode/smp/s_1_04_024.s

```
S_218   START  0
XX      DD     10
YY      DD     20
ZZ      RD     1
TEN     DD     10
MAIN    LDA    XX
        CMP    TEN
        JNZ    ELSE
        ADD    YY
        JMP    MEET
ELSE    SUB    YY
MEET    STA    ZZ
        HALT
        END    MAIN
```

~home/scode/smp/s_2_18_089.s

```
S_105   START  0
        LDA    XX
        CMP    TEN
        JNZ    ELSE
        ADD    YY
        JMP    MEET
ELSE    SUB    YY
MEET    STA    ZZ
        HALT

XX      DD     10
YY      DD     20
ZZ      RD     1
TEN     DD     10
        END
```

~home/scode/smp/s_1_05_025.s

□ 난수 활용

```
S_112   START   1000h   // RND
        LDA     RND
        DMPR    A
        LDA     RND
        DMPR    A
        HALT
        END
```

~home/scode/smp/s_1_12_029.s

```
S_115   START   1000h // RND
        SEED    DD      77

MAIN    LDA     SEED
        STA     RND
        LDA     RND
        DMPR    A
        LDA     RND
        DMPR    A
        HALT
        END     MAIN
```

~home/scode/smp/s_1_15_090.s

```
S_113   START   1000h // RND
        LDA     SEED
        STA     RND
        LDA     RND
        DMPR    A
        LDA     RND
        DMPR    A
        HALT

SEED    DD      77
        END
```

~home/scode/smp/s_1_13_029.s

```
1   S_116 START  100h   // RND
    ZERO  DD     0
    TEN   DD     10
9   SEED  DD     7
    HUND  DD     100

    MAIN  LDX    ZERO
3         LDA    SEED
          STA    RND
4    LOOP LDA    RND
          MOD    HUND
5         DMPR   A
          IXBC   TEN
          JNZ    LOOP
8         HALT
13        END    MAIN
```

~home/scode/smp/s_1_16_090.s

```
1   S_114 START  100h   // RND
          LDX    ZERO
3         LDA    SEED
          STA    RND
4    LOOP LDA    RND
          MOD    HUND
5         DMPR   A
          IXBC   TEN
          JNZ    LOOP
8         HALT
    ZERO  DD     0
    TEN   DD     10
9   SEED  DD     7
    HUND  DD     100
13        END
```

~home/scode/smp/s_1_14_029.s

2.2.4 1-패스 어셈블러의 한계

앞에서 예제 프로그램으로 사용했던 아래의 [그림 2-45] 소스 코드의 특징은 변수 공간을 위에 배치하고 아래의 니모닉 코드에서 그 변수들을 참조했다는 점이다. 이럴 경우 기호들이 먼저 정의되고 정의된 기호들이 아래에서 대응 값으로 변환되므로 어셈블 과정이 순조롭게 진행된다. 그런데, 변수들을 밑으로 이동 배치한 [그림 2-46]의 s_217 프로그램에 대해 어셈블을 시도하면 어떻게 될까?

그 결과는 [그림 2-47]과 같이 080 줄에서 "VAR1"이 정의되지 않았다는 오류로 끝난다. 이는 080 줄까지는 "VAR1"이라는 기호가 아직 나오지 않았기 때문에 너무나 당연한 결과인데, 이런 현상을 정방 참조(forward reference)라 부른다. 그런데, 어셈블리 프로그램의 코딩 스타일은 [그림 2-45]보다는 [그림 2-46]과 같이 변수를

```
000    S_203    START    1300h
010    VAR1     DD       10
020    VAR2     DD       20
030    VAR3     RD       3
040             DW       4,5,'A'
050             DB       6,7,'B','C'
060             RB       10
070             DB       "ABC"

080    MAIN     LDA      VAR1
090             ADD      VAR2
100             STA      VAR3
110             HALT                       // ~home/scode/smp/
120             END      MAIN              //     s_2_03_045.s
```

[그림 2-45] 1-패스 어셈블러를 위한 샘플 SVM 어셈블리 프로그램([그림 2-12]와 동일

```
000    S_217    START    1300h
080    MAIN     LDA      VAR1
090             ADD      VAR2
100             STA      VAR3
110             HALT

010    VAR1     DD       10
020    VAR2     DD       20
030    VAR3     RD       1
040             DW       4,5,'A'
050             DB       6,7,'B','C'
060             RB       10
070             DB       "ABC"             // ~home/scode/smp/
120             END      MAIN              //     s_2_17_089.s
```

[그림 2-46] 1-패스 어셈블러를 위한 샘플 SVM 어셈블리 프로그램([그림 2-45]의 다른 코딩)

```
LNO  Location  Label   Opcode  Operand          Object Code
---  --------  -----   ------  -----------      -----------
000  0001300   TEST    START   1300h
080     MAIN    LDA     VAR1 --> Operand symbol 'VAR1' is not defined ...
```

[그림 2-47] [그림 2-46] c_204.s에 대한 1-패스 어셈블러 적용 결과

프로그램의 아래쪽에 배치하는 것이 일반적이어서 이에 대한 해결책이 필요하다. 꼭 변수가 아니더라도 [그림 2-48]의 예제 프로그램 s_219.s에서 라인 080과 같이 점프 명령어의 점프 위치에 대한 전방 참조를 피할 수 없다([그림 2-49] 참조).

```
000   S_219   START   1100h              // COPY
010   IPORT   DD      124
020   OPORT   DD      125
030   ZERO    DD      00h
040   ILOOP   CID     IPORT
050           JZ      ILOOP
060           IN      IPORT
070           CMP     ZERO
080           JZ      STOP
090           DMPR    A
100   OLOOP   COD     OPORT
110           JZ      OLOOP
120           OUT     OPORT
130           JMP     ILOOP
140   STOP    HALT

150   IDATA   FILE    124,I,IDATA
160   ODATA   FILE    125,O,ODATA          // ~home/scode/smp/
170           END     ILOOP                //     s_2_19_092.s
```

[그림 2-48] 점프 명령어에서의 전방 참조 예

```
LNO  Location  Label   Opcode  Operand          Object Code
---  --------  -----   ------  -----------      -----------
000  0001100   COPY    START   1100h
010  0001100   IPORT   DD      124              0000007C
020  0001104   OPORT   DD      125              0000007D
030  0001108   ZERO    DD      0                00000000
040  000110C   ILOOP   CID     IPORT            30001100
050  0001110           JZ      ILOOP            2800110C
060  0001114           IN      IPORT            34001100
070  0001118           CMP     ZERO             20001108
080             JZ      STOP --> Operand symbol 'STOP' is not defined ...
```

[그림 2-49] [그림 2-48] s_2_19_092.s에 대한 1-패스 어셈블러 적용 결과

어셈블리 언어에서의 전방 참조 개념은 현실 세계에서도 알마든지 쉽게 찾아볼 수 있다. 가령 지금까지 한 번도 가보지 않았던 길을 따라 아주 중요하고 무거운 물건을 운반해야 상황에서 미지의 길 전체에 대한 정보를 미리 필요로 할 때가 그렇다. 날씨가 좋다면 가장 가까운 길로 가야할 것이며, 비가 온다면 비포장 부분이 짧은 길로, 눈이 온다면 높은 언덕 부분이 없는 길로 각각 가야 할 것이다. 이런 경우, 실제로 가보지 않으면 어떤 도로의 어디쯤에 비포장이나 언덕 부분이 얼마만큼 위치하고 있는지를 알 수 없다.

이런 경우 가벼운 발걸음으로 사전 답사를 실시하여 도로 정보를 미리 수집한 다음 되돌아 와서 본격적인 운반을 시작해야 한다. 이와 같이 사전 답사 후 본격 작업을 진행하는 방식를 2-패스(2-pass) 전략이라 말한다.

어셈블리 언어와 더욱 유사한 예로, 잘 알려지지 않은 아주 작은 특정 가게 앞을 지나는 길로 가야하는 상황을 들 수 있다. 이럴 때는 일차적인 답사의 필요성이 질대적으로 필요하고, 답사의 결과를 바탕으로 경로를 결정해야 한다. 때로는, 답사를 했지만 원하는 가게가 발견되지 않을 때도 있을 것인데, 이럴 경우에는 본격 출발이 불가능함은 당연하다. 이는 원래부터 그런 가게 자체 존재하지 않았거나, 가게는 존재하지만 이름을 잘 못 사용하는 등의 오류가 원인일 것이다. 여기서 가게 이름이 곧 어셈블리 언어의 기호에 해당된다.

우리는 어셈블리 프로그램 전체를 한 눈에 볼 수 있으므로 어느 기호가 어디에 있는지를 즉시 알 수 있지만, 한 번에 한 줄씩 읽어서 차례차례 처리하는 어셈블러 입장에서는 아직 읽지 않는 아래쪽 내용에 대한 정보는 알 수 없다. 사람이라도 할지라도 묶음으로 쌓여있는 카드 다발에서 각 카드의 내용을 알 수 없는 이치와 동일하다. 이를테면 특정 가게 이름이 적혀있는 카드가 몇 번째에 위치하는지를 찾기 위해서는 일단 카드 다발을 처음부터 전부 검색해 보는 수밖에 없다.

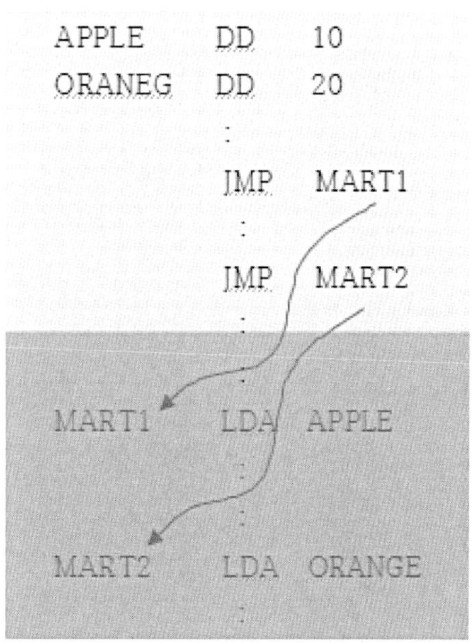

MEMO

2.3 2-패스 SVM 어셈블러(two pass assembler)의 설계와 구현

1-패스 어셈블러는 소스 프로그램을 꼭 한 번 읽어서 어셈블을 마치려하기 때문에 전방 참조를 해결하지 못하는 단점을 가지는 반면, 2-패스 어셈블러는 소스 프로그램을 두 번 읽어서 1-패스 알고리즘의 한계를 극복한다. 즉, 두 번의 읽기 중 첫 번째 읽기(패스_1)에서는 기호들만을 탐색하여 기호 테이블을 완성하고, 두 번째 읽기(패스_2)에서 이전 패스에서 작성된 기호 테이블을 참조하여 어셈블을 완성한다.

2.3.1 2-패스 어셈블러를 위한 자료구조

2-패스 어셈블러를 위한 자료구조는 1-패스 어셈블러와 동일하고, 간략하게 요약하면 아래와 같다.

• LOC(Location Counter)

프로그램 적재 주소에서부터 출발하여 해당 줄의 목적 코드 크기만큼씩 증가하면서 해당 줄의 메모리 위치를 추적하고, 패스_1, 패스_2 각각에서 동일하게 사용된다.

• LDaddr(Load address), GOaddr(Execution start address), PGsize(Program size)

소스 코드의 첫줄(START)에 기술된 프로그램 적재 주소(LDaddr)와 마지막 줄(END)에 기술된 실행 시작 주소(GOaddr), 그리고 패스_1의 마지막 시점에 알 수 있는 프로그램의 길이(PGsize)를 관리한다. 패스_1, 패스_2에서 LOC의 초기 값 및 목적 프로그램 생성에 사용된다.

• SYMTAB(Symbol Table), SYMCNT(Symbol Counter)

패스 1에서 현재 처리 중인 줄에 기호가 존재할 경우 <기호, 현재 LOC 값> 쌍을 기호 테이블(SYMTAB)에 삽입하고 기호 개수(SYMCNT)를 1 증가시킨다. 패스 2에서는 피연산자에 기술된 기호 값에 대한 검색 테이블로 사용된다.

• LNO, LABEL, OPcode, OPerand

패스_1, 패스_2에서 동일하게 소스 코드 한 줄을 구성하고 있는 줄번호(LNO), 기호(LABEL), 명령어(OPcode), 피연산자(OPerand) 부분을 분리하여 토큰으로 각각을 관리한다.

• OPTAB(Operation code Table)

어셈블리 원천 코드에 기입된 명령어(OPcode)가 니모닉(연산 명령어)인지를 검색하기 위해 SVM이 제공하는 모든 니모닉과 연산 코드를 테이블로 관리한다. 패스_1에서는 LOC의 증분을 알아내기 위해 검색하고, 패스 2에서는 LOC의 증분 뿐 아니라 해당 니모닉 코드를 위한 기계 명령어를 어셈블하기 위해 검색한다.

• DCTAB(Directive command Table)

명령어가 OPTAB에서 검색되지 않을 경우 이번에는 DINT 등 변수 공간 확보 지시 명령어인가를 검색하기 위해 이들을 테이블로 관리한다. OPTAB과 마찬가지로 패스_1에서는 LOC의 증분을 알아내기 위해 검색하고, 패스 2에서는 LOC의 증분 뿐 아니라 해당 변수 공간에 대한 목적코드를 생성하기 위해 검색한다.

2.3.2 2-패스 어셈블러 알고리즘

2-패스 어셈블러 알고리즘은 [그림 2-50]에서 보는 바와 같이 기호 테이블 작성이 주목적인 패스_1(Pass_1())과, 어셈블리 리스트(목적 코드)를 생성하는 패스_2(Pass_2())로 구성되는데, Pass_2() 프로시저가 1-패스 어셈블러의 내용과 대동소이하다. 다만 Pass_1()에서 체크하여 통과된 부분은 Pass_2()에서는 중복 체크하지 않도록 간소화 한다.

[그림 2-51]은 [그림 2-50] 알고리즘의 패스_1 C 언어 구현 코드이고, [그림 2-56]은 패스_2의 구현 코드이다.

```
Two_Pass_Assemble()
{
     Pass_1();
     Pass_2();
}
Pass_1()
{
   read_linc(); // Label, OPcode, OPerand 토큰 분리, 첫줄 읽음
   ·프로그램 이름인 Label이 적절하고, OPcode가 "START"이며, OPerand의 프로
    그램 적재 주소가 적절하게 명시되어 있는지 확인한다.
   ·LOC, 적재주소, 실행시작주소의 초기 값으로 OPerand에 주어진 값을 설정한다.
   while (1) {
      read_line(); // Label, OPcode, OPerand 토큰 분리, 다음 줄 읽음
      if (OPcode == "END")
          break;
      if (Label != NULL, 즉, 기호가 존재하면)
            ins_SYMTAB(<Label, LOC>);   // SYMTAB에 등록
      if (see_OPTAB()이 성공하면,  즉 OPcode가 니모닉 코드이면)
            len = len_mnemonic();       // 니모닉 코드 기계 명령어 길이
      else if (see_DCTAB()이 성공하면, 즉 OPcode가 변수 확보 코드이면)
            len = len_space();          // 변수 공간이 차지하는 길이
      else
            msg_error();

      LOC = LOC + len;
   }
   ·END" 뒤에 피연산자가 있으면 그 값을 실행시작주소로 설정한다.
}
```

[그림 2-50] 2-패스 어셈블러 알고리즘(계속)

```
Pass_2()          // OnePassAssemble()과 대동소이
{
   read_line();   // 첫 줄 읽음
   put_line();    // 첫 줄 어셈블러 리스트를 출력
   while (1) {
      read_line(); // Label, OPcode, OPerand 토큰 분리, 다음 줄 읽음
      if (OPcode == "END")
          break;

      if (see_OPTAB()이 성공하면,  즉 OPcode가 니모닉 코드이면)
           len = asm_mnemonic();
      else if (see_DCTAB()이 성공하면, 즉 OPcode가 변수 확보 코드이면)
           len = asm_space();
      else
           msg_error();

      put_line();// 어셈블리 리스트를 출력
      LOC = LOC + len;
   }
   put_line();// 마지막 줄 어셈블리 리스트를 출력
}
```

[그림 2-50] 2-패스 어셈블러 알고리즘

MEMO

```
#include <stdio.h>
#include <stdlib.h>
#include <string.h>
#include <ctype.h>

#include "optab.h"
#include "dctab.h"
#include "symtab.h"
#include ".....h"
#include "......h"
#include ".......h"

int     LOC = 0, LDaddr, GOaddr, PGsize;
char    LBUF[128], *LNO, *LABEL, *OPcode, *OPerand;

void TwoPassAssemble(char  *sfile)
{
    Pass_1(sfile);
    Pass_2(sfile);
}

void Pass_1(char  *sfile)
{
    FILE        *fp;
    Optab       *op;
    Dctab       *dp;
    int         len;

    if (!(fp = fopen(sfile, "r")))
        fprintf(stderr, "File '%s' not found...₩n", sfile),  exit(1);

    read_line(fp);

    if (!OPcode || strcmp(OPcode, "START"))
        fprintf(stderr, "₩n%s --> Opcode is not 'START' ...₩n", LBUF),
                                                                exit(2);
    if (OPerand && (LOC = str2int(OPerand)) < 0)
        fprintf(stderr, "₩n%s --> Start address is invalid ...₩n", LBUF),
                                                                exit(3);
    //if (!LABEL)
    //  fprintf(stderr, "₩n%s --> Program name is not defined ...₩n", LBUF),
    //                                                          exit(1);
    if (!LABEL)  LABEL = "ASMBLY";

    ins_SYM(LOC, LABEL);      // program name

    LDaddr = GOaddr = LOC;
```

[그림 2-51] 2-패스 SVM 알고리즘의 패스_1 구현 코드(계속)

```
    while (read_line(fp) > 0) {          // Label, OPcode, OPerand
        if (!strcmp(OPcode, "END"))
            break;
        if (!strcmp(OPcode, "FILE"))
            continue;
        if (LABEL) {
            if (strlen(LABEL) > MAX_SYM)
                fprintf(stderr, "₩n%s --> Symbol '%s' is too long ...₩n",
                                             LBUF, LABEL), exit(4);
            if (!ins_SYMTAB(LOC, LABEL))
                fprintf(stderr, "₩n%s --> Symbol '%s' is duplicated ...₩n",
                                             LBUF, LABEL), exit(4);
        }
        if (op = see_OPTAB(OPcode))
            len = len_mnemonic(op);
        else if (dp = see_DCTAB(OPcode))
            len = len_space(dp);
        else
            fprintf(stderr, "₩n%s --> Opcode '%s' is not valid ...₩n",
                                             LBUF, OPcode), exit(4);
        LOC += len;
    }
    if (!OPcode) fprintf(stderr, " --> 'END' opcode is not defined ...₩n"),
                                                              exit(5);
    if (OPerand)
        GOaddr = cal_nm_oprnd(OPerand);
    PGsize = LOC - LDaddr;
    fclose(fp);
}                                         /* ~home/asm/asm_s20/main_pass1.c */
```

[그림 2-51] 2-패스 SVM 알고리즘의 패스_1 구현 코드

- 패스_1에서는 목적 코드 자체에는 관심을 두지 않고, 목적 코드의 길이만 체크한다.
- 니모닉 명령어의 길이는 4이다.
- 변수 공간 확보 지시 명령어인 경우에는 최소한의 체크로 길이를 계산해 내야 한다.

• S20-1-0: 소소코드 라인 읽기 및 토큰 분리하기(read_line())

- 1-패스 어셈블러에서와 동일하다.

• S20-2-0: 기호(심볼, 레이블)가 있는 경우 기호 테이블에 삽입하고(ins_SYMTAB()), 필요한 경우 검색하기(see_SYMTAB())

- 1-패스 어셈블러에서와 동일하다.

• S20-3-0: 연산 코드가 니모닉(기계 명령어) 코드인지 검색하기(see_OPTAB())

- 1-패스 어셈블러에서와 동일하다.

• S20-3-1: 니모닉(기계 명령어) 코드에 대한 기계 명령어 길이 구하기(len_mnemonic())

- 니모닉 명령어의 길이는 무조건 4로 한다([그림 2-52]).

```
int len_mnemonic(Optab *op)
{
        return(4);
}                                             /* ~home/asm/asm_s20/len_mnmo.c */
```

[그림 2-52] len_mnemonic() 프로시저 구현 코드

• S20-4-0: 연산 코드가 변수 공간 확보 지시 명령어인지 검색하기(see_DCTAB())

- 1-패스 어셈블러에서와 동일하다.

MEMO

- S20-4-1 변수 공간 확보 지시 명령어에 대한 길이 구하기 (len_space())
  - 공간만 확보하는 경우(RD, RW, RB) 피연산자 값을 구하여 공간의 단위를 곱하여 구한다(1-패스 어셈블러에서와 동일).
  - 공간을 확보하여 상수로 초기화 하는 경우(DD, DW, DB) 문자열 형태(len_dc_oprnd_string())와 그 외의 경우(len_dc_oprnd())로 나누어 구한다.
  - 구현 코드는 [그림 2-53]과 같다.

```
int len_space(Dctab *dp)
{
    int  len;
    if (!OPerand) fprintf(stderr, "%s --> Operand is not defined ...₩n",
                                                    LBUF), exit(10);

    if (dp->type == DC_RESV) {
        if ((!isdigit(OPerand[0]) && OPerand[strlen(OPerand) -1] != 'h') ||
                                   (len = str2int(OPerand)) == INV_VAL)
            fprintf(stderr, "%s --> Operand number '%s' is not valid ...₩n",
                                              LBUF, OPerand), exit(11);
        len *= dp->unit;
        return(len);
    }
    if (dp->unit == 1 && OPerand[0] == '₩"')
        len = len_dc_oprnd_string(OPerand);
    else
        len = len_dc_oprnd(OPerand, dp->unit);
    return len;
}                                    /* ~home/asm/asm_s20/len_drctv.c */
```

[그림 2-53] len_space() 프로시저 구현 코드

MEMO

- S20-4-2 변수 공간의 문자열 형태의 초기 값 길이 구하기(len_dc_oprnd_string())
  - '"'의 위치가 적절한 지 체크하고, 그 내부에 존재하는 문자수를 카운트한다.
  - 문자의 수가 제한을 벗어나면 오류로 처리한다([그림 2-54] 참조).

```
#define  MAX_DNUM        8
int len_dc_oprnd_string(char  *oprnd)
{                                       // ex) len_dc_oprnd_string("EOT")
    int     i, len = 0;
    for (i = 1; oprnd[i] != '₩"' && i <= MAX_DNUM; i++)
        len++;
    if (oprnd[i] != '₩"' || !oprnd[i] || oprnd[i + 1])
        fprintf(stderr, "%s --> Operand '%s' is not valid ...₩n",
                                               LBUF, oprnd), exit(11);
    return (len + 1);  // include '₩0'
}                                       /* ~home/asm/asm_s20/len_drctv_str.c */
```

[그림 2-54] len_dc_oprnd_string() 프로시저 구현 코드

- S20-4-3 변수 공간의 문자열 외 형태의 초기 값 길이 구하기(len_dc_oprnd())
  - 길이를 구할 때는 상수 각각의 값은 관심에 두지 않고 몇 개가 있는지가 필요하다.
  - 따라서, 각 상수 표현의 올바름 체크는 하지 않고, ','가 몇 개 존재하는지만 조사한다. 다만, 전체 개수가 제한을 벗어나면 오류로 처리한다.
  - ',' 개수 만큼 공간의 단위를 더하여 구한다.
  - 구현 코드는 [그림 2-55]와 같다.

```
int len_dc_oprnd(char  *oprnd, int unit)
{                                   // ex) len_dc_oprnd("100,VAR1,BUF-4", 2)
        char    buf[128], *exp;
        int     n = 0, len = 0;
        strcpy(buf, oprnd);
        exp = strtok(buf, ",");
        do {
                if (++n > MAX_DNUM)
                    fprintf(stderr, "%s --> Operand '%s' is not valid ...₩n",
                                               LBUF, oprnd), exit(11);
                len += unit;
        } while (exp = strtok(NULL, ","));
        return(len);
}                                   /* ~home/asm/asm_s20/len_drctv_num.c */
```

[그림 2-55] len_dc_oprnd() 프로시저 구현 코드

2.5.3 2-패스 어셈블러의 패스_2 구현([그림 2-56])

```
void Pass_2(char  *sfile)
{
        FILE    *fp;
        Optab   *op;
        Dctab   *dp;
        int     len;

        fp = fopen(sfile, "r");
        put_list_head();
        read_line(fp);  // first line
        if (!LABEL) LABEL = "ASMBLY";
        LOC = LDaddr;
        put_list();
        while (read_line(fp) > 0) {      // Label, OPcode, OPerand
                if (!strcmp(OPcode, "END"))
                        break;
                if (!strcmp(OPcode, "FILE"))
                        continue;
                if (op = see_OPTAB(OPcode))
                        len = asm_mnemonic(op);
                else {
                        dp = see_DCTAB(OPcode);
                        len = asm_space(dp);
                }
                if (!OPerand)
                        OPerand = null_OPR;
                if (!LNO)
                        LNO =  null_LNO;
                if (!LABEL)
                        LABEL = null_LBL;
                put_list();
                LOC += len;
        }
        if (!OPerand)
                OPerand = null_OPR;
        LABEL = null_LBL;
        put_list();
        fclose(fp);
}                                          /* ~home/asm/asm_s20/pass2.c */
```

[그림 2-56] 2-패스 SVM 패스_2 알고리즘의 구현 코드

- S20-1-0: 소스코드 라인 읽기 및 토큰 분리하기(read_line())
  - 1-패스 어셈블러 및 패스_1에서와 동일하다.
- S20-2-0: 기호 검색하기(see_SYMTAB())
  - 패스_2에서는 기호 삽입(ins_SYMTAB())은 사용치 않는다.
  - see_SYMTAB()은 1-패스 어셈블러 및 패스_1에서와 동일하다.

- S20-3-0: 연산 코드가 니모닉(기계 명령어) 코드인지 검색하기(see_OPTAB())
  - 패스_1에서와 동일하다.

- S20-3-1: 니모닉(기계 명령어) 코드에 대한 기계 명령어 조립(어셈블)하기(asm_mnemonic())
  - 1-패스 어셈블러에서와 동일하다.

- S20-3-2: 니모닉(기계 명령어) 코드의 피연산자 구하기(cal_nm_oprand())
  - 1-패스 어셈블러에서와 동일하다.

- S20-3-3: 니모닉(기계 명령어) 코드의 피연산자 수식 계산하기(cal_one_expr())
  - 1-패스 어셈블러에서와 동일하다.

- S20-3-4: 니모닉(기계 명령어) 코드의 피연산자 수식의 항 변환하기(cnv_one_term())
  - 1-패스 어셈블러에서와 동일하다.

- S20-3-5: 10진, 16진 상수 표현 항 변환하기(str2int(), dec2int(), hex2int())
  - 1-패스 어셈블러에서와 동일하다.

- S20-3-6: 문자 상수 표현 항 변환하기(asc2int())
  - 1-패스 어셈블러에서와 동일하다.

- S20-4-0: 연산 코드가 변수 공간 확보 지시 명령어인지 검색하기(see_DCTAB())
  - 1-패스 어셈블러 및 패스_1에서와 동일하다.

- S20-4-1 변수 공간 확보 지시 명령어에 대한 목적 코드 구하기(asm_space())
  - 1-패스 어셈블러와 동일하다. 다만, 공간만 확보하는 경우(RD, RW, RB), 피연산자(공간의 개수)의 존재 여부는 패스_1의 len_space()에서 이미 체크했으므로 패스_2에서는 [그림 2-57]과 같이 생략한다.

```
int asm_space(Dctab *dp)
{
        int     len;
        if (dp->type == DC_RESV) {
                len = str2int(OPerand) * dp->unit;
                OBJC[0] = 0;
                return(len);
        }
        if (dp->unit == 1 && OPerand[0] == '₩'')
                len = cal_dc_oprnd_string(OPerand, OBJC);
        else
                len = cal_dc_oprnd(OPerand, dp->unit, OBJC);
        return(len);
}                                   /* ~home/asm/asm_s20/asm_drctv.c */
```

[그림 2-57] asm_space() 프로시저 구현 코드

MEMO

MEMO

- S20-4-2 변수 공간 확보 지시 명령어에 대한 초기 값 변환하기(cal_dc_oprnd(), cal_dc_oprnd_string())
  - 변수 공간의 초기 값 구하기는 1-패스 어셈블러에서와 동일하다.
  - 다만, 문자열 형태의 초기 값 구하기(cal_dc_oprnd_string())의 '"'의 위치 체크와 그 밖에 길이 제한은 이미 체크했으므로 패스_2에서는 [그림 2-58]과 같이 이들에 대한 오류 체크를 생략한다.

```
                    // ex) cal_dc_oprnd("100,VAR1,BUF-4", 4, OBJC)
int cal_dc_oprnd(char  *oprnd, int unit, unsigned char obj[])
{                   // ex) cal_dc_oprnd("4h,'AB',VAR1-VAR2", 2, OBJC)
        char    buf[128], *exp;
        char    *op = (char *)(obj +1);
        short   *sp = (short *)(obj +1);
        int     *ip = (int *)(obj +1);
        int     v, len = 0;

        strcpy(buf, oprnd);
        exp = strtok(buf, ",");
        do {
                v = cal_one_expr(exp);
                switch(unit) {
                case 4: *op = v >> 24; op++, len++;
                        *op = v >> 16; op++, len++;
                case 2: *op = v >>  8; op++, len++;
                case 1: *op = v;       op++; len++; ;
                }
        } while (exp = strtok(NULL, ","));
        obj[0] = len;
        return(len);
}

int cal_dc_oprnd_string(char  *oprnd, unsigned char obj[])
{       int     i;      // ex) cal_dc_oprnd_string("EOT", OBJC)
        for (i = 1; oprnd[i] != '₩"'; i++)
                obj[i] = oprnd[i];
        obj[i] = '₩0', obj[0] = i;

        return (i);
}                                       /* ~home/asm/asm_s20/cal_drctv.c */
```

[그림 2-58] cal_dc_oprnd(), cal_dc_oprnd_string() 프로시저 구현 코드

- S20-5-0: 어셈블리 리스트 출력하기(put_list_head(), put_list())
  - 1-패스 어셈블러에서와 동일하다.

종합 실습 2-20-108
(SVM 2-패스 어셈블러 구현)

아래 절차에 따라 SVM 2-패스 어셈블러를 구현하여 예제 프로그램들을 어셈블 해보자.

1. 실습환경
   - 유닉스/리눅스
2. 2-패스 어셈블러 구현
   - ~home/asm/asm_s10 디렉터리의 1-패스 어셈블러 소스를 ~home/asm/asm_s20 디렉터리로 복사하여 필요한 부분을 편집(수정·생성)하고 Makefile을 이용하여 실행파일 “asm_s20” 생성
   - 쉘 변수 PATH에 ~home/asm/asm_s20 디렉터리 등록
     ex) $ PATH=$PATH:~home/asm/asm_s20; export PATH
         % set path=($path ~home/asm/asm_s20)
3. SVM 예제 프로그램 편집
   - ~home/scode/smp 디렉터리에서 SVM 예제 어셈블리 코드 편집(s_x_y_z.s)
   - 종합 실습 2-10-086 에서 작성했던 코드는 그대로 활용
4. 예제 프로그램 어셈블
   - $ asm_s20 s_x_y_z.s ↲ ==> 출력 결과(어셈블리 리스트 혹은 오류) 확인
   - $ asms s_x_y_z.s ↲ 의 출력 결과와 비교

□ 상수 주소

```
 S_101 START 0
 0     LDX   28     // X=0
 4     LDA   32     // A=1
 8     STA   40[X]  // 36[X]=1
12     ADD   32     // A=A+1
16     IXC   36     // X+=4, X==400?
20     JNZ   8
24     HALT

~~24~~28     DD    0
~~28~~32     DD    1
~~32~~36     DD    400
~~36~~40     RD    100
       END
```

~home/scode/smp/s_1_01_024.s

```
 S_204  START 0
  0     DD    0
  4     DD    1
  8     DD    400
 12     RD    100

412  GO LDX   0      // X=0
416     LDA   4      // A=1
420     STA   12[X]  // 36[X]=1
424     ADD   4      // A=A+1
428     IXC   8      // X+=4, X==400?
432     JNZ   420
        HALT
        END   GO
```

~home/scode/smp/s_2_04_086.s

□ 주소의 기호화

```
S_206 START  0
ZERO  DD     0
ONE   DD     1
FHUND DD     400
BUF   RD     100

MAIN  LDX    ZERO    // X=0
      LDA    ONE     // A=1
LOOP  STA    BUF[X]  // 36[X]=1
      ADD    ONE     // A=A+1
      IXC    FHUND   //X+=4,X==400?
      JNZ    LOOP
      HALT
      END    MAIN
```

~home/scode/smp/s_2_06_087.s

□ 수치(상수) 표기법

```
S_207  START  1300h    // TEST
VAR0   DD     1
VAR1   DD     2
VAR2   DD     3
VAR3   RD     1

MAIN   LDA    VAR0
       ADD    VAR1
       ADD    VAR2
       STA    VAR3
       HALT
       END    MAIN
```

~home/scode/smp/s_2_07_087.s

```
S_208  START  1300h
VAR0   DD     4-3       // 1
VAR1   DD     10h-14    // 2
VAR2   DD     ADh-AAh   // 3
VAR3   RD     1         // 4-3 ?

MAIN   LDA    VAR0
       ADD    VAR1
       ADD    VAR2
       STA    VAR3
       HALT
       END    MAIN
```

~home/scode/smp/s_2_08_087.s

```
S_209  START  1300h
VAR0   DD     0+1         // 1
VAR1   DD     'D'-'C'     // 2
VAR2   DD     'AD'-'AA'   // 3
VAR3   RD     1

MAIN   LDA    VAR0
       ADD    VAR1
       ADD    VAR2
       STA    VAR3
       HALT
       END    MAIN
```

~home/scode/smp/s_2_09_087.s

```
S_210  START  1300h
VAR0   DD     25h-36       // 1
VAR1   DD     'D'-42h      // 2
VAR2   DD     4144h-'AA'   // 3
VAR3   RD     1

MAIN   LDA    VAR0
       ADD    VAR1
       ADD    VAR2
       STA    VAR3
       HALT
       END    MAIN
```

~home/scode/smp/s_2_10_087.s

```
S_211  START  1300h
VAR0   DD     25h-36
       DD     'D'-42h
       DD     4144h-'AA'
       RD     1
MAIN   LDA    VAR0
       ADD    VAR0+4    // VAR1
       ADD    VAR0+8    // VAR2
       STA    VAR0+12   // VAR3
       HALT
       END    MAIN
```

~home/scode/smp/s_2_11_088.s

```
S_212  START  1300h
VAR0   DD     25h-36,'D'-42h
       DD     4144h-'AA'
       RD     1
MAIN   LDA    VAR0
       ADD    VAR0+4    // VAR1
       ADD    VAR0+8    // VAR2
       STA    VAR0+12   // VAR3
       HALT
       END    MAIN
```

~home/scode/smp/s_2_12_088.s

□ 문자와 문자열(바이트 단위 데이터)

```
S_213  START  1300h
NAME   DB     "HONG"
BUF    RB     10
ZERO   DD     0
MAIN   LDX    ZERO
LOOP   LDAB   NAME[X]
       STAB   BUF[X]
       IXBC   ZERO      // dummy
       CMP    ZERO
       JNZ    LOOP
       DMPS   NAME
       DMPS   BUF
       HALT
       END    MAIN
```

~home/scode/smp/s_2_13_088.s

```
S_214  START  1300h
NAME   DB     'H','O','N','G',0
BUF    RB     10
ZERO   DD     0
MAIN   LDX    ZERO
LOOP   LDAB   NAME[X]
       STAB   BUF[X]
       IXBC   ZERO      // dummy
       CMP    ZERO
       JNZ    LOOP
       DMPS   NAME
       DMPS   BUF
       HALT
       END    MAIN
```

~home/scode/smp/s_2_14_088.s

```
S_215  START  1300h
NAME   DB     'H','O','N','G'
BUF    RB     10
ZERO   DD     0
LEN    DD     4
MAIN   LDX    ZERO
LOOP   LDAB   NAME[X]
       STAB   BUF[X]
       IXBC   LEN
       JNZ    LOOP
       HALT
       END    MAIN
```

~home/scode/smp/s_2_15_088.s

```
S_216  START  1300h
NAME   DB     'H','O','N','G'
BUF    RB     10
ZERO   DD     0
LEN    DD     4
MAIN   LDX    ZERO
LOOP   LDAB   ZERO-14[X] // NAME
       STAB   ZERO-10[X] // BUF
       IXBC   LEN
       JNZ    LOOP
       HALT
       END    MAIN
```

~home/scode/smp/s_2_16_088.s

□ 전방 참조와 1-패스 알고리즘

```
000   S_203   START   1300h
010   VAR1    DD      10
020   VAR2    DD      20
030   VAR3    RD      3
040           DW      4,5,'A'
050           DB      6,7,'B','C'
060           RB      10
070           DB      "ABC"

080   MAIN    LDA     VAR1
090           ADD     VAR2
100           STA     VAR3
110           HALT
120           END     MAIN
```

~home/scode/smp/s_2_03_045.s

```
000   S_217   START   1300h
080   MAIN    LDA     VAR1
090           ADD     VAR2
100           STA     VAR3
110           HALT

010   VAR1    DD      10
020   VAR2    DD      20
030   VAR3    RD      1
040           DW      4,5,'A'
050           DB      6,7,'B','C'
060           RB      10
070           DB      "ABC"
120           END     MAIN
```

~home/scode/smp/s_2_17_089.s

```
S_206 START  0
ZERO  DD     0
ONE   DD     1
FHUND DD     400
BUF   RD     100

MAIN  LDX    ZERO    // X=0
      LDA    ONE     // A=1
LOOP  STA    BUF[X]  // 36[X]=1
      ADD    ONE     // A=A+1
      IXC    FHUND   //X+=4,X==400?
      JNZ    LOOP
      HALT
      END    MAIN
```

~home/scode/smp/s_2_06_087.s

```
S_104   START   0
        LDX     ZERO
        LDA     ONE
LOOP    STA     BUF[X]
        ADD     ONE
        IXC     FHUND
        JNZ     LOOP
        HALT

ZERO    DD      0
ONE     DD      1
FHUND   DD      400
BUF     RD      100
        END
```

~home/scode/smp/s_1_04_024.s

```
S_218   START   0
XX      DD      10
YY      DD      20
ZZ      RD      1
TEN     DD      10

MAIN    LDA     XX
        CMP     TEN
        JNZ     ELSE
        ADD     YY
        JMP     MEET
ELSE    SUB     YY
MEET    STA     ZZ
        HALT
        END     MAIN
```

~home/scode/smp/s_2_18_089.s

```
S_105   START   0
        LDA     XX
        CMP     TEN
        JNZ     ELSE
        ADD     YY
        JMP     MEET
ELSE    SUB     YY
MEET    STA     ZZ
        HALT

XX      DD      10
YY      DD      20
ZZ      RD      1
TEN     DD      10
        END
```

~home/scode/smp/s_1_05_025.s

□ 난수 활용

```
S_112   START   1000h    // RND
        LDA     RND
        DMPR    A
        LDA     RND
        DMPR    A
        HALT
        END
```

~home/scode/smp/s_1_12_029.s

```
S_115   START   1000h // RND
        SEED    DD      77

MAIN    LDA     SEED
        STA     RND
        LDA     RND
        DMPR    A
        LDA     RND
        DMPR    A
        HALT
        END     MAIN
```

~home/scode/smp/s_1_15_090.s

```
S_113   START   1000h // RND
        LDA     SEED
        STA     RND
        LDA     RND
        DMPR    A
        LDA     RND
        DMPR    A
        HALT

SEED    DD      77
        END
```

~home/scode/smp/s_1_13_029.s

```
1   S_116 START   100h   // RND
    ZERO  DD      0
    TEN   DD      10
9   SEED  DD      7
    HUND  DD      100

    MAIN  LDX     ZERO
3         LDA     SEED
          STA     RND
4   LOOP  LDA     RND
          MOD     HUND
5         DMPR    A
          IXBC    TEN
          JNZ     LOOP
8         HALT
13        END     MAIN
```

~home/scode/smp/s_1_16_090.s

```
1   S_114 START   100h   // RND
          LDX     ZERO
3         LDA     SEED
          STA     RND
4   LOOP  LDA     RND
          MOD     HUND
5         DMPR    A
          IXBC    TEN
          JNZ     LOOP
8         HALT
    ZERO  DD      0
    TEN   DD      10
9   SEED  DD      7
    HUND  DD      100
13        END
```

~home/scode/smp/s_1_14_029.s

2.4 목적 프로그램(object program) 작성

1-패스 어셈블러와 2-패스 어셈블러 불문하고 어셈블러의 궁극적 목적은 어셈블리 리스트가 아니고 아래 [그림 2-59]와 같이 목적 코드들만을 따로 저장하는 목적 프로그램을 작성(생성)하는 일이다. [그림 2-59] 목적 프로그램의 구체적인 구성 내용은 아래와 같은데, 수치를 표시하는 항목들의 길이를 고정할 필요는 없다.

- 헤드('H:') 레코드
  - 프로그램(함수)의 이름: 아스키 문자
  - 프로그램의 적재 주소: 16진 7자
  - 프로그램의 전체 길이: 16진 7자
  - 프로그램의 실행 시작 주소: 16진 7자
- 텍스트 목적 코드('T:') 레코드(니모닉 기계 명령어)
  - 텍스트 목적 코드 적재 주소: 16진 7자
  - 텍스트 목적 코드 바이트 단위 길이: 16진 2자
  - 텍스트 목적 코드 열 : 길이만큼의 바이트(시각적 이해를 돕기 위해 각 라인별 목적 코드 사이에 '^'문자를 배치)
- 데이터 목적 코드('D:') 레코드(변수 공간 확보 의사(어셈블러 지시) 명령어)
  - 데이터 목적 코드 적재 주소: 16진 7자
  - 데이터 목적 코드 바이트 단위 길이: 16진 2자
  - 데이터 목적 코드 열 : 길이만큼의 바이트(시각적 이해를 돕기 위해 각 라인별 목적 코드 사이에 '^'문자를 배치)
- 엔드('E:') 레코드
  - 실행 시작 주소: 16진 7자

```
H:S_202:000100:000052
T:0000100:0C:2C00011A^3900010C^3F000000
T:000011A:18:0400014E^0000014E^3000014A^28000122^3400014A^2000014E
T:0000132:18:28000142^0AFF0110^2600014E^2b000122^0C00010C^2D000000
D:000014A:08:00000010^00000000
E:000100
```

[그림 2-59] SVM을 위한 목적 프로그램의 예([그림 2-9]와 동일)

MEMO

목적 프로그램의 출력은 크게 헤드 레코드 출력, 텍스트 레코드 출력, 엔드 레코드 출력 등 세 파트로 나누어 구현한다. 구현 코드는 [그림 2-60]과 같다.

- S21-6-1: 목적 프로그램 헤드 레코드 출력하기(put_obj_head())
  - 목적 프로그램 파일명, 프로그램(함수) 이름, 프로그램 적재 주소, 프로그램 크기를 매개 변수로 받는다.
  - 목적 프로그램의 확장자로 ".obj"로 붙이고 파일을 생성한다.
  - 목적 프로그램 파일을 생성(개방)하여 헤드('H') 레코드를 출력한다.

- S21-6-2: 목적 프로그램 목적 레코드 출력하기(put_obj_text(), put_obj_data(), put_obj_comm())
  - 텍스트(기계 명령어) 목적 코드('T' 레코드)와 데이터(변수 공간) 목적 코드('D' 레코드)로 분류하여 출력한다.
  - 목적 코드의 시작 주소와 목적 코드를 매개 변수로 받는다.
  - 목적 프로그램에 목적 코드를 직접 출력하기 전에 두 가지 유형의 목적 레코드 버퍼에 각각 임시 저장한다.
    . 반대쪽 버퍼에 목적 코드가 있다면 그 버퍼의 누적된 목적 레코드를 먼저 목적 프로그램에 출력하여 그 버퍼를 비운다(flush_objbuf()).
    . 자기쪽 버퍼의 남은 공간이 충분하지 않으면 즉, 이번 목적 코드를 저장할 버퍼 공간이 부족하면, 현재까지 누적된 목적 레코드를 목적 프로그램에 출력하여 버퍼를 비운다(flush_objbuf()).
    . 자기쪽 목적 레코드 버퍼가 최초의 빈 상태이거나 앞에서 출력된 후 빈 상태라면 해당 레코드의 시작 주소를 초기화 한다.
    . 지기쪽 목적 레코드 버퍼의 뒤쪽에 이번 목적 코드를 추가한다.

```
#define MAX_CNUM        60
struct objbuf {
        char    type;   // text('T') or data('D')
        int     saddr;  // start addr
        int     naddr;  // next addr
        int     olen;   // object length
        int     blen;   // buf length
        char    buf[MAX_CNUM +1];       // for string
};
struct objbuf  Text_buf = {'T',},  *Txbp = &Text_buf;
struct objbuf  Data_buf = {'D',},  *Dtbp = &Data_buf;
FILE    *Ofp;
```

[그림 2-60] put_obj_head(), put_obj_text(), put_obj_data(), put_obj_end() flush_objbuf() 프로시저 구현 코드(계속)

```
void put_obj_head(char *fname, char *pname, int paddr, int  psize)
{
    char        *ext;

    if ((ext = strrchr(fname, '.'))) strcpy(ext +1, "obj");
    else                             strcat(fname, ".obj");

    if (!(Ofp = fopen(fname, "w")))
        fprintf(stderr, "Can't open object file '%s' ...₩n", fname), exit(2);

    fprintf(Ofp, "H:%s:%.7X:%.7X₩n", pname, paddr, psize);
}

void put_obj_text(int  objaddr, unsigned char obj[])
{
    if (!obj[0]) return;
    flush_objbuf(Dtbp);
    put_obj_comm(Txbp, objaddr, obj);
}

void put_obj_data(int  objaddr, unsigned char obj[])
{
    if (!obj[0]) return;
    flush_objbuf(Txbp);
    put_obj_comm(Dtbp, objaddr, obj);
}

void put_obj_comm(struct objbuf *obp, int objaddr, unsigned char obj[])
{
    int    i;
    char   *bp;

    if (obp->olen &&
            (obp->blen + obj[0]*2 + 1 > MAX_CNUM || obp->naddr != objaddr))
        flush_objbuf(obp);

    if (!obp->olen)
        obp->saddr = obp->naddr = objaddr;

    bp = obp->buf + obp->blen;
    for (i = 1; i <= obj[0]; i++, bp += 2)
        sprintf(bp, "%.2X", obj[i]);

    strcpy(bp, "^");
    obp->olen  += obj[0];
    obp->blen  += obj[0] * 2 + 1;
    obp->naddr += obj[0];
}

void flush_objbuf(struct objbuf *obp)
{
    if (obp->olen) {
        obp->buf[obp->blen -1] = '₩0'; // remove last '^'
        fprintf(Ofp, "%c:%.7X:%.2X:%s₩n",
                               obp->type, obp->saddr, obp->olen, obp->buf);
        obp->olen = obp->blen = 0;
    }
}
```

[그림 2-60] put_obj_head(), put_obj_text(), put_obj_data(), put_obj_end() flush_objbuf() 프로시저 구현 코드(계속)

```
void put_obj_end(int  goaddr)
{
    flush_objbuf(Txbp);
    flush_objbuf(Dtbp);
    fprintf(Ofp, "E:%.7X₩n", goaddr);
    fclose(Ofp);
    Ofp = NULL;
}                                         /* ~home/asm/asm_s21/obj.c */
```

[그림 2-60] put_obj_head(), put_obj_text(), put_obj_data(), put_obj_end() flush_objbuf() 프로시저 구현 코드

- S21-6-3: 목적 코드 버퍼 비우기(flush_objbuf())
  - 해당 버퍼에 누적된 목적 코드가 있다면 목적 프로그램에 출력하고 버퍼를 청소한다.

- S21-6-4: 목적 프로그램 엔드 레코드 출력하기(put_obj_end())
  - 양쪽 버퍼에 누적된 목적 코드가 있다면 목적 프로그램에 출력하여 버퍼를 비우도록 한다(flush_objbuf()).
  - 엔드('E') 레코드를 출력하고, 목적 프로그램 파일을 닫는다(fclose()).

put_obj_head(), put_obj_text(), put_obj_data(), put_obj_end() 프로시저는 [그림 2-61]과 같이 패스_2에서 어셈블리 리스트를 출력하는 부분에서 호출한다.

MEMO

```
void Pass_2(char  *sfile)
{
        FILE    *fp;
        Optab   *op;
        Dctab   *dp;
        int     len;

        fp = fopen(sfile, "r");

        put_list_head();
        read_line(fp);  // first line

        if (!LABEL)  LABEL = "ASMBLY";

        put_obj_head(sfile, LABEL, LDaddr, PGsize);
        put_list();

        LOC = LDaddr;
        while (read_line(fp) > 0) {      // Label, OPcode, OPerand
                if (!strcmp(OPcode, "END")) break;
                if (!strcmp(OPcode, "FILE")) {
                        continue;
                }
                if (op = see_OPTAB(OPcode)) {
                        len = asm_mnemonic(op);
                        put_obj_text(LOC, OBJC);
                }
                else {
                        dp = see_DCTAB(OPcode);
                        len = asm_space(dp);
                        put_obj_data(LOC, OBJC);
                }
                if (!OPerand) OPerand = null_OPR;
                if (!LNO)  LNO =  null_LNO;
                if (!LABEL) LABEL = null_LBL;

                put_list();

                LOC += len;
        }
        if (!OPerand) OPerand = null_OPR;
        LABEL = null_LBL;

        put_obj_end(GOaddr);
        put_list();

        fclose(fp);
}                                          /* ~home/asm/asm_s21/pass2.c */
```

[그림 2-61] put_obj_head(), put_obj_text(), put_obj_data(), put_obj_end() 프로시저의 호출

종합 실습 2-21-118
(SVM 2-패스 어셈블러, 목적코드)

아래 절차에 따라 2-패스 어셈블러에 목적코드 생성 기능을 구현하여 예제 프로그램들의 목적 프로그램을 생성하고, 그 목적 프로그램을 실행시켜 보자.

1. 실습환경
   - 유닉스/리눅스
2. 2-패스 어셈블러 완성
   - ~home/asm/asm_s20 디렉터리의 2-패스 어셈블러 소스를 ~home/asm/asm_s21 디렉터리로 복사하고 목적 코드 생성 부분을 편집(수정·추가)하고 Makefile을 이용하여 실행파일 "asm_s21" 생성
   - 쉘 변수 PATH에 ~home/asm/asm_s21 디렉터리 등록
     ex) $ PATH=$PATH:~home/asm/asm_s21; export PATH
     % set path=($path ~home/asm/asm_s21)
3. SVM 예제 프로그램 편집
   - ~home/scode/smp 디렉터리에서 SVM 예제 어셈블리 코드 편집(s_x_y_z.s)
   - [종합 실습 2-10-086] [종합 실습 2-20-108] 에서 작성했던 코드 활용
4. 예제 프로그램 어셈블
   - $ asm_s21 s_x_y_z.s ↲ ==> 출력 결과(어셈블리 리스트 및 목적 코드) 확인
   - $ asms s_x_y_z.s ↲ 의 출력 결과와 비교
5. 예제 프로그램 실행(SVM 에뮬레이터)
   - vmes s_x_y_z.obj ↲ ==> 실행 오류인 경우 예제 프로그램 수정 및 어셈블 후 재시도

□ 상수 주소

```
 S_101 START 0
 0     LDX   28     // X=0
 4     LDA   32     // A=1
 8     STA   40[X]  // 36[X]=1
12     ADD   32     // A=A+1
16     IXC   36     // X+=4, X==400?
20     JNZ   8
24     HALT
2428      DD    0
2832      DD    1
3236      DD    400
3640      RD    100
       END
```

~home/scode/smp/s_1_01_024.s

```
 S_204   START 0
  0      DD    0
  4      DD    1
  8      DD    400
 12      RD    100
412  GO  LDX   0      // X=0
416      LDA   4      // A=1
420      STA   12[X]  // 36[X]=1
424      ADD   4      // A=A+1
428      IXC   8      // X+=4, X==400?
432      JNZ   420
436      HALT
         END   GO
```

~home/scode/smp/s_2_04_086.s

□ 주소의 기호화

```
     S_205 START 0
  0  ZERO  DD    0
  4  ONE   DD    1
  8  FHUND DD    400
 12  BUF   RD    100

412  MAIN  LDX   ZERO    // X=0
416        LDA   ONE     // A=1
420  LOOP  STA   BUF[X]  // 36[X]=1
424        ADD   ONE     // A=A+1
428        IXC   FHUND   //X+=4,X==400?
432        JNZ   LOOP
           HALT
           END   MAIN
```

~home/scode/smp/s_2_05_087.s

```
S_206 START  0
ZERO  DD     0
ONE   DD     1
FHUND DD     400
BUF   RD     100

MAIN  LDX    ZERO    // X=0
      LDA    ONE     // A=1
LOOP  STA    BUF[X]  // 36[X]=1
      ADD    ONE     // A=A+1
      IXC    FHUND   //X+=4,X==400?
      JNZ    LOOP
      HALT
      END    MAIN
```

~home/scode/smp/s_2_06_087.s

□ 수치(상수) 표기법

```
S_207  START  1300h   // TEST
VAR0   DD     1
VAR1   DD     2
VAR2   DD     3
VAR3   RD     1

MAIN   LDA    VAR0
       ADD    VAR1
       ADD    VAR2
       STA    VAR3
       HALT
       END    MAIN
```

~home/scode/smp/s_2_07_087.s

```
S_208  START  1300h
VAR0   DD     4-3       // 1
VAR1   DD     10h-14    // 2
VAR2   DD     ADh-AAh   // 3
VAR3   RD     1         // 4-3 ?

MAIN   LDA    VAR0
       ADD    VAR1
       ADD    VAR2
       STA    VAR3
       HALT
       END    MAIN
```

~home/scode/smp/s_2_08_087.s

```
S_209  START  1300h
VAR0   DD     0+1         // 1
VAR1   DD     'D'-'C'     // 2
VAR2   DD     'AD'-'AA'   // 3
VAR3   RD     1

MAIN   LDA    VAR0
       ADD    VAR1
       ADD    VAR2
       STA    VAR3
       HALT
       END    MAIN
```

~home/scode/smp/s_2_09_087.s

```
S_210  START  1300h
VAR0   DD     25h-36       // 1
VAR1   DD     'D'-42h      // 2
VAR2   DD     4144h-'AA'   // 3
VAR3   RD     1

MAIN   LDA    VAR0
       ADD    VAR1
       ADD    VAR2
       STA    VAR3
       HALT
       END    MAIN
```

~home/scode/smp/s_2_10_087.s

```
S_211  START  1300h
VAR0   DD     25h-36
       DD     'D'-42h
       DD     4144h-'AA'
       RD     1

MAIN   LDA    VAR0
       ADD    VAR0+4    // VAR1
       ADD    VAR0+8    // VAR2
       STA    VAR0+12   // VAR3
       HALT
       END    MAIN
```

~home/scode/smp/s_2_11_088.s

```
S_212  START  1300h
VAR0   DD     25h-36,'D'-42h
       DD     4144h-'AA'
       RD     1

MAIN   LDA    VAR0
       ADD    VAR0+4    // VAR1
       ADD    VAR0+8    // VAR2
       STA    VAR0+12   // VAR3
       HALT
       END    MAIN
```

~home/scode/smp/s_2_12_088.s

□ 문자와 문자열(바이트 단위 데이터)

```
S_213  START  1300h
NAME   DB     "HONG"
BUF    RB     10
ZERO   DD     0

MAIN   LDX    ZERO
LOOP   LDAB   NAME[X]
       STAB   BUF[X]
       IXBC   ZERO      // dummy
       CMP    ZERO
       JNZ    LOOP
       DMPS   NAME
       DMPS   BUF
       HALT
       END    MAIN
```

~home/scode/smp/s_2_13_088.s

```
S_214  START  1300h
NAME   DB     'H','O','N','G',0
BUF    RB     10
ZERO   DD     0

MAIN   LDX    ZERO
LOOP   LDAB   NAME[X]
       STAB   BUF[X]
       IXBC   ZERO      // dummy
       CMP    ZERO
       JNZ    LOOP
       DMPS   NAME
       DMPS   BUF
       HALT
       END    MAIN
```

~home/scode/smp/s_2_14_088.s

```
S_215  START  1300h
NAME   DB     'H','O','N','G'
BUF    RB     10
ZERO   DD     0
LEN    DD     4

MAIN   LDX    ZERO
LOOP   LDAB   NAME[X]
       STAB   BUF[X]
       IXBC   LEN
       JNZ    LOOP
       HALT
       END    MAIN
```

~home/scode/smp/s_2_15_088.s

```
S_216  START  1300h
NAME   DB     'H','O','N','G'
BUF    RB     10
ZERO   DD     0
LEN    DD     4

MAIN   LDX    ZERO
LOOP   LDAB   ZERO-14[X] // NAME
       STAB   ZERO-10[X] // BUF
       IXBC   LEN
       JNZ    LOOP
       HALT
       END    MAIN
```

~home/scode/smp/s_2_16_088.s

□ 전방 참조와 1-패스 알고리즘

```
000   S_203   START   1300h
010   VAR1    DD      10
020   VAR2    DD      20
030   VAR3    RD      3
040           DW      4,5,'A'
050           DB      6,7,'B','C'
060           RB      10
070           DB      "ABC"

080   MAIN    LDA     VAR1
090           ADD     VAR2
100           STA     VAR3
110           HALT
120           END     MAIN
```

~home/scode/smp/s_2_03_045.s

```
000   S_217   START   1300h
080   MAIN    LDA     VAR1
090           ADD     VAR2
100           STA     VAR3
110           HALT

010   VAR1    DD      10
020   VAR2    DD      20
030   VAR3    RD      1
040           DW      4,5,'A'
050           DB      6,7,'B','C'
060           RB      10
070           DB      "ABC"
120           END     MAIN
```

~home/scode/smp/s_2_17_089.s

```
S_206 START  0
ZERO  DD     0
ONE   DD     1
FHUND DD     400
BUF   RD     100

MAIN  LDX    ZERO     // X=0
      LDA    ONE      // A=1
LOOP  STA    BUF[X]   // 36[X]=1
      ADD    ONE      // A=A+1
      IXC    FHUND    //X+=4,X==400?
      JNZ    LOOP
      HALT
      END    MAIN
```

~home/scode/smp/s_2_06_087.s

```
S_104   START   0
        LDX     ZERO
        LDA     ONE
LOOP    STA     BUF[X]
        ADD     ONE
        IXC     FHUND
        JNZ     LOOP
        HALT

ZERO    DD      0
ONE     DD      1
FHUND   DD      400
BUF     RD      100
        END
```

~home/scode/smp/s_1_04_024.s

```
S_218    START   0
XX       DD      10
YY       DD      20
ZZ       RD      1
TEN      DD      10

MAIN     LDA     XX
         CMP     TEN
         JNZ     ELSE
         ADD     YY
         JMP     MEET
ELSE     SUB     YY
MEET     STA     ZZ
         HALT
         END     MAIN
```

~home/scode/smp/s_2_18_089.s

```
S_105   START  0
        LDA    XX
        CMP    TEN
        JNZ    ELSE
        ADD    YY
        JMP    MEET
ELSE    SUB    YY
MEET    STA    ZZ
        HALT

XX      DD     10
YY      DD     20
ZZ      RD     1
TEN     DD     10
        END
```

~home/scode/smp/s_1_05_025.s

□ 난수 활용

```
        S_112   START   1000h   // RND
                LDA     RND
                DMPR    A
                LDA     RND
                DMPR    A
                HALT
                END
```

~home/scode/smp/s_1_12_029.s

```
S_115   START   1000h // RND
        SEED    DD      77

MAIN    LDA     SEED
        STA     RND
        LDA     RND
        DMPR    A
        LDA     RND
        DMPR    A
        HALT
        END     MAIN
```

~home/scode/smp/s_1_15_090.s

```
S_113   START   1000h // RND
        LDA     SEED
        STA     RND
        LDA     RND
        DMPR    A
        LDA     RND
        DMPR    A
        HALT

SEED    DD      77
        END
```

~home/scode/smp/s_1_13_029.s

```
1   S_116 START  100h   // RND
    ZERO  DD     0
    TEN   DD     10
9   SEED  DD     7
    HUND  DD     100

    MAIN  LDX    ZERO
3         LDA    SEED
          STA    RND
4    LOOP LDA    RND
          MOD    HUND
5         DMPR   A
          IXBC   TEN
          JNZ    LOOP
8         HALT
13        END    MAIN
```

~home/scode/smp/s_1_16_090.s

```
1   S_114 START  100h   // RND
          LDX    ZERO
3         LDA    SEED
          STA    RND
4    LOOP LDA    RND
          MOD    HUND
5         DMPR   A
          IXBC   TEN
          JNZ    LOOP
8         HALT
    ZERO  DD     0
    TEN   DD     10
9   SEED  DD     7
    HUND  DD     100
13        END
```

~home/scode/smp/s_1_14_029.s

MEMO

2.5 파일 매핑 레코드(file mapping record) 작성

SVM 기계의 IN, OUT 명령어 지원을 위해 SVM 어셈블리 언어에서는 [그림 2-62]와 같이 입·출력 장치 포트 번호를 디스크 파일로 매핑할 수 있는 FILE 지시 명령어를 제공한다. FILE 지시 명령어의 피연산자 부분에는 포트 번호, 입·출 표시, 파일명 등을 ','로 구분하여 공백 없이 기입한다. 이 때, 입·출 표시는 'I'(입력)나 'O'(출력)를 사용한다. FILE 지시 명령어는 프로그램의 어느 곳에도 위치할 수 있지만 프로그램의 가독성을 위해 "END" 지시자 바로 윗부분에 배치하도록 한다.

SVM 에뮬레이터 vmes가 파일 매핑을 처리하기 위해서는 해당 내용이 목적 프로그램에 포함되어야 한다. 이를 위해 [그림 2-65]와 같이 "F:파일명:타입:포트" 형태의 파일 레코드(파일 매핑 레코드)를 헤드 레코드 바로 다음에 삽입한다.

```
S_109  START  1100h          // COPY
ILOOP  CID    IPORT
       JZ     ILOOP
       IN     IPORT
       CMP    ZERO
       JZ     STOP
       DMPR   A              // 4Byte
OLOOP  COD    OPORT
       JZ     OLOOP
       OUT    OPORT
       JMP    ILOOP
STOP   HALT

IPORT  DD     124
OPORT  DD     125
ZERO   DD     00h
       FILE   124,I,IDATA
       FILE   125,O,ODATA     // ~home/scode/smp/
       END                    //    s_1_09_028.s
```

[그림 2-62] 파일 매필 프로그램 예([그림 1-17]과 동일)

파일 레코드는 아래와 같이 처리하고, 구현 코드는 [그림 2-63]과 같다.

- S22-7-1: 파일 매핑 테이블(FTAB) 삽입하기(ins_FTAB())
  - 패스_1에서 호출되어 OPerand로부터 포트 번호와 타입을 끊어낸다.
  - 파일명이 중복인지 체크한다(see_FTAB()).
  - 파일 매핑 테이블에 등록한다.
- S22-7-2: 파일 레코드 출력하기(put_obj_ftab())
  - 패스_1에서 저장해놓은 파일 매핑 테이블 내용을 패스_2에서 목적 프로그램 헤드 레코드 출력 직후 파일 레코드('F')로 출력한다([그림 2-63] 참조).

```
#define MAX_FNAME       8
#define MAX_FTAB        4

typedef struct ftab {
        char    fname[MAX_FNAME +1];
        int     port;
        char    in_out;         // 'I' or 'O'
} Ftab;

void  ins_FTAB(), see_FTAB(), put_obj_ftab();

int     FCNT;
Ftab    FTAB[MAX_FTAB];

void  ins_FTAB()
{                               // "FILE    124,I,IDATA"
    char        *pn, *io, *fn;
    int         port;

    if (!(pn = strtok(OPerand, ",")) || !(io = strtok(NULL, ",")) ||
                                    !(fn = strtok(NULL,  " ₩t₩n₩r" )))
        fprintf(stderr, "₩n%s --> FILE operand is not valid ...₩n",
                                                        LBUF), exit(31);
    see_FTAB(fn);

    if ((port = str2int(pn)) == INV_VAL || port < 0)
        fprintf(stderr, "₩n%s --> Port number is not valid ...₩n",
                                                        LBUF), exit(32);
    if (strcmp(io, "I") && strcmp(io, "O"))
        fprintf(stderr, "₩n%s --> Port type('I' or 'O') is not valid ...₩n",
                                                        LBUF), exit(33);
    strcpy(FTAB[FCNT].fname, fn);
    FTAB[FCNT].port = port;
    FTAB[FCNT++].in_out = *io;
}

void  see_FTAB(char *fname)
{
    int    i;
    for (i = 0; i < FCNT; i++)
      if (!strcmp(FTAB[i].fname, fname))
         fprintf(stderr, "File name '%s' is duplicated...₩n", fname),exit(30);
}

void  put_obj_ftab()
{
    int i;
    for (i = 0; i < FCNT; i++)
        fprintf(Ofp, "F:%s:%c:%.6X₩n",
                                FTAB[i].fname, FTAB[i].in_out, FTAB[i].port);
}                                               /* ~home/asm/asm_s22/ftab.c */
```

[그림 2-63] ins_FTAB(), see_FTAB(), put_obj_ftab() 프로시저 구현 코드

파일 매핑 테이블을 작성하는 ins_FTAB() 프로시저와 파일 매핑 테이블 내용을 파일 레코드로 출력하는 put_obj_ftab() 프로시저의 호출 위치는 아래의 [그림 2-64]와 같고, FILE 명령어에 대한 어셈블리 리스트도 추가하도록 한다. 또한, “FILE”에 대한 명령어 인식을 위해 read_line() 함수를 [그림 2-65]와 같이 보완한다.

[그림 2-66], [그림 2-67]은 파일 매핑이 처리된 어셈블리 리스트와 목적 프로그램의 모습이다.

```
void Pass_1(char  *sfile)
{
        :
        while (read_line(fp) > 0) {              // Label, OPcode, OPerand
                :
                if (!strcmp(OPcode, "FILE")) {
                        ins_FTAB();    continue;
                }
                :
        }
        :
}
void Pass_2(char  *sfile)
{
        :
        read_line(fp);                           // first line
        put_obj_head(sfile, LABEL, LDaddr, PGsize);
        put_obj_ftab();
        :
        while (read_line(fp) > 0) {              // Label, OPcode, OPerand
                :
                if (!strcmp(OPcode, "FILE")) {
                        put_list();    continue;
                }
                :
        }
        :
}                                 /* ~home/asm/asm_s22/main_pass1.c, pass2.c */
```

[그림 2-64] ins_FTAB()과 put_obj_ftab() 프로시저의 호출 위치

```
int read_line(FILE *fp)
{
   :
   if (strcmp(cp, "END") && strcmp(cp, "START") && strcmp(cp, "FILE") &&
                                      !see_OPTAB(cp) && !see_DCTAB(cp)) {
      LABEL = cp;
      cp = strtok(NULL, " ₩t₩n₩r");
   }
   :
}                                           /* ~home/asm/asm_s22/rdline.c */
```

[그림 2-65] read_line() 프로시저 보완 코드

```
LNO  Location  Label   Opcode  Operand       Object Code
---  --------  -----   ------  -----------   -----------
000  0001100   S_109   START   1100h
040  0001100   ILOOP   CID     IPORT         30001130
050  0001104           JZ      ILOOP         28001100
060  0001108           IN      IPORT         34001130
070  000110C           CMP     ZERO          2000112C
080  0001110           JZ      STOP          28001128
090  0001114           DMPR    A             38000003
100  0001118   OLOOP   COD     OPORT         32001134
110  000111C           JZ      OLOOP         28001118
120  0001120           OUT     OPORT         36001134
130  0001124           JMP     ILOOP         2B001100
140  0001128   STOP    HALT                  3F000000
030  000112C   ZERO    DD      00h           00000000
010  0001130   IPORT   DD      124           0000007C
020  0001134   OPORT   DD      125           0000007D
150  0001138           FILE    124,I,IDATA
160  0001138           FILE    125,O,ODATA
170  0001138           END
```

[그림 2-66] [그림 2-62] 프로그램에 대한 어셈블리 리스트

```
H:S_109:001100:000038
F:IDATA:I:00007C
F:ODATA:O:00007D
T:0001100:18:30001130^28001100^34001130^2000112C^28001128^38000003
T:0001118:14:32001134^28001118^36001134^2B001100^3F000000
D:000112C:0C:00000000^0000007C^0000007D
E:0001100
```

[그림 2-67] [그림 2-62] 프로그램에 대한 목적 프로그램

종합 실습 2-22-128
(SVM 2-패스 어셈블러, 파일매핑)

아래 절차에 따라 SVM 2-패스 어셈블러의 목적코드 생성 부분에 파일 매핑 레코드 추가 기능을 구현하여 예제 프로그램의 목적 프로그램을 생성하고, 그 목적 프로그램을 실행시켜 보자.

1. 실습환경
   - 유닉스/리눅스
2. 2-패스 어셈블러 완성
   - ~home/asm/asm_s21 디렉터리의 2-패스 어셈블러 소스를 ~home/asm/asm_s22 디렉터리로 복사하고 파일 매핑 레코드 추가 기능을 위해 편집(수정·추가)하고 Makefile을 이용하여 실행파일 "asm_s22" 생성
   - 쉘 변수 PATH에 ~home/asm/asm_s22 디렉터리 등록
     ex) $ PATH=$PATH:~home/asm/asm_s22; export PATH
         % set path=($path ~home/asm/asm_s22)
3. SVM 예제 프로그램 편집
   - ~home/scode/smp 디렉터리에서 SVM 예제 어셈블리 코드 편집
4. 예제 프로그램 어셈블
   - $ asm_s22 s_x_y_z.s ↲ ==> 출력 결과(어셈블리 리스트 및 목적 코드) 확인
   - $ asms s_x_y_z.s ↲ 의 출력 결과와 비교
5. 입력 데이터 파일 "IDATA"를 임의의 내용으로 편집
6. 예제 프로그램 실행(SVM 에뮬레이터)
   - vmes s_1_09_028.obj ↲ ==> "IDATA"파일의 "ODATA" 복사 확인
   - vmes s_2_20_129.obj ↲ ==> 키보드 입력 내용의 "ODATA" 복사 확인
   - vmes s_2_21_129.obj ↲ ==> "IDATA"파일의 화면 출력 확인
   - vmes s_1_22_129.obj ↲ ==> 키보드 입력 내용의 화면 출력 확인
   - 실행 오류인 경우 예제 프로그램 수정 및 어셈블 후 재시도

```
S_109  START  1100h // COPY
ILOOP  CID    IPORT
       JZ     ILOOP
       IN     IPORT
       CMPB   ZERO
       JZ     STOP
       DMPR   A       // 4Byte
OLOOP  COD    OPORT
       JZ     OLOOP
       OUT    OPORT
       JMP    ILOOP
STOP   HALT

IPORT  DD     124
OPORT  DD     125
 ZERO  DB     00h

       FILE   124,I,IDATA
       FILE   125,O,ODATA
       END
```

~home/scode/smp/s_1_09_028.s

```
S_220  START  1100h // COPY
ILOOP  CID    IPORT
       JZ     ILOOP
       IN     IPORT
       CMPB   ZERO
       JZ     STOP
       DMPR   A       // 4Byte
OLOOP  COD    OPORT
       JZ     OLOOP
       OUT    OPORT
       JMP    ILOOP
STOP   HALT

IPORT  DD     124
OPORT  DD     125
 ZERO  DB     00h

       FILE   124,I,KEYBD
       FILE   125,O,ODATA
       END
```

~home/scode/smp/s_2_20_129.s

```
S_221  START  1100h // COPY
ILOOP  CID    IPORT
       JZ     ILOOP
       IN     IPORT
       CMPB   ZERO
       JZ     STOP
       DMPR   A       // 4Byte
OLOOP  COD    OPORT
       JZ     OLOOP
       OUT    OPORT
       JMP    ILOOP
STOP   HALT

IPORT  DD     124
OPORT  DD     125
 ZERO  DB     00h

       FILE   124,I,IDATA
       FILE   125,O,MONIT
       END
```

~home/scode/smp/s_2_21_129.s

```
S_222  START  1100h // COPY
ILOOP  CID    IPORT
       JZ     ILOOP
       IN     IPORT
       CMPB   ZERO
       JZ     STOP
       DMPR   A       // 4Byte
OLOOP  COD    OPORT
       JZ     OLOOP
       OUT    OPORT
       JMP    ILOOP
STOP   HALT

IPORT  DD     124
OPORT  DD     125
 ZERO  DB     00h

       FILE   124,I,KEYBD
       FILE   125,O,MONIT
       END
```

~home/scode/smp/s_2_22_129.s

MEMO

제 3 장 XVM 어셈블러

3.1 SVM(Simple Virtual Machine, 단순 가상 기계) 재조명

2 장에서 다뤘던 어셈블리 프로그래밍 및 어셈블러는 아래의 SVM 기계 환경을 전제로 하였다. SVM 기계의 특징을 되새겨보면 아래와 같다([그림 3-1], [그림 3-2] 참조).

- PC, IR, PSW, MAR, MBR 등의 레지스터들은 기계 사이클 과정에서 내부적으로 참조될 뿐, 이들 레지스터를 직접 참조하는 기계 명령어는 존재하지 않는다.
- PC, MAR 레지스터의 메모리 주소 표기 가능 범위는 2^{24}(=16M) 바이트이나, 명령어 포맷의 피연산자 부분이 23비트이기 때문에 SVM의 지원 가능한 메모리 용량은 2^{23}(=8M)임을 알 수 있다.
- MBR, R, I, A 등의 레지스터로부터, 메모리와의 연산은 최대 4 바이트까지 가능함을 알 수 있다.
- U, X, A 레지스터는 사용자가 작성한 기계 명령어로 접근할 수 있고, 이 중 A 레지스터는 누산기(accumulator)이다.
- 기계 명령어에 사용된 피연산자는 모두 메모리 주소로 해석된다. 즉, 피연산자는 메모리 주소 한 가지 유형만 존재한다. 따라서, 연산(계산)은 누산기와 메모리(q 변수) 사이에서 이루어진다.

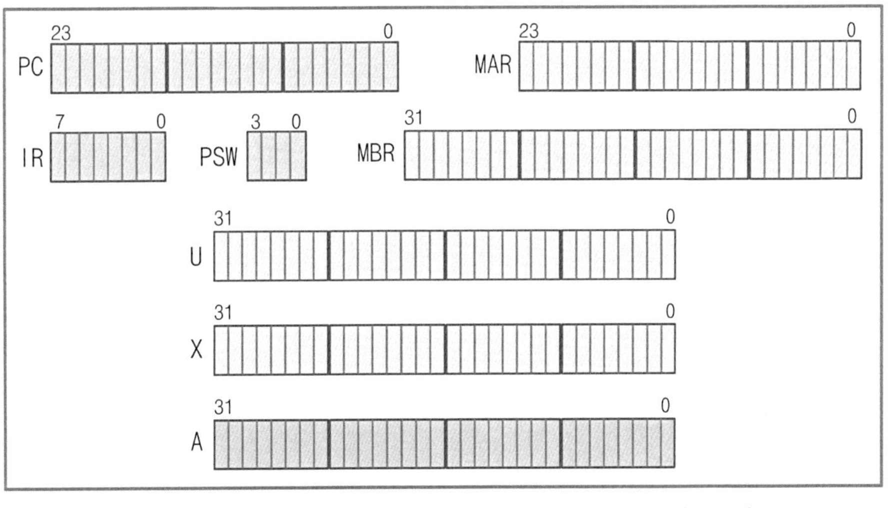

[그림 3-1] SVM 기계 내부 구조([그림 1-12]와 동일)

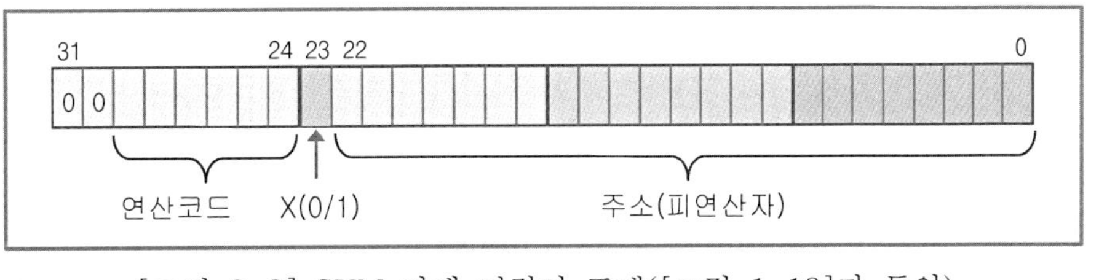

[그림 3-2] SVM 기계 명령어 포맷([그림 1-13]과 동일)

3.2 확장 가상 기계(XVM: eXtended Virtual Machine)

3.2.1. 주소 지정 모드(addressing mode)

기계(프로세서, CPU)의 업그레이드 포인트를 이해하기 위해서는 기계 명령어 포맷 중 피연산자 부분을 어떻게 해석할 것인가를 논하는 주소 지정 모드에 대한 선 이해가 필수적이다. SVM 기계는 피연산자를 메모리 주소 한 가지로만 해석함으로 단순하지만, XVM 기계에서는 더 다양하게 해석할 수 있으므로 복잡하다.

주소 지정 모드는 아래와 같이 직접・간접, 절대・상대, 주소・상수 등 세 가지 관점으로 분류할 수 있다([그림 3-3] 참조).

■ 직접・간접(direct・indirect) 주소 지정 모드

[그림 3-3]의 (a)와 같이 기계 명령어의 피연산자 값이, 연산이 적용될 값이 저장된 메모리 주소로 사용되면 이를 직접 주소라 부르는데, 가장 자주 사용되는 주소 지정 모드 중의 하나이다. 이와 다르게, 피연산자 값이, 연산이 적용될 값이 저장된 곳의 주소가 저장된 메모리 주소(포인터)로 사용될 때에는 간접 주소라 부른다. 이를테면 [그림 3-3]의 (b)는 피연산자에 주소 30이 주어졌는데 30번지의 내용 20을 연산 값이 아닌 또 한번의 주소로 해석하여 최종 연산 값으로 20번지의 50을 참조한다.

■ 절대・상대(absolute・relative) 주소 지정 모드

[그림 3-3]의 (a)와 (b)는 피연산자에 주어진 주소 자체만으로 메모리를 참조하기 때문에 이들을 절대 주소라 부른다. 그런데 (c)와 (d)는 기계 명령어의 피연산자 주소 값을 제 3의 저장 장소인 기준 레지스터(베이스 레지스터 등)에 설정된 값에 더하여(계산하여) 최종 메모리 참조 주소를 결정한다. 이를 다르게 표현하면, 기준 레지스터에 기준이 되는 주소 값을 설정해 두고, 기계 명령어에는 그 기준 주소로부터의 거리만을 표시하는 것으로 설명할 수 있다. 즉, 최종 목적 주소를 기준 주소와 그로부터의 상대적 거리의 합으로 표현하는 방식인데, 이런 형태를 상대 주소 혹은 약식 주소라 부른다.

상대 주소 기법은 활용 관점에 따라 위와 같이 "기준(고정) 레지스터 값 + 고정 거리"로 해석할 수도 있지만 레지스터 값을 변화시킨다면 "가변 레지스터 값(거리) + 고정 주소"로도 해석할 수 있다. 후자의 전형적인 경우가 배열 첨자 개념이다. 이와 같이 상대 주소 기법의 최대 장점은 동일한 기계 명령어(프로그램)에 대하여, 레지스터 값의 조정만으로 참조 메모리 영역을 쉽게 변경할 수 있다는 것이다.

■ 주소・즉시(address・immediate) 주소 지정 모드

위에서 살펴본 [그림 3-3]의 (a)~(d)의 공통점은 피연산자에 주어진 값들이 모두 메모리 참조를 위한 주소로 사용되었다는 점이다. 그러나 (e)에서는 피연산자 값을 주소로 사용하지 않고 상수로 사용한다. 이와 같이 피연산자를 주소가 아닌 상수로 사용하는 경우를 상수(constant) 혹은 즉시 주소라 부른다.

위의 세 가지 관점 외에 피연산자를 레지스터로 해석하는 **레지스터 주소 지정 모드**를 들 수 있다.

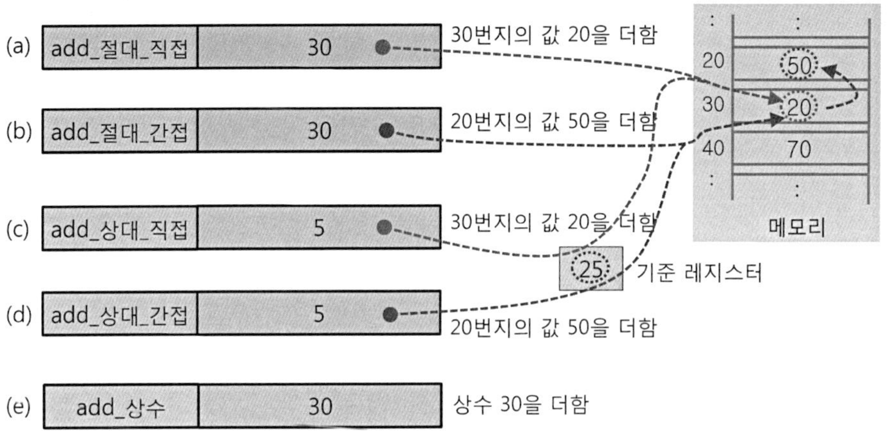

[그림 3-3] 주소 지정 모드의 예

위의 다양한 주소 지정 모드 관점에서 SVM(단순 기계)은 아래의 두 가지 주소 지정 모드만을 지원한다.

- "ADD DATA" 형태는 직접-절대 주소 지정 모드이다.
- "ADD DATA[X]"는 "가변 레지스터 값(거리) + 고정 주소" 형태이므로 직접-상대 주소 지정 모드이다.

MEMO

MEMO

3.2.2. XVM 기계의 업그레이드 포인트

■ **레지스터 추가**

SVM 기계의 기존 레지스터 외에 [표 3-1] 및 [그림 3-4]와 같이 베이스 레지스터(base register) B와 두 개의 범용 레지스터(general purpose register) P, Q, 그리고 스택 포인터 S가 추가되었다.

그 밖에 PC, MAR 레지스터의 크기가 24비트에서 32비트로 확장되어 지원할 수 있는 메모리 용량이 증대되었다.

[표 3-1] XVM 기계의 추가 레지스터

SVM 기계의 기존 레지스터		XVM 기계의 추가 레지스터	
레지스터 이름	레시스더 번호	레지스터 이름	레지스터 번호
U	1	B	4
X	2	P	5
A	3	Q	6
		S	7

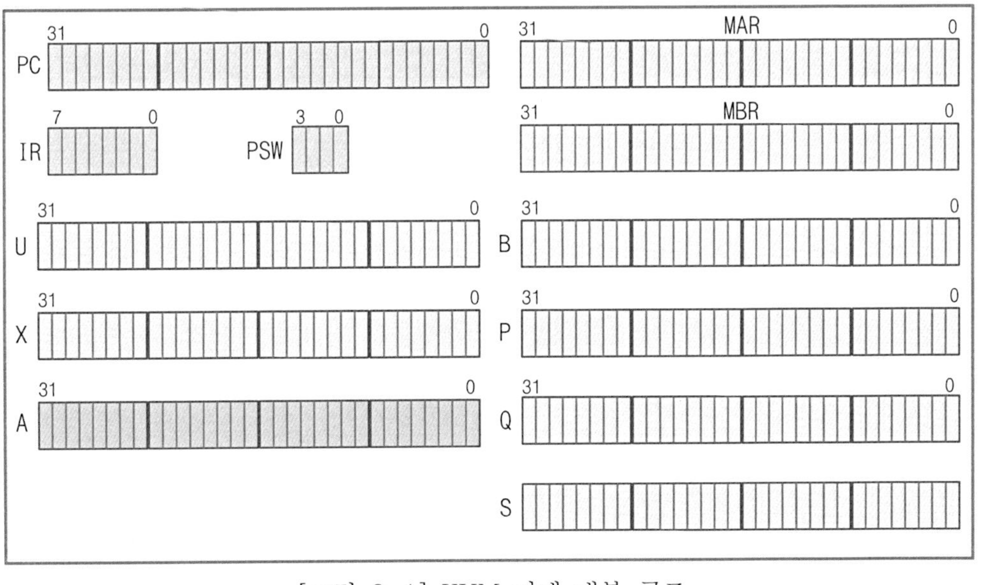

[그림 3-4] XVM 기계 내부 구조

■ **기계 명령어의 주소 지정 모드 다양화**

XVM 기계는 [그림 3-6]의 SVM 기계 명령어 포맷을 아래 [그림 3-5]와 같이 변경하여 주소 지정 모드를 확대・추가한다.

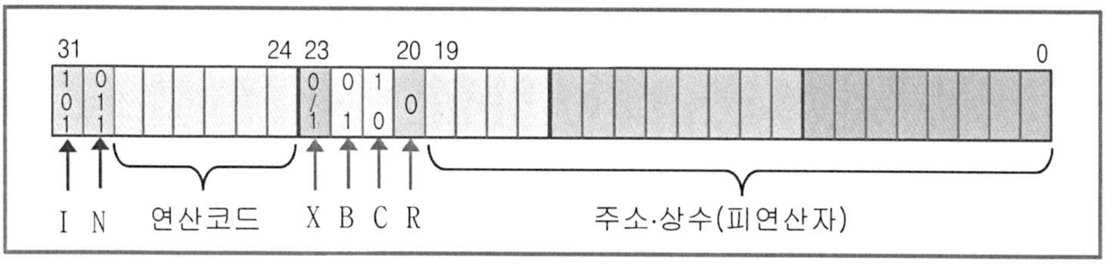

[그림 3-5] XVM의 일반 기계 명령어 포맷(상대 주소 지정 모드)

- 연산 코드 앞 두 비트를 I(Immediate)와 N(iNdirect)으로 정의하고 [표 3-2]와 같이 해석한다.

[표 3-2] XVM 기계의 **즉시** 및 **간접** 주소 지정 모드 지원

I, N 조합	주소 지정 모드
(0, 0)	명령어를 예전의 SVM 기계어 포맷으로 해석한다.
(1, 0)	피연산자 부분을 즉시 주소(상수)로 해석한다(즉시 주소 지정 모드)
(0, 1)	피연산자 부분을 간접 주소로 해석한다(간접 주소 지정 모드)
(1, 1)	피연산자 부분을 직접(일반) 주소로 해석한다(직접 주소 지정 모드)

- X 레지스터는 첨자 용도로 사용되므로 본격적인 상대 주소 지정 모드로 간주하지 않고, [표 3-3]과 같이 B 비트(Base 레지스터)와 C 비트(PC, program Counter)를 추가하여 이들 레지스터를 기준으로 하는 본격적인 상대 주소 지정 모드를 지원한다(둘 중 하나만 가능). [표 3-3]에 의해 계산된 최종 유효 피연산자 값(EA: Effective Address)은 I, N 비트 조합에 의해 [표 3-2]와 같이 해석되어 참조된다.

[표 3-3] XVM 기계의 **절대** 및 **상대** 주소 지정 모드의 구분

B, C 조합	주소 지정 모드
(0, 0)	상대 주소 지정 모드를 사용하지 않음(절대 주소 모드, [그림 3-7])
(0, 1)	PC 레지스터(기준)에 거리인 피연산자 값을 더하여 최종 주소 구함
(1, 0)	B 레지스터(기준)에 거리인 피연산자 값을 더하여 최종 주소 구함
(1, 1)	허용되지 않은 조합(확장 절대 주소 모드로 정의, [그림 3-8])

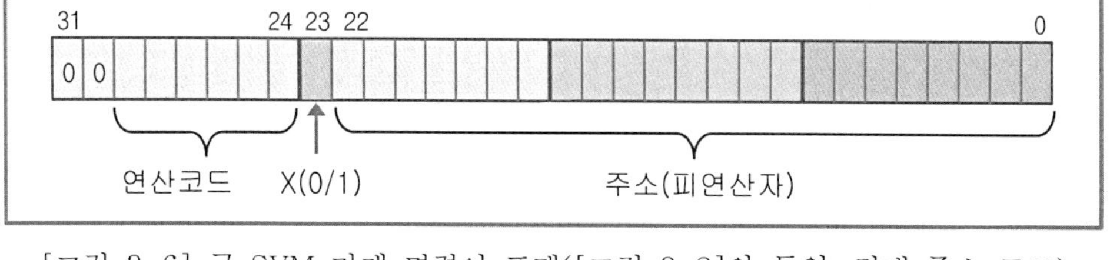

[그림 3-6] 구 SVM 기계 명령어 포맷([그림 3-2]와 동일, 절대 주소 모드)

• 상수나 주소를 절대 주소(피연산자)로 사용하는 경우를 위해 [그림 3-7]과 같이 절대 주소 지정 모드 포맷을 지원한다. 즉, B, C 비트가 (0, 0)이면 실질적으로 절대 주소 지정 모드이므로([표 3-2] 참조), 이 경우 피 연산자를 절대 주소로 해석한다.

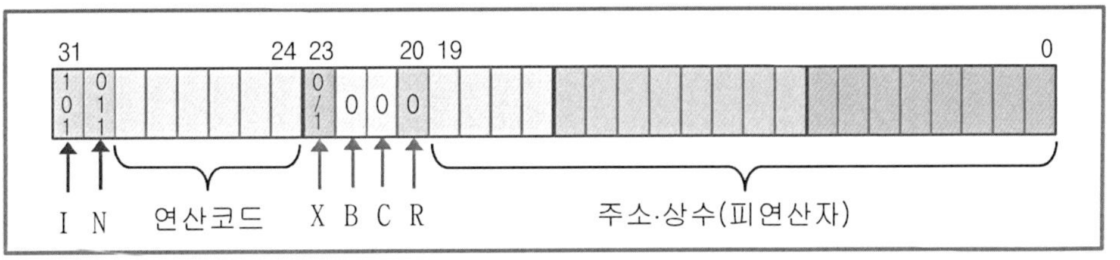

[그림 3-7] XVM의 일반 기계 명령어 포맷(절대 주소 지정 모드)

• 상수나 주소를 절대 주소(피연산자)로 사용하면서 주소(상수)의 범위를 넓히기 위해 [그림 3-8]과 같이 피연산자 부분이 1바이트 확장된 명령어 포맷을 지원한다. 이 포맷은 [표 3-3]에서 정의한 바와 같이 B, C 비트 조합 (1, 1)에 의해 식별된다.

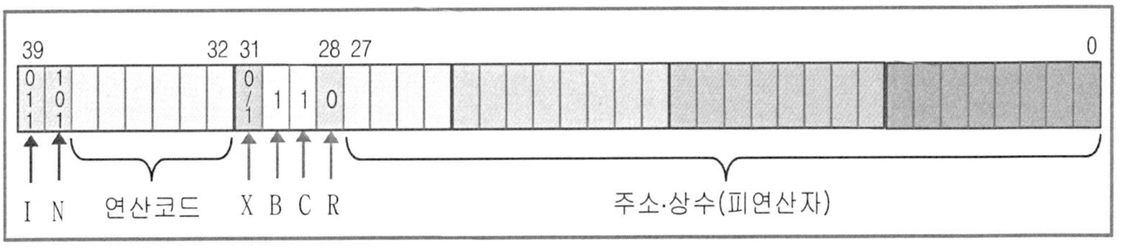

[그림 3-8] XVM의 확장 기계 명령어 포맷(확장 절대 주소 모드)

MEMO

MEMO

■ 인텔 프로세서(CPU) 발전과정

Name	Year	Data (bits)	Memory (size)	Clock speed	Core/Threads (number of instructions)
4004	1971	4	4K+640	740KHz	1/1 (46)
8008	1972	8	14bit(16KB)	800KHz	1/1 (56)
8080	1974	8	16bit(64KB)	4MHz	1/1 (74)
8086	1978	16	20bit(1MB)	5MHz	1/1 (133)
8088	1979	8	20bit(1MB)	10MHz	1/1 (133)
286	1982	16	24bit(16MB)	25MHz	1/1 (136)
Intel386	1985	32	32bit(4GB)	33MHz	1/1 (200)
Intel486	1989	32	32bit(4GB)	100MHz	1/1 (200)
Pentium	1993	32	32bit(4GB)	200MHz	1/1 (200~300)
Pentium Pro	1995	32	36bit(64GB)	200MHz	1/1 (200~300)
Pentium II	1997	32	36bit(64GB)	300MHz	1/1 (200~300)
Pentium III	1999	32	36bit(64GB)	1.4GHz	1/1 (200~300)
Pentium IV	2000	32/64	36bit(64GB)	3.8GHz	1/1 (200~300)
Pentium IV (HTT)	2002	32/64	36bit(64GB)	3.8GHz	1/2 (200~300)
Pentium Duo	2005	32/64	36bit(64GB)	3.2GHz	2/2 (200~300)
Core i7	2008~	32/64	36bit(64GB)/ 46bit(64TB)	3.2GHz	4/8, 8/8, 8/16, 12/20, 16/24 (200~300)
Core i5	2009~	32/64	36bit(64GB)/ 46bit(64TB)	2.66GHz	4/4, 6/6, 6/12, 10/16, 14/20 (200~300)
Core i3	2009~	32/64	36bit(64GB)/ 46bit(64TB)	2.93 ~ 3.2GHz	2/4, 4/8 (200~300)
Core i9	2017~	32/64	36bit(64GB)/ 46bit(64TB)	2.6 ~ 3.3GHz	8/16, 10/20, 16/24, 24/32 (200~300)

• R 비트를 두어 레지스터 피연산자 즉, 레지스터 주소 지정 모드를 지원한다. 즉, R 비트가 1이면 레지스터 주소 지정 모드로 해석한다. 원래 (I, N) 비트는 즉시·간접을 지시하지만, 레지스터의 경우 즉시(I) 주소 지정 모드 개념이 없기 때문에 즉시 모드 (1, 0)은 불가능하다. 따라서 (I, N) 비트 조합은 [표 3-4]와 같이 직접 모드 (1, 1) 혹은 간접 모드 (0, 1)이다. 또한 (X, B, C) 비트들도 원래 용도의 관점에서 무의미하므로 [그림 3-9]와 같이 피연산 레지스터들과 순서대로 대응시켜 해당 레지스터의 존재 여부(개수)로 정의한다.

레지스터 지정 모드에서 간접 모드(포인터)로 사용될 수 있는 피연산 레지스터는 X, P, Q, S 레지스터로 제한된다.

[표 3-4] XVM 기계의 레지스터 주소 지정 모드(R = 1)의 **직접** 및 **간접** 참조

I, N 조합	주소 지정 모드
(0, 0)	명령어를 예전의 SVM 기계어 포맷으로 해석한다.
(0, 1)	레지스터 값을 1차 주소(포인터)로 해석하여 해당 번지의 내용을 최종 피연산자 값으로 참조한다(간접 모드).
(1, 0)	불가(대응 모두 없음)
(1, 1)	레지스터 내용을 최종 피연산자 값으로 참조한다(직접 모드)

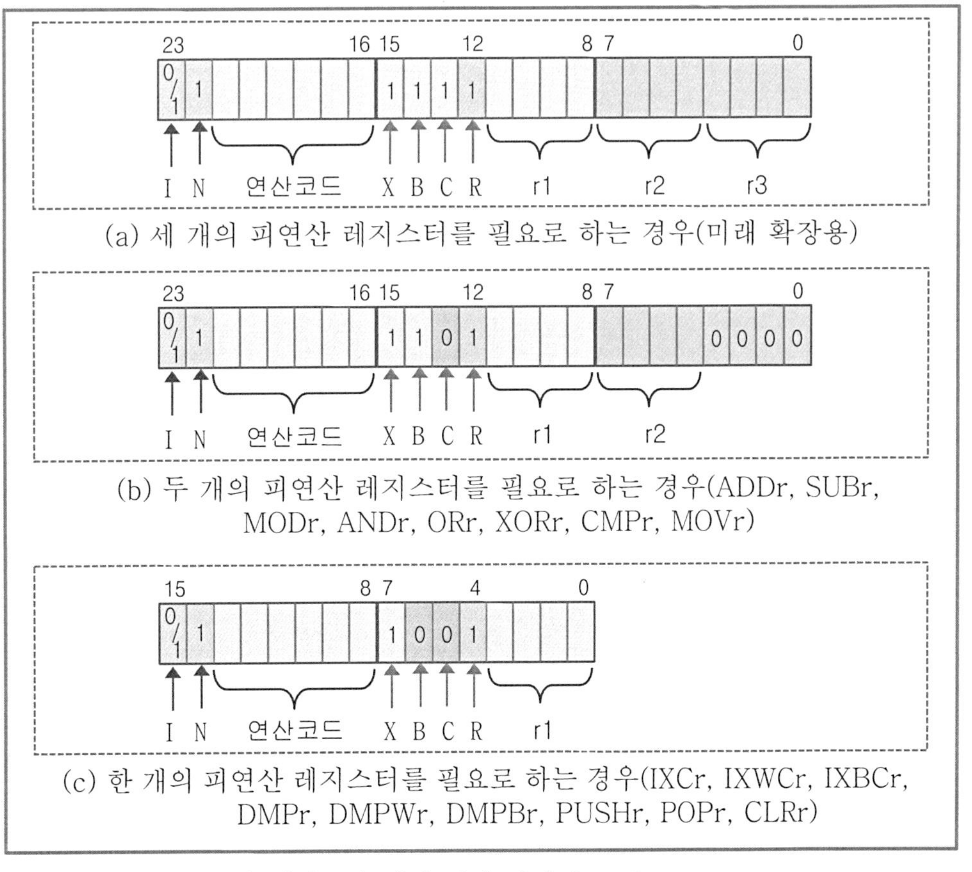

[그림 3-9] XVM의 레지스터 연산 기계 명령어 포맷

3.3 XVM 기계를 위한 어셈블리 언어 확장

확장된 XVM의 특징을 활용하기 위해서는 어셈블리 언어에서도 확장이 필요하다.

■ **B, P, Q, S 레지스터를 위한 load/store 기계 명령어 추가**

아래의 [표 3-5]와 같이 추가된 레지스터들의 load/store 연산 코드를 할당하고 니모닉 코드를 추가한다(기계 명령어의 포맷은 [그림 3-6]~[그림 3-8] 참조). [그림 3-9] XVM의 레지스터 연산 기계 명령어 포맷

[표 3-5] B, P, Q, S 레지스터와 메모리 사이의 적재·저장을 위한 니모닉 코드 정의

연산 내용(목적)	연산코드	어셈블리 문법	내부 연산 표현
주소 m부터 시작하는 메모리 4바이트 내용을 B 레지스터 4바이트에 적재	0x03	LDB m	B←(m ~ m+3)
주소 m부터 시작하는 메모리 4바이트 내용을 P 레지스터 4바이트에 적재	0x06	LDP m	P←(m ~ m+3)
주소 m부터 시작하는 메모리 4바이트 내용을 Q 레지스터 4바이트에 적재	0x07	LDQ m	Q←(m ~ m+3)
주소 m부터 시작하는 메모리 4바이트 내용을 S 레지스터 4바이트에 적재	0x0B	LDS m	S←(m ~ m+3)
B 레지스터 4바이트 내용을 주소 m부터 시작하는 메모리 4바이트에 저장	0x0E	STB m	B→(m ~ m+3)
P 레지스터 4바이트 내용을 주소 m부터 시작하는 메모리 4바이트에 저장	0x0F	STP m	P→(m ~ m+3)
Q 레지스터 4바이트 내용을 주소 m부터 시작하는 메모리 4바이트에 저장	0x13	STQ m	Q→(m ~ m+3)
S 레지스터 4바이트 내용을 주소 m부터 시작하는 메모리 4바이트에 저장	0x1E	STS m	S→(m ~ m+3)
* 연산코드가 새롭게 부여되었다.			

■ **레지스터들 사이의 연산 명령어 추가**

SVM 기계에서는 모든 연산이 A 레지스터를 중심으로 이루어졌으나, XVM 기계에서는 레지스터들끼리의 수리 및 논리연산·이동(복사)·비교·가감 연산이 가능하므로 이들을 위한 니모닉 코드를 [표 3-6]과 같이 추가한다. “MOVrr”, “CLRr”, “INCr”, “DECr” 등 새로운 연산에 대해서는 연산 코드도 새롭게 할당한다(기계 명령어 포맷은 [그림 3-9] 참조).

[표 3-6] 레지스터(들)만의 수리・논리・이동(복사)・비교 연산을 위한 니모닉 코드 정의

연산 내용(목적)	연산코드	어셈블리 문법	내부 연산 표현
두 레지스터의 내용을 더하여 하나의 레지스터에 저장한다.	0x10 (ADD와 동일)	ADDrr r1,r2	r1←r1 + r2 PSW←^Z,^NZ,^C
두 레지스터의 차를 구하여 하나의 레지스터에 저장한다.	0x14 (SUB와 동일)	SUBrr r1,r2	r1←r1 - r2 PSW←^Z,^NZ,^C
두 레지스터 사이의 MOD 결과를 하나의 레지스터에 저장한다.	0x17 (MOD와 동일)	MODrr r1,r2	r1←r1 % r2 PSW←^Z,^NZ
두 레지스터사이의 AND 결과를 하나의 레지스터에 저장한다.	0x18 (AND와 동일)	ANDrr r1,r2	r1←r1 & r2 PSW←^Z,^NZ,^C
두 레지스터 사이의 OR 결과를 하나의 레지스터에 저장한다.	0x19 (OR와 동일)	ORrr r1,r2	r1←r1 | r2 PSW←^Z,^NZ
두 레지스터 사이의 결과를 하나의 레지스터에 저장한다.	0x1A (XOR와 동일)	XORrr r1,r2	r1←r1 ^ r2 PSW←^Z,^NZ
두 레지스터의 내용을 비교한다.	0x20 (CMP와 동일)	CMPrr r1,r2	r1 - r2 PSW←^Z,^NZ,^C
레지스터의 내용을 다른 레지스터에 복사한다.	0x1B	MOVrr r1,r2	r1←r2
레지스터 내용을 0으로 클리어한다	0x1F	CLRr r1	r1←0
레지스터 내용을 4 증가시킨다.	0x31	INCr r1	r1←r1 + 4
레지스터 내용을 2 증가시킨다.	0x33	INCWr r1	r1←r1 + 2
레지스터 내용을 1 증가시킨다.	0x3D	INCBr r1	r1←r1 + 1
레지스터 내용을 4 감소시킨다.	0x35	DECr r1	r1←r1 - 4
레지스터 내용을 2 감소시킨다.	0x37	DECWr r1	r1←r1 - 2
레지스터 내용을 1 감소시킨다.	0x3E	DECBr r1	r1←r1 - 1
* 연산코드가 새롭게 부여되거나 기존의 연산코드를 공유한다. * 레지스터(들)만의 연산은 4바이트 단위로만 가능하다.			

코딩 예:

```
ADDrr  A,P
ANDrr  P,Q
ORr    X,B
```

```
MODrr  Q,P
MOVrr  P,Q
CMPrr  A,X
```

```
INCr   P
INCWr  Q
INCBr  S
```

```
DECr   P
DECWr  Q
DECBr  S
```

<u>이하 모든 샘플 XVM 어셈블리 코드는 "$ asmx s_x_y_z.s↲" 와 같이 asmx 명령어로 어셈블하여 확인할 수 있고, "$ vmex s_x_y_z.obj↲" 와 같이 vmex (virtual machine emulator for XVM) 명령어로 실행 결과를 확인할 수 있다.</u>

■ 스택 포인터에 의한 스택 연산 명령어 추가

XVM 기계에서는 [표 3-7]과 같이 "PUSH?, "POP" 연산이 지원된다.

[표 3-7] 스택 연산 정의

연산 내용(목적)	연산코드	어셈블리 문법	내부 연산 표현
피연산자 4바이트 내용을 스택 top에 저장한다.	0x23	PUSH m	S←S - 4 (S)←(m ~ m+3)
스택 top의 4 바이트 내용을 피연산자에 저장한다.	0x27	POP m	(m ~ m+3)←(S) S←S + 4
* 연산코드가 새롭게 부여되었다. * S 레지스터(스택 포인터)의 초기화를 전제로 한다.			

코딩 예:

```
PUSH  VAR1
POP   VAR2
```

■ 스택을 이용하는 서브 루틴(종 프로그램, 함수) 호출·리턴 명령어 추가

"GSUB"와 "RSUB" 명령어는 주 프로그램과 종 프로그램의 직접적인 1 단계 호출 관계에서 복귀 주소를 T 레지스터에 보관하여 활용한다. 따라서 호출·리턴 관계가 다단계로 깊어지는 경우 T 레지스터의 내용을 메모리에 보관한 후 다음 단계를 호출해야 한다. XVM 기계는 이와 별도로 복귀 주소를 스택에 저장하는 호출·복귀 명령어를 [표 3-8]과 같이 지원한다.

[표 3-8] 스택을 활용하는 호출·리턴 연산 정의

연산 내용(목적)	연산코드	어셈블리 문법	내부 연산 표현
피연산자가 가르키는 주소의 서브 루틴을 호출하고, 복귀 주소를 스택에 저장한다.	0x2E	CALL m	S←S - 4 (S)←PC PC←m
서브 루틴에서 스택에 저장되어 있는 바로 직전 주 프로그램으로 리턴한다.	0x2F	RET	PC←(P) S←S + 4
* 연산코드가 새롭게 부여되었다. * S 레지스터(스택 포인터)의 초기화를 전제로 한다.			

코딩 예:

```
        :
        LDSi   STACK+32
LP      CALL   GETHX
        LDAB   HEX
        CMPBi  00h
        JNZ    LP
        HALT
HEX     RB     1
STACK   RB     32
        :
```

```
GETHX  CALL   GETCH
       CMPBi  00h
       JZ     SKIP1
       ORi    20h
SKIP1  STAB   HEX
       RET
                    // ~home/
```

```
GETCH  CID    IPORT
       JZ     GETCH
       IN     IPORT
       CMPBi  0Ah
       JNZ    SKIP2
       LDABi  00h
SKIP2  RET
IPORT  DD     125
       FILE   125,I,IDATA
// scode/smp/s_3_01_145.s
```

■ **메모리 주소 대신 레지스터를 피연산자로 하는 명령어 추가**

XVM에서는 "LDA m", "LDP m", "ADD m", "JZ m" 등의 피연산자 메모리 주소 부분에 레지스터를 사용할 수 있으므로 이를 지원하기 위한 니모닉 코드를 [표 3-9]와 같이 추가한다. 단 STA 등 store 명령어와 LDAW 등 word/byte 단위 연산 명령어는 해당되지 않는다.

[표 3-9] 메모리 주소 대신 레지스터를 피연산자로 하는 연산 정의

연산 내용(목적)		연산코드	어셈블리 문법	비 고
앞에서 정의된 연산코드 공유	SVM 연산	0x00	LDAr r1	MOVrr A,r1 과 동일
		0x04	LDXr r1	MOVrr X,r1 과 동일
		0x05	LDUr r1	MOVrr U,r1 과 동일
	XVM 연산	0x03	LDBr r1	MOVrr B,r1 과 동일
		0x06	LDPr r1	MOVrr P,r1 과 동일
		0x07	LDQr r1	MOVrr Q,r1 과 동일
		0x0B	LDSr r1	MOVrr S,r1 과 동일
	SVM 연산 (A 레지스터 기반)	0x10	ADDr r1	A←A + r1
		0x14	SUBr r1	A←A - r1
		0x17	MODr r1	A←A % r1
		0x18	ANDr r1	A←A & r1
		0x19	ORr r1	A←A	r1
		0x1A	XORr r1	A←A ^ r1
		0x1C	SHLr r1	A←A << r1
		0x1D	SHRr r1	A←A >> r1
		0x20	CMPr r1	A - r1
		0x24	IXCr r1	X←X + 4, X - r1
		0x25	IXWCr r1	X←X + 2, X - r1
		0x26	IXBCr r1	X←X + 1, X - r1
		0x28	JZr r1	if (Z) PC←r1
		0x29	JNZr r1	if (NZ) PC←r1
		0x2A	JCr r1	if (C) PC←r1
		0x2B	JMPr r1	PC←r1
		0x2C	GSUBr r1	U←PC, PC←r1
		0x30	CIDr r1	Check r1 input port
		0x32	CODr r1	Check r1 output port
		0x34	INr r1	A_0←r1 input port
		0x36	OUTr r1	A_0→r1 output port
	XVM 연산	0x23	PUSHr r1	S←S - 4, (S)←r1
		0x27	POPr r1	r1←(S), S←S + 4
		0x2E	CALL r1	S←S - 4, (S)←PC, PC←r1

* 연산코드가 새롭게 부여되거나 기존의 연산코드를 공유한다.
* 레지스터(들)만의 연산은 4바이트 단위로만 가능하다.

코딩 예:

LDAr P	ADDr Q	CMPr P	GSUBr P
LDBr Q	MODr P	IXWCr Q	CIDr Q
LDSr X	SHLr P	JCr P	PUSHr A

■ **즉시(immediate) 주소(상수) 모드 추가**

XVM 기계는 메모리 주소를 의미하는 피연산자 부분을 메모리 주소나 레지스터가 아닌 해당 값 자체를 참조하는 즉시 주소(상수)로 처리할 수 있다([표 3-2], [그림 3-5] 참조).

- "LDA", "ADD", "AND", "CMP", "IXC", "PUSH" 명령어 등 피연산자에 메모리 주소를 허용하는 모든 명령어의 기본형에, "LDAi", "ADDi", "ANDi", "CMPi", "IXCi", "PUSHi" 등과 같이 후치사 "i"를 붙여 피연산자를 상수로 간주하여 그 값 자체를 피연산자 값으로 즉시 사용하는 즉시 주소 모드를 위한 니모닉 코드로 정의한다.
- "JMP", "GSUB", "CALL" 등의 명령어는 원래 피연산자를 즉시 주소로 참조하므로 "i"를 붙여도 다르게 해석하지 않는다.
- "POP", "ST"(store) 명령어는 그 실행 의미 상 즉시 주소가 허용되지 않는다.

-코딩 예:

```
        :
LOOP    CID     IPORT
        JZ      LOOP
        IN      IPORT
        CMPB    ZERO
        JNZ     LOOP
        :
ZERO    DB      00h
IPORT   DD      125
                // ~home/scode/smp/
        :       //    s_3_02_146.s
```

```
        :
LOOP    CIDi    125
        JZ      LOOP
        INi     125
        CMPBi   00h
        JNZ     LOOP

        :       // ~home/scode/smp/
                //    s_3_03_146.s
```

■ **간접(indirect) 메모리 주소 모드 추가**

XVM 기계는 메모리 주소를 의미하는 피연산자 부분을 간접 주소 모드로 처리할 수 있다([표 3-2], [그림 3-5] 참조).

- "LDA", "STA", "ADD", "AND", "CMP", "IXC", "PUSH", "POP" 명령어 등 피연산자에 메모리 주소를 허용하는 모든 명령어의 기본형에, "LDAn", "ADDn", "ANDn", "CMPn", "IXCn", "PUSHn", "POPn" 등과 같이 후치사 "n"을 붙여 피연산자를 간접 메모리 주소로 인식하는 니모닉 코드로 정의한다("POP", "ST(store)" 명령어 포함).

- 코딩 예:

```
        :
        LDA     VAR1
        ADDn    PNTR
        STAn    PNTR
        :
VAR1    DD      10
VAR2    DD      20
PNTR    DD      VAR2
                // ~home/scode/smp/
        :       //    s_3_04_146.s
```

```
        :
        LDPi    VAR2
        STP     PNTR
        LDA     VAR1
        ADDn    PNTR
        STAn    PNTR
        :
VAR1    DD      10
VAR2    DD      20
PNTR    RD      1 // ~home/~~~~/
        :           // s_3_05_146.s
```

■ **레지스터 간접 메모리 주소 모드 추가**

XVM 기계는 레지스터의 저장 값을 메모리 주소로 해석하는 레지스터 간접 주소 모드를 처리할 수 있다([표 3-4], [그림 3-9] 참조).

- "LDA", "STA", "ADD", "AND", "CMP", "IXC", "PUSH", "POP" 명령어 등 피연산자에 메모리 주소를 허용하는 모든 명령어의 기본형에, "LDArn", "STArn", "ADDrn", "ANDrn", "CMPrn", "IXCrn", "PUSHrn", "POPrn" 등과 같이 후치사 "rn"을 붙여 피연산자를 레지스터 간접 메모리 주소로 인식하는 니모닉 코드로 정의한다.
  . 레지스터의 내용을 1차 주소로 해석하여 레지스터 값이 가르키는 곳의 메모리 내용을 참조한다.

- 코딩 예:

```
        :
        LDXi    0
LOOP    LDA     ARRY[X]
        ADD     ONE
        STA     ARRY[X]
        IXWCi   200
        JNZ     LOOP
        :
ONE     DD      1
ARRY    RW      100
              // ~home/scode/smp/
        :     //      s_3_06_147.s
```

```
        :
        LDPi    ARRY
LOOP    LDArn   P
        ADDi    1
        STArn   P
        INCWr   P
        LDAi    ARRY+200
        CMPrr   P,A
        JNZ     LOOP
        :
ARRY    RW      100
              // ~home/scode/smp/
        :     //      s_3_07_147.s
```

■ **XVM 니모닉 코드 요약**

XVM 어셈블러를 위한 니모닉 코드를 요약하면 [표 3-10]과 같다.

[표 3-10] XVM 명령어 별 주소 지정 모두 요약("RSUB", "HALT", "MOV", "RET"을 제외한 기본형의 피연산자는 메모리(m)이고, 음영색 부분은 XVM에서 추가된 명령어임)

기본형	i	n	r	rn	rr	기본형	i	n	r	rn	rr	기본형	i	n	r	rn	rr	기본형	i	n	r	rn	rr
LDA	√	√	√	√		ADD	√	√	√	√	√	IXC	√	√	√	√		DMPS		√		√	
LDAW	√	√		√		ADDW	√	√		√		IXWC	√	√	√	√		HALT					
LDAB	√	√		√		ADDB	√	√		√		IXBC	√	√	√	√							
LDX	√	√	√	√		SUB	√	√	√	√	√	JZ	√	√	√	√		INC			√		
LDU	√	√	√	√		SUBW	√	√		√		JNZ	√	√	√	√		INCW			√		
LDB	√	√	√	√		SUBB	√	√		√		JC	√	√	√	√		INCB			√		
LDP	√	√	√	√		MOD	√	√	√	√	√	JMP	√	√	√	√		DEC			√		
LDQ	√	√	√	√		AND	√	√	√	√	√	GSUB	√	√	√	√		DECW			√		
LDS	√	√	√	√		OR	√	√	√	√	√	RSUB						DECB			√		
STA		√		√		XOR	√	√	√	√	√	CID	√	√	√	√		PUSH	√	√	√	√	
STAW		√		√		SHL	√	√	√	√	√	COD	√	√	√	√		POP	√	√	√	√	
STAB		√		√		SHR	√	√	√	√	√	IN	√	√	√	√		CALL	√	√	√	√	
STX		√		√		CMP	√	√	√	√	√	OUT	√	√	√	√		RET					
STU		√		√		CMPW	√	√		√		DMP	√	√	√	√							
STB		√		√		CMPB	√	√		√		DMPW		√		√							
STP		√		√								DMPB		√		√							
STQ		√		√		MOV					√												
STS		√		√																			

종합 실습 3-20-148
(XVM 어셈블리 부분코딩)

□ 작성된 프로그램을 $ asmx s_x_y_z.s ↲ 형태로 어셈블 ==> s_x_y_z.obj 생성
□ $ vemx s_x_y_x.obj ↲ 형태로 목적프로그램을 실행시키고 결과를 확인

연습 3-1 아래 C 프로그램의 내용을 SVM과 XVM 어셈블리 언어로 각각 작성한다 (~home/scode/wrk/w_3_02_148.s, ~home/scode/wrk/w_3_03_148.s, 이하 모든 연습에서 작성된 코드를 asms와 asmx 명령어로 확인한다).

```
char x=10;  short y=20;  int z=30;
main() {
  x = x + 1;       // char(byte)
  y = y + 2;       // short(word)
  z = z + 3;       // int(double word)
  printf("%d,%d,%d\n", x, y, z);
}
    // ~home/scode/smp/w_3_01_148.c
```

연습 3-2 아래 C 프로그램의 내용을 SVM과 XVM 어셈블리 언어로 각각 작성한다 (~home/scode/wrk/w_3_05_148.s, ~home/scode/wrk/w_3_06_148.s).

```
int  s, i;
main() {
  for (s = 0, i = 1;  i <= 100; i++)
      s = s + i;
  printf("%d,%d\n", i, s);
}
  /* ~home/scode/smp/w_3_04_148.c */
```

연습 3-3 아래 C 프로그램의 내용을 SVM과 XVM 어셈블리 언어로 각각 작성한다 (~home/scode/wrk/w_3_08_148.s, ~home/scode/wrk/w_3_09_148.s).

```
int   buf[100], y = 3, i;
main() {
  for (i = 0; i < 100; i++)
     buf[i] = y + 10 + i;
  printf("%d\n", i);
}
  /* ~home/scode/smp/w_3_07_148.c */
```

연습 3-4 다음 C 프로그램의 내용을 SVM과 XVM 어셈블리 언어로 각각 작성한다 (~home/scode/wrk/w_3_11_149.s, ~home/scode/wrk/w_3_12_149.s).

```
char  str1[] = “happy”, str2[16];
int   i;
main() {
  for (i = 0; str1[i] != 0; i++)
        str2[i] = str1[i];
  str2[i] = 0;
  printf("%s,%s", str1, str2);
}
  /* ~home/scode/smp/w_3_10_149.c */
```

연습 3-5 다음 C 프로그램의 내용을 SVM과 XVM 어셈블리 언어로 각각 작성한다 (~home/scode/wrk/w_3_14_149.s, ~home/scode/wrk/w_3_15_149.s).

```
int   y, *yp;
main() {
    yp = &y;
    *yp = 0;
    printf("%d,%d₩n", *yp, y):
}
    /* ~home/scode/smp/w_3_13_149.c */
```

연습 3-6 다음 C 프로그램의 내용을 SVM과 XVM 어셈블리 언어로 각각 작성한다 (~home/scode/wrk/w_3_17_149.s, ~home/scode/wrk/w_3_18_149.s).

```
int   buf[100], *bp; i;

main() {
  bp = buf;
  for (i = 0; i < 100; i++, bp++)
          *bp = 3;
  printf("%d₩n", buf[99]);
}
   /* ~home/scode/smp/w_3_16_149.c */
```

연습 3-7 다음 XVM 어셈블리 프로그램 내용과 유사하게 대응되는 C 언어 부분 코딩을 작성한다.(~home/scode/wrk/w_3_20_150.c).

```
000   W_319   START   00h
005   MAIN    LDAn    VP1
010           ADDn    VP2
015           STAn    VP3
020           DMPn    VP3
              DMP     VAR3
025           HALT

030   VP1     DD      VAR1
035   VP2     DD      VAR2
040   VP3     DD      VAR3
045   VAR1    DD      20
050   VAR2    DD      30
055   VAR3    RD      1     // ~home/scode/smp/
060           END           //     w_3_19_150.s
```

연습 3-8 다음 XVM 어셈블리 프로그램 내용과 유사하게 대응되는 C 언어 부분 코딩을 작성한다.(~home/scode/wrk/w_3_22_150.c).

```
000   W_321   START   00h
005   MAIN    CLRr    A
010           LDX     VP
015   LOOP    ADD     0[X]
020           IXCi    VARS+8
025           JNZ     LOOP
030           STA     0[X]
035           DMP     VARS+8
              DMPrn   X
              DMP     0[X]
035           HALT

040   VP      DD      VARS
045   VARS    DD      20,30,0
060   TWO     DD      2     // ~home/scode/smp/
060           END           //     w_3_21_150.s
```

연습 3-9 다음 XVM 어셈블리 프로그램 내용과 유사하게 대응되는 C 언어 부분 코딩을 작성한다.(~home/scode/wrk/w_3_24_151.c).

```
000   W_323   START   00h
005   MAIN    CLRr    A
010           CLRr    X
015           LDPi    VARS
020   LOOP    ADDrn   P
025           INCr    P
030           IXBCi   2
035           JNZ     LOOP
040           STArn   P
045           DMPrn   P
050           HALT

055   VARS    DD      20
060           DD      30
065           RD      1    // ~home/scode/smp/
070           END          //     w_3_23_151.s
```

연습 3-10 다음 XVM 어셈블리 프로그램 내용과 유사하게 대응되는 C 언어 부분 코딩을 작성한다.(~home/scode/wrk/w_3_26_151.c).

```
000   W_325   START   00h
005   MAIN    LDA     VAR1
010           ADDi    3
015           STA     VAR2
020           DMP     VAR2
025           HALT

030   VAR1    DD      20
035   VAR2    RD      1   // ~home/scode/smp/
040           END         //     w_3_25_151.s
```

3.4 XVM 어셈블리 언어를 위한 어셈블러의 설계와 구현

XVM 기계의 기능을 충분히 활용하기 위해 확장된 어셈블리 언어에 따라 이를 어셈블(번역, 조립)하기 위한 확장된 어셈블러를 필요로 한다. XVM 어셈블러는 어셈블리 프로그램에 나타난 명령어를 분석하여 아래 [그림 3-10]의 기계 명령어 포맷 중 하나로 대응시켜 조립해내야 한다.

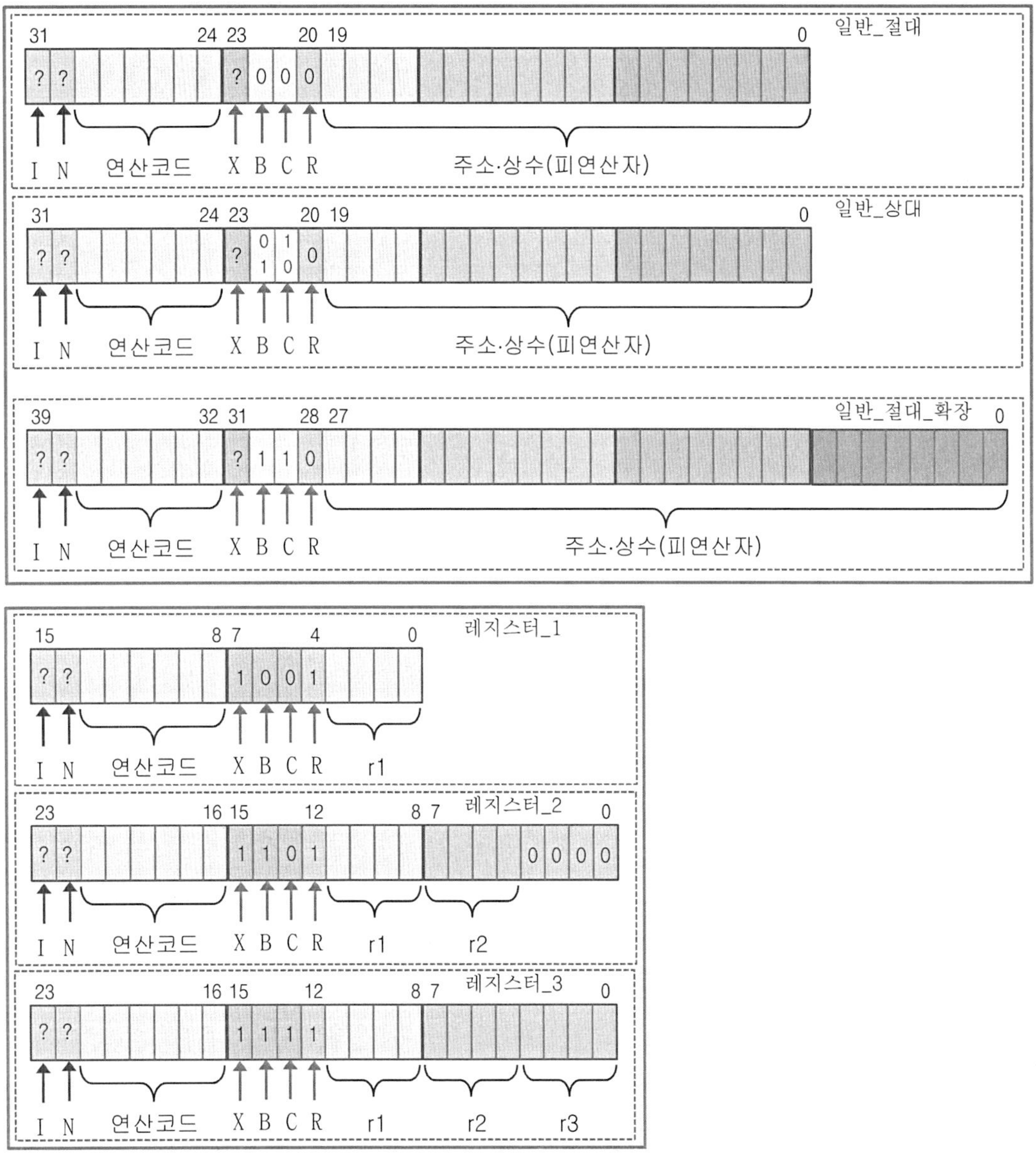

[그림 3-10] XVM 기계어 포맷 분류

3.4.1 기계 명령어 포맷 결정

니모닉 코드(어셈블리 명령어)를 기반으로 대응되는 기계 명령어 포맷 검색은 아래 [그림 3-11]의 과정으로 진행한다.

① 일반 포맷 · 레지스터 포맷 여부에 따라 R 비트를 결정한다.
- LDA, ADD, IXC, CMP 등은 레지스터를 참조하지 않는 일반 포맷으로 대응한다.
- ADDr, SUBr, CMPr, MOVrr, ADDrn 등은 레지스터를 참조하는 레지스터 포맷으로 대응한다.

② 직접 모드 · 즉시 모드 · 간접 모드 여부에 따라 (I, N) 비트 조합을 결정한다.
- ADDi, ANDi, IXCi 등은 즉시 모드(1 0)로 대응한다.
- ADDn, ANDn, IXCn 등은 간접 모드 (0, 1)로 대응한다.
- 즉시 모드와 간접 모드가 아니면 일반 모드 즉, 직접 모드로 대응한다.

위의 분류 과정을 위한 자료 구조로 OPTAB[]의 구조를 [그림 3-12]와 같이 확장한다. 이 자료 구조에서

- n_register 값에 따라 일반 포맷 · 레지스터 포맷 여부(R 비트)를 결정한다.
- in_mode 값으로 직접 모드 · 즉시 모드 · 간접 모드 여부(I, N 비트)를 결정한다.

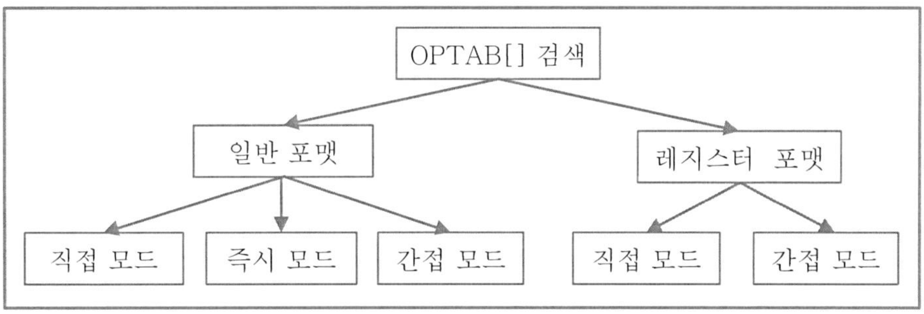

[그림 3-11] 기계어 포맷 분류 트리

```
#define MAX_OLEN          8
#define MAX_OPTAB         (sizeof(OPTAB) / sizeof(struct optab))
typedef struct optab {
  char            mnemonic[MAX_OLEN];
  unsigned char   opcode;
  unsigned char   n_operand; // 피연산자 개수
  unsigned char   n_register;// 피연산 레지스터 개수
  unsigned char   in_mode;   // 0x2(10) · 0x1(01) · 0x3(11)
} Optab;                     //   즉시   · 간접   · 직접
Optab[] = {"LDA",  0x00,1,0,3,    "LDAi",0x00,1,0,2,     "LDAn",0x00,1,0,1,
          "LDArn",0x00,1,1,1,    "MOVrr",0x1B,2,2,3, ... };
```

[그림 3-12] I, N, R 비트 결정을 위한 자료 구조

3.4.2 상대·절대·레지스터 주소 지정 모드(X, B, C 비트) 결정

앞 절에서 언급한 바와 같이 I, N, R 비트는 OPTAB[]을 참조하여 결정하고, 상대·절대를 지시하는 나머지 X, B, C 비트는 묵시적인 규칙과 피연산자 상태에 따라 결정한다.

■ 레지스터 포맷 기계 명령어

OPTAB[]으로부터, 해당 명령어에 요구되는 피연산 레지스터 개수를 알 수 있으므로 이를 바탕으로 [그림 3-9]의 레지스터_1 ~ 레지스터_3 등의 내부 포맷을 특정하고, 프로그램의 피연산자 부분을 분석하여 추출한 레지스터 번호를 기계어 포맷에 어셈블(조립)한다. 현재 어셈블리 언어는 레지스터_3 포맷은 사용하지 않는다.

레지스터 포맷에서는 B, C, R 비트가 상대·절대 표시용이 아니고, 피연산 레지스터의 개수 표시용으로 사용한다.

예 1-1) "CLRr A" ([그림 3-13] (a) 참조)

- OPTAB[]을 참조하여 연산 코드를 0x1F로 어셈블한다.
- OPTAB[]을 참조하여 I, N 비트를 직접 모드 (1, 1)로 어셈블한다.
- 프로그램의 피연산자 "A"를 분석하여 해당 레지스터 번호인 3을 r1에 어셈블한다([그림 3-14] get_rgstno() 프로시저 참조).
- 첫 레지스터에 대응되는 X 비트를 1로 어셈블한다(레지스터 1개 의미).

예 1-2) "ADDrn X" ([그림 3-13] (b) 참조)

- OPTAB[]을 참조하여 연산 코드를 0x10으로 어셈블한다.
- OPTAB[]을 참조하여 I, N 비트를 간접 모드 (0, 1)로 어셈블한다.
- 프로그램의 피연산자 "X"를 분석하여 해당 레지스터 번호인 2를 r1에 어셈블한다([그림 3-14] get_rgstno() 프로시저 참조).
- 첫 레지스터에 대응되는 X 비트를 1로 어셈블한다(레지스터 1개 의미).
- "~rn" 스타일의 명령어에 사용될 수 있는 포인터 레지스터는 X, P, Q, S 레지스터 등 제한이 없다.

예 1-3) "ADDrr A,P" ([그림 3-13] (c) 참조)

- OPTAB[]을 참조하여 연산 코드를 0x10으로 어셈블한다(ADD 계열은 연산 코드가 모두 0x10임).
- OPTAB[]을 참조하여 I, N 비트를 직접(일반) 모드 (0, 1)로 어셈블한다.
- 프로그램의 피연산자 "A,P"를 분석하여 해당 레지스터들의 번호인 3과 5를 r1과 r2에 각각 어셈블한다. 이 때, 요구되는 레지스터 수의 일치 여부는 OPTAB[]에 정의된 레지스터 수를 참조한다.
- 첫 번째, 두 번째 레지스터에 대응되는 X, B 비트를 1로 어셈블한다(레지스터 2개 의미).

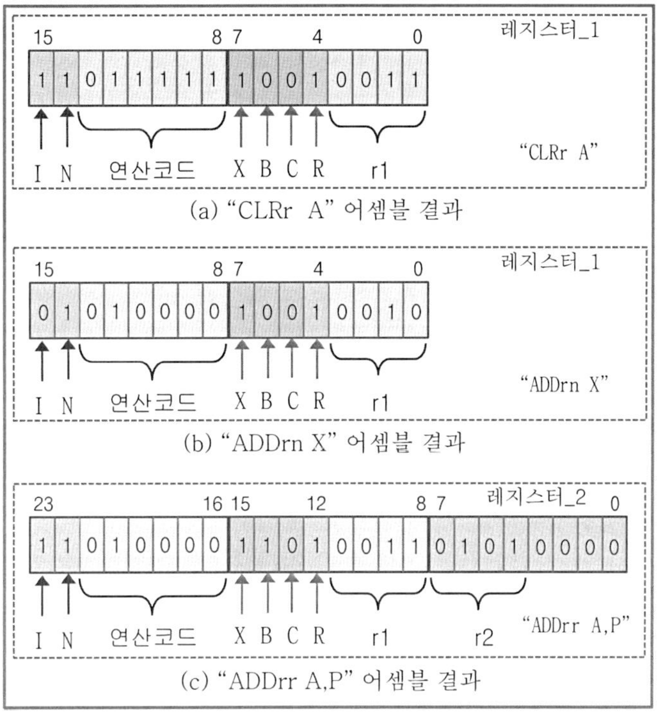

(a) "CLRr A" 어셈블 결과

(b) "ADDrn X" 어셈블 결과

(c) "ADDrr A,P" 어셈블 결과

[그림 3-13] 레지스터 포맷 세부 필드 어셈블

```
typedef struct regtab {
        char    rname[4], rno;
} Regtab;

int     REGCNT = 8;
Regtab REGTAB[] = {"PC",0, "U",1, "X",2, "A",3, "B",4, "P",5, "Q",6, "S",7 };

int get_rgstno(char *orp)
{
        Regtab  *rgp;
        int     i;
        for (i = 0, rgp = REGTAB; i < REGCNT; i++, rgp++)
            if (!strcmp(orp, rgp->rname)) return(rgp->rno);
        fprintf(stderr, "%s --> Register '%s' is not valid ...₩n",
                                                    LBUF, orp), exit(11);
}
```

[그림 3-14] 레지스터 번호 검색 함수

■ 일반_절대 포맷 기계 명령어

니모닉 코드로 검색한 OPTAB[]의 레지스터 개수가 0이면 일반 기계어 포맷임을 의미한다. 일반_절대 포맷은 SVM 기계에서와 같은 개념으로 아래 [그림 3-13]의 피연산자 부분을 해당 기호나 상수의 값 그대로를 어셈블한다.

프로그램의 피연산자가 상수 형태인 경우 일반_절대 포맷 즉, B, C 비트가 (0, 0)인 일반_절대 모드로 어셈블한다.

예 2-1) "ADDi 10" ([그림 3-15] (a) 참조)

- OPTAB[]을 참조하여 연산 코드를 0x10으로 어셈블한다.
- OPTAB[]을 참조하여 레지스터 포맷이 아니므로(레지스터 개수가 0) R 비트를 0으로 어셈블한다.
- OPTAB[]을 참조하여 I, N 비트를 즉시 모드 (1, 0)으로 어셈블한다.
- 프로그램의 피연산자 부분에 X 레지스터 참조가 없으므로 X 비트를 0으로 어셈블한다.
- 프로그램의 피연산자 "10"을 분석하여 상수 형태임을 인지하고 B, C 비트를 (0, 0)으로 어셈블한다.
- 피연산자 부분을 10 그대로 어셈블한다.

예 2-2) "ADDn 10" ([그림 3-15] (b) 참조)

- OPTAB[]을 참조하여 연산 코드를 0x10으로 어셈블한다.
- OPTAB[]을 참조하여 레지스터 포맷이 아니므로(레지스터 개수가 0) R 비트를 0으로로 어셈블한다.
- OPTAB[]을 참조하여 I, N 비트를 간접 모드 (0, 1)로 어셈블한다.
- 프로그램의 피연산자 부분에 X 레지스터 참조가 없으므로 X 비트를 0으로 어셈블한다.
- 프로그램의 피연산자 "10"을 분석하여 상수 형태임을 인지하고 B, C 비트를 (0, 0)으로 어셈블한다.
- 피연산자 부분을 10 그대로 어셈블한다.

예 2-3) "ADD 10[X]" ([그림 3-15] (c) 참조)

- OPTAB[]을 참조하여 연산 코드를 0x08로 어셈블한다.
- OPTAB[]을 참조하여 레지스터 포맷이 아니므로(레지스터 개수가 0) R 비트를 0으로 어셈블한다.
- OPTAB[]을 참조하여 I, N 비트를 직접 모드 (1, 1)로 어셈블한다.
- 프로그램의 피연산자 부분에 X 레지스터 참조가 있으므로 X 비트를 1으로 어셈블한다.
- 프로그램의 피연산자에서 "[X]"를 제외한 나머지 피연산자 "0"을 분석하여 상수 형태임을 인지하고 B, C 비트를 (0, 0)으로 어셈블한다.
- 피연산자 부분을 10 그대로 어셈블한다.

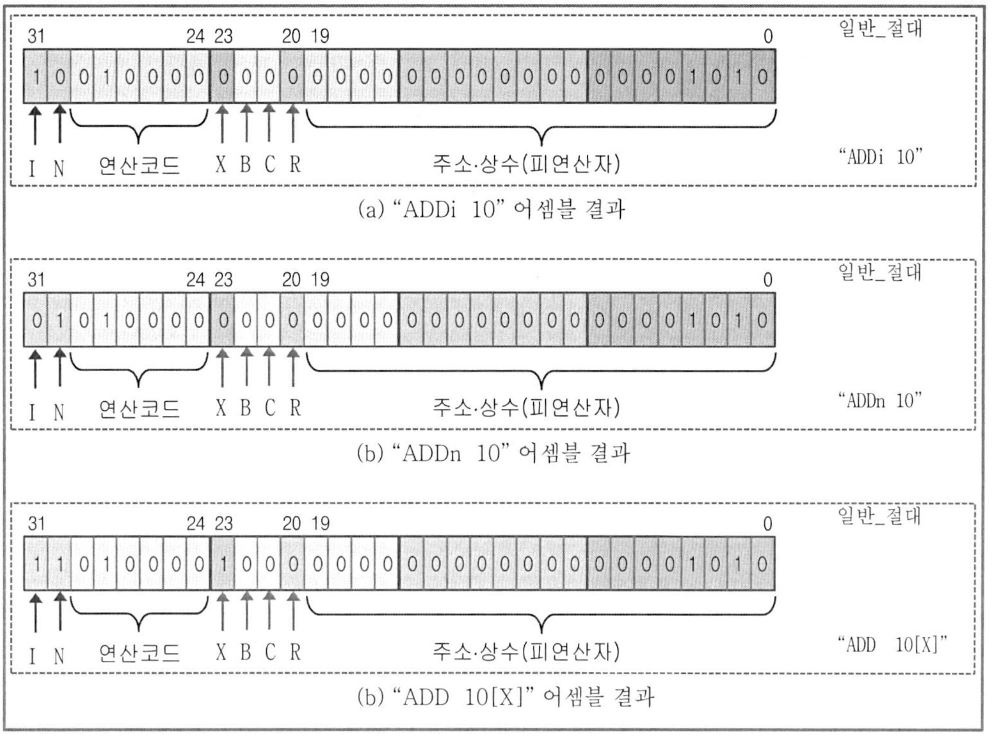

[그림 3-15] 일반_절대 포맷 세부 필드 어셈블

MEMO

■ 일반_절대_확장 포맷 기계 명령어

<u>**프로그램의 피연산자 앞에 전치사 '@'가 존재하면 피연산자 형태의 상수 혹은 기호 여부와 관계없이 무조건 일반_절대_확장 포맷으로 어셈블한다.**</u>

일반_절대_확대 포맷은 B, C 비트를 (1, 1)로 어셈블하여 식별한다.

예 3-1) "ADDi @10" ([그림 3-16] (a) 참조)

- OPTAB[]을 참조하여 연산 코드를 0x10으로 어셈블한다.
- OPTAB[]을 참조하여 레지스터 포맷이 아니므로(레지스터 개수가 0) R 비트를 0으로 어셈블한다.
- OPTAB[]을 참조하여 I, N 비트를 즉시 모드 (1, 0)으로 어셈블한다.
- 프로그램의 피연산자 부분에 X 레지스터 참조가 없으므로 X 비트를 0으로 어셈블한다.
- 프로그램의 피연산자 앞 전치사 '@'을 인지하고 절대_확장 모드를 위해 B, C 비트를 (1, 1)로 어셈블하고, 확장된 피연산자 부분을 10 그대로 어셈블한다.

예 3-2) "0009 ADDn @PNTR" ([그림 3-16] (b) 참조)

```
"0009        ADDn @PNTR"
                  :
"0017  PNTR  DD VAR"
"001B  VAR   DD 20"
```

- OPTAB[]을 참조하여 연산 코드를 0x10으로 어셈블한다.
- OPTAB[]을 참조하여 레지스터 포맷이 아니므로(레지스터 개수가 0) R 비트를 0으로 어셈블한다.
- OPTAB[]을 참조하여 I, N 비트를 간접 모드 (0, 1)로 어셈블한다.
- 프로그램의 피연산자 부분에 X 레지스터 참조가 없으므로 X 비트를 0으로 어셈블한다.
- 프로그램의 피연산자 앞 전치사 '@'을 인지하고 절대_확장 모드를 위해 B, C 비트를 (1, 1)로 어셈블하고, 확장된 피연산자 부분을 PNTR의 기호 값 0x17 그대로 어셈블한다.

예 3-2) "000E ADD @ARRY[X]" ([그림 3-16] (c) 참조)

```
"000E        ADD  @ARRY[X]"
                  :
"001F  ARRY  RD 100"
```

- OPTAB[]을 참조하여 연산 코드를 0x10으로 어셈블한다.
- OPTAB[]을 참조하여 레지스터 포맷이 아니므로(레지스터 개수가 0) R 비트를 0으로 어셈블한다.
- OPTAB[]을 참조하여 I, N 비트를 직접 모드 (1, 1)로 어셈블한다.
- 프로그램의 피연산자 부분에 X 레지스터 참조가 존재함으로 X 비트를 1로 어셈블한다.
- 프로그램의 피연산자 앞 전치사 '@'을 인지하고 절대_확장 모드를 위해 B, C 비트를 (1, 1)로 어셈블한다.
- 피연산자 부분을 ARRY의 기호 값 0x1F 그대로 어셈블한다.

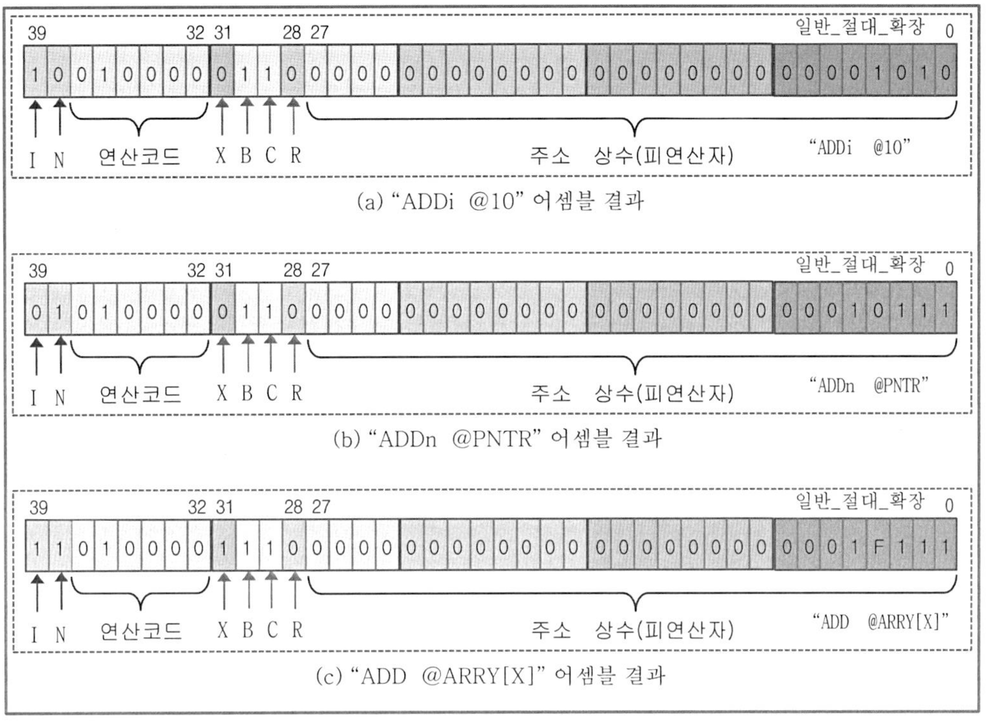

[그림 3-16] 일반_절대_확장 포맷 세부 필드 어셈블

MEMO

■ 일반_상대 포맷 기계 명령어

상대 주소란 기계 명령어 피연산자 부분의 목적 주소를 값 그대로 즉, 절대 모드로 기입하지 않고, 나중에 특정 레지스터의 값을 가산하기로 하고 피연산자 부분에는 그 값을 제외한 차이(거리)만 기입하는 방식을 말한다. XVM 기계에서는 상대 주소를 지원하기 위한 기준 레지스터로 B 레지스터와 PC를 사용할 수 있다. XVM 어셈블리 언어 명령어에는 어느 유형의 상대 주소를 선택할 것인가에 대한 표기법이 주어지지 않기 때문에 다음과 같이 묵시적 규칙에 의해 결정한다.

① ‘@’ 전치사나 상수 형태에 의한 절대 주소 모드가 아니라면 상대 주소 모드로 어셈블한다.
② 다른 별도의 규칙이 존재하지 않는 한 PC를 상대 주소의 기준으로 한다.

PC(Program Counter)는 CPU가 실행할 다음 차례의 명령어가 존재하는 메모리 주소 값을 유지하는 레지스터로서, [그림 3-17] ~ [그림 3-18]에 보인 기계 사이클에 의해 명령어가 하나씩 처리될 때마다 다음 명령어 주소로 업데이트된다. 따라서 어셈블러는 어셈블 과정에서 해당 프로그램의 실행 시 PC 값을 정확히 예측할 수 있다.

Major Cycle	Minor Cycle
❑ Fetch Cycle	• MAR ← PC • MBR ← (M) • PC ← PC + 4
❑ Decoding Cycle	• IR ← MBR(20~23)
❑ Operand Cycle	• MAR ← MBR(0~19) • MBR ← (M)
❑ Execution Cycle(ADD operation)	• AC ← AC + MBR

[그림 3-17] 세부 기계 사이클([그림 1-7]과 동일)

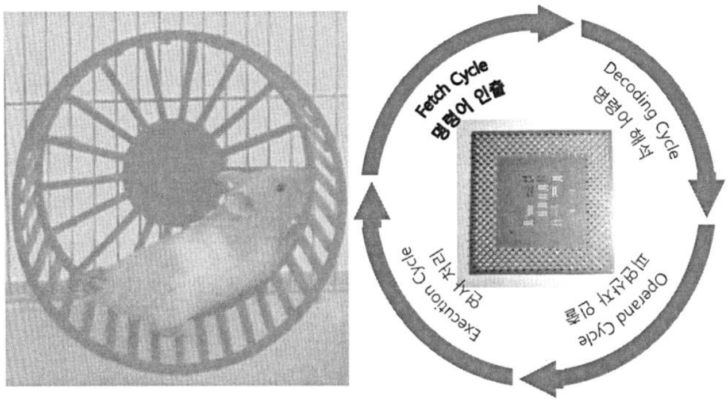

[그림 3-18] 다람쥐 쳇바퀴와 기계 사이클
([그림 1-8]과 동일)

```
LNO  Location  Label   Opcode   Operand
---  --------  -----   ------   --------
 10  0000000   S_312  START     00h
 15  0000000           CLRr     X
 20  0000002           CLRr     A

 25  0000004   LOOP    MOVrr    X,A
 30  0000007           STA      ARRY[X]
 35  000000B           IXC      NUM
 40  000000F           JNZ      LOOP
 45  0000013           HALT

 50  0000017   NUM     DD       400
 55  000001B   ARRY    RD       100
                              // ~home/scode/smp/
 60  00001AB           END    //      s_3_12_161.s
```

[그림 3-19] 상대 주소 모드 프로그램의 예1

위 [그림 3-19]의 프로그램이 실행될 때 PC 값의 변화 과정은 다음과 같다.

- 0x00 번지부터 시작하므로 초기 값은 0x00이다.
- 기계 사이클의 인출 사이클에서 라인 15의 첫 명령어 "CLR X" 가 인출되고, PC 값은 다음 명령어 위치인 0x02로 업데이트 된다. 이 때, 다음 명령어의 위치가 0x02인 경우는 "CLR X"가 2 바이트 포맷의 기계 명령어이기 때문이다.
- 라인 15 명령어에 대한 디코딩 사이클, 피연산자 사이클, 실행 사이클이 진행되면서 기계 명령어의 피연산자 부분이 참조된다.
- 즉, 라인 15 명령어가 실행될 때의 PC 값은 미리 다음 명령어 위치인 0x02로 업데이트 된다.
- 마찬가지로, 라인 30의 "STA ARRY[X]" 명령어가 실행중일 때의 PC 값은 바로 다음 명령어의 위치인 0x0B이다.
- 또한, 라인 35의 "IXC NUM" 명령어가 실행중일 때의 PC 값은 바로 다음 명령어의 위치인 0x0F이고, 라인 40의 "JNZ LOOP " 명령어가 실행중일 때의 PC 값은 바로 다음 명령어의 위치인 0x13이다.

위 과정으로부터 어셈블러는, 현재 어셈블 중인 명령어의 포맷 즉, 길이가 결정되는 순간, 이어지는 다음 명령어의 위치를 계산할 수 있고, 그 위치를 PC 값으로 단정할 수 있다. 이와 같이 PC 값이 결정되면 어셈블 중인 해당 명령어의 피연산자 부분을 위한 PC 기준 상대 주소 값을 얻어 어셈블할 수 있다.

이를테면, 도출된 PC 값이 0x30이고, 피연산자가 나타내는 목적 주소가 0x50이라면 목적 주소 0x50에서 PC 값 0x30을 제외(목적 주소 - PC)한 0x20만을 기계 명령어 피연산자 부분에 어셈블한다. 이 명령어는 나중에 실행 시 기계 명령어 피연산자 값 0x20에 PC 값 30을 더한 0x50을 최종 목적 주소로 적용한다.

만약 위의 상황에서 목적 주소가 0x20이라면 PC와의 차이는 음수 -0x10(=0x20-0x30)이 된다.

```
LNO Location Label   Opcode  Operand       Object Code
--- -------- -----   ------  -----------   -----------
 00 0000000  S_313   START
 05 0000000          LDAi    NUM           8020001F
 10 0000004          STA     PNT           C820001F
 15 0000008          DMPn    PNT           7920001B
 20 000000C          CLRr    X             DF92
 25 000000E          CLRr    A             DF93
 30 0000010  LOOP    MOVrr   X,A           DBD230
 35 0000013          STA     ARRY[X]       C8A00014
 40 0000017          IXCn    PNT           6420000C
 45 000001B          JNZ     LOOP          E92FFFF1
 50 000001F          HALT                  FF000000
 55 0000023  NUM     DD      400           00000190
 60 0000027  PNT     RD      1
 65 000002B  ARRY    RD      100        // ~home/scode/smp/
 70 00001BB          END                //       s_3_13_162.s
```

[그림 3-20] 상대 주소 모드 프로그램의 예2

예 4-1) [그림 3-20]에서 라인 05의 “LDAi NUM” ([그림 3-21] (a)참조)

- OPTAB[]을 참조하여 연산 코드를 0x00으로 어셈블한다.
- OPTAB[]을 참조하여 레지스터 포맷이 아니므로(레지스터 개수가 0) R 비트를 0으로 어셈블한다.
- OPTAB[]을 참조하여 I, N 비트를 즉시 모드 (1, 0)으로 어셈블한다.
- 프로그램의 피연산자 부분에 X 레지스터 참조가 없으므로 X 비트를 0으로 어셈블한다.
- 프로그램의 피연산자가 상수도 아니고 전치사 ‘@’도 존재하지 않으므로 PC 기준 일반_상대 모드를 위해 B, C 비트를 (0, 1)로 어셈블한다.
- 기호 테이블을 검색하여 프로그램의 피연산자 “NUM”의 기호 값 0x23을 얻는다.
- 다음 명령어의 LOC(PC) 값 0x04를 적용하여 구한 상대 주소(거리) 0x1F (=0x23-0x04)를 피연산자에 어셈블한다.

예 4-2) [그림 3-20]에서 라인 35의 “STA ARRY[X]” ([그림 3-21] (b)참조)

- OPTAB[]을 참조하여 연산 코드를 0x08로 어셈블한다.
- OPTAB[]을 참조하여 레지스터 포맷이 아니므로(레지스터 개수가 0) R 비트를 0으로 어셈블한다.
- OPTAB[]을 참조하여 I, N 비트를 직접 모드 (1, 1)로 어셈블한다.
- 프로그램의 피연산자 부분에 X 레지스터 참조가 존재하므로 X 비트를 1로 어셈블한다.
- 프로그램의 피연산자가 상수도 아니고 전치사 ‘@’도 존재하지 않으므로 PC 기준 일반_상대 모드를 위해 B, C 비트를 (0, 1)로 어셈블한다.

- 기호 테이블을 검색하여 프로그램의 피연산자 "ARRY"의 기호 값 0x2B을 얻는다.
- 다음 명령어의 LOC(PC) 값 0x17을 적용하여 구한 상대 주소(거리) 0x14 (=0x2B-0x17)을 피연산자에 어셈블한다.

예 4-3) [그림 3-20]에서 라인 45의 "JNZ LOOP" ([그림 3-21] (c)참조)

- OPTAB[]을 참조하여 연산 코드를 0x29로 어셈블한다.
- OPTAB[]을 참조하여 레지스터 포맷이 아니므로(레지스터 개수가 0) R 비트를 0으로 어셈블한다.
- OPTAB[]을 참조하여 I, N 비트를 직접 모드 (1, 1)로 어셈블한다.
- 프로그램의 피연산자 부분에 X 레지스터 참조가 없으므로 X 비트를 0으로 어셈블한다.
- 프로그램의 피연산자가 상수도 아니고 전치사 '@'도 존재하지 않으므로 PC 기준 일반_상대 모드를 위해 B, C 비트를 (0, 1)로 어셈블한다.
- 기호 테이블을 검색하여 프로그램의 피연산자 "LOOP"의 기호 값 0x10을 얻는다.
- 다음 명령어의 LOC(PC) 값 0x1f를 적용하여 구한 상대 주소(거리) -0x0F (=0x10-0x1F)을 피연산자에 어셈블한다.

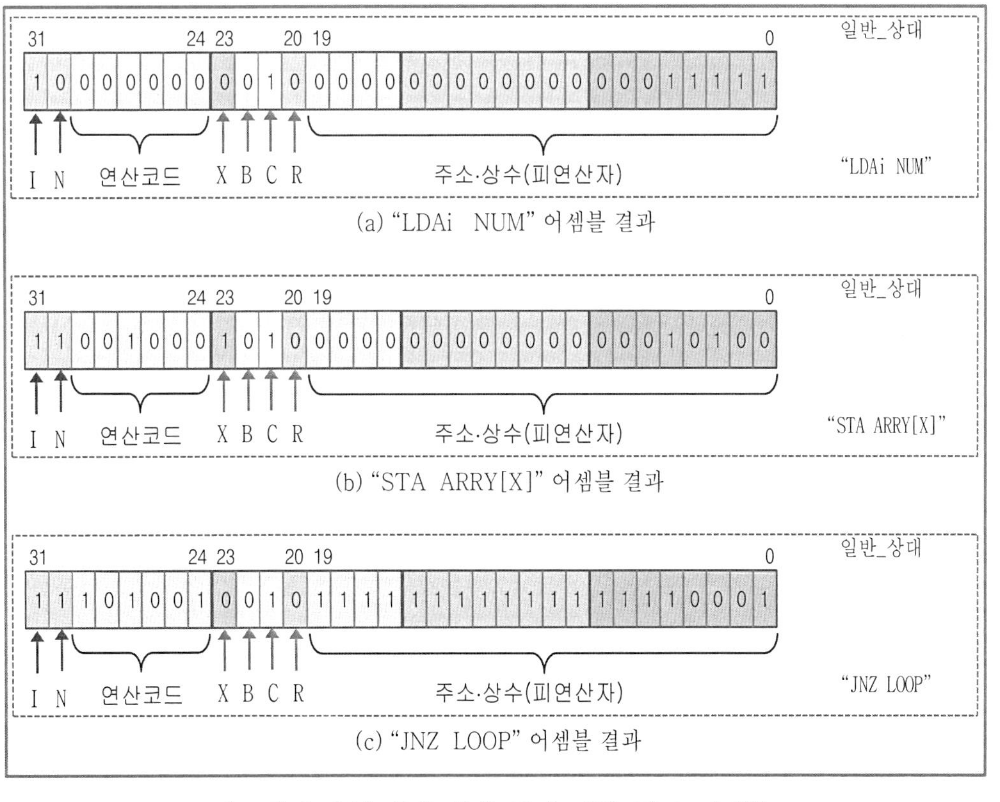

[그림 3-21] 일반_상대 포맷 세부 필드 어셈블

- 상대 주소 모드에서 피연산자(거리)는 signed로 해석한다. 음수인 경우 최상위 비트가 1로 나타난다.
- 거리가 음수인 경우 아래와 같이 두 가지 중 하나의 방법으로 비트 패턴을 구한 후, 결과로부터 원하는 비트 수 만큼만 취득하여 어셈블한다.

방법 1: 16진 뺄셈을 원래대로 계산

```
  0x00000010
- 0x0000001f
 -----------
  0xfffffff1
```

방법 2: 양의 차를 구해 2의 보수화

```
  0x0000001f   ② ~ 0x0000000f
- 0x00000010       0xfffffff0
 -----------   ③ +          1
① 0x0000000f       0xfffffff1
```

MEMO

종합 실습 3-22-165
(XVM 2-패스 어셈블러 구현)

아래 절차에 따라 XVM 2-패스 어셈블러를 구현하여 예제 프로그램들을 어셈블 해보자.

1. 실습환경
   - 유닉스/리눅스
2. XVM 2-패스 어셈블러 구현
   - ~home/asm/asm_s22 디렉터리의 SVM 2-패스 어셈블러 소스를 ~home/asm/asm_x22 디렉터리로 복사하여 필요한 부분을 편집(수정·생성)하고 Makefile을 이용하여 실행파일 "asm_x22" 생성
   - 쉘 변수 PATH에 ~home/asm/asm_x22 디렉터리 등록

     ex) $ PATH=$PATH:~home/asm/asm_x22; export PATH

     % set path=($path ~home/asm/asm_x22)
3. SVM 예제 프로그램 편집
   - ~home/scode/smp 디렉터리에서 SVM 예제 어셈블리 코드 편집(s_x_y_z.s)
   - 종합 실습 2-10-086, 종합 실습 2-20-108, 종합 실습 2-21-118, 종합 실습 2-22-118, 종합 실습 3-20-148 등에서 작성했던 코드는 그대로 활용
4. 예제 프로그램 어셈블
   - $ asm_x22 s_x_y_z.s ↵ ==> 출력 결과(어셈블리 리스트 혹은 오류) 확인
   - $ vmex s_x_y_z.obj ↵ ==> 실행 오류인 경우 예제 프로그램 수정 및 어셈블 후 재시도

```
S_301 START 0
      LDSi  STACK+32
 LP   CALL  GETHX
      LDAB  HEX
      CMPBi 00h
      JNZ   LP
      HALT
HEX   RB    1
STACK RB    32
```

```
GETHX CALL  GETCH
      CMPBi 00h
      JZ    SKIP1
      ORi   20h
SKIP1 STAB  HEX
      RET
```

```
GETCH CID   IPORT
      JZ    GETCH
      IN    IPORT
      CMPBi 0Ah
      JNZ   SKIP2
      LDABi 00h
SKIP2 RET

IPORT DD    125
      FILE  125,I,IDATA
      END
```

~home/scode/smp/s_3_01_145.s

```
S_302 START  0
LOOP  CID    IPORT
      JZ     LOOP
      IN     IPORT
      CMPB   ZERO
      JNZ    LOOP
      HALT
ZERO  DB     00h
IPORT DD     125
      END
```

~home/scode/smp/s_3_02_146.s

```
S_303 START  0
LOOP  CIDi   125
      JZ     LOOP
      INi    125
      CMPBi  00h
      JNZ    LOOP
      HALT
      END
```

~home/scode/smp/s_3_03_146.s

```
S_304 START  0
      LDA    VAR1
      ADDn   PNTR
      STAn   PNTR
      HALT
VAR1  DD     10
VAR2  DD     20
PNTR  DD     VAR2

      END
```

~home/scode/smp/s_3_04_146.s

```
S_305 START  0
LDPi  VAR2
      STP    PNTR
      LDA    VAR1
      ADDn   PNTR
      STAn   PNTR
      HALT
VAR1  DD     10
VAR2  DD     20
PNTR  RD     1
      END
```

~home/scode/smp/s_3_05_146.s

```
S_306 START  0
      LDXi   0
LOOP  LDA    ARRY[X]
      ADD    ONE
      STA    ARRY[X]
      IXWCi  200
      JNZ    LOOP
      HALT
ONE   DD     1
ARRY  RW     100
      END
```

~home/scode/smp/s_3_06_147.s

```
S_307 START  0
      LDPi   ARRY
LOOP  LDArn  P
      ADDi   1
      STArn  P
      INCWr  P
      LDAi   ARRY+200
      CMPrr  P,A
      JNZ    LOOP
      HALT
ARRY  RW     100
      END
```

~home/scode/smp/s_3_07_147.s

```
S_308   START   00h
MAIN    LDAn    VP1
        ADDn    VP2
        STAn    VP3
        DMP     VP3
        HALT

VP1     DD      VAR1
VP2     DD      VAR2
VP3     DD      VAR3
VAR1    DD      20
VAR2    DD      30
VAR3    RD      1
        END
```

~home/scode/smp/s_3_08_167.s

```
S_309   START   00h
MAIN    CLRr    A
        LDX     VP
LOOP    ADD     0[X]
        IXCi    VARS+8
        JNZ     LOOP
        STA     0[X]
        DMP     VARS+8
        HALT

VP      DD      VARS
VARS    DD      20,30,0
TWO     DD      2
        END
```

~home/scode/smp/s_3_09_167.s

```
S_310   START   00h
MAIN    CLRr    A
        CLRr    X
        LDPi    VARS
LOOP    ADDrn   P
        INCr    P
        IXBCi   2
        JNZ     LOOP
        STArn   P
        DMPrn   P
        HALT

VARS    DD      20
        DD      30
        RD      1
        END
```

~home/scode/smp/s_3_10_167.s

```
S_311   START   00h
MAIN    LDA     VAR1
        ADDi    3
        STA     VAR2
        DMP     VAR2
        HALT

VAR1    DD      20
VAR2    RD      1
        END
```

~home/scode/smp/s_3_11_167.s

```
10    S_312   START   00h
15            CLRr    X
20            CLRr    A

25    LOOP    MOVrr   X,A
30            STA     ARRY[X]
35            IXC     NUM
40            JNZ     LOOP
45            HALT

50    NUM     DD      400
55    ARRY    RD      100

60            END
```

~home/scode/smp/s_3_12_161.s

```
00    S_313   START
05            LDAi    NUM
10            STA     PNT
15            DMPn    PNT
20            CLRr    X
25            CLRr    A
30    LOOP    MOVrr   X,A
35            STA     ARRY[X]
40            IXCn    PNT
45            JNZ     LOOP
50            HALT
55    NUM     DD      400
60    PNT     RD      1
65    ARRY    RD      100
70            END
```

~home/scode/smp/s_3_13_162.s

```
000   S_314   START   00h
              CLRr    X
080           LDA     VAR
              ADDi    10
              ADDn    PNTR
100           STA     ARRY[X]
110           HALT
      PNTR    DD      VAR
100   VAR     DD      10
      ARRY    RD      100
120           END
```

~home/scode/smp/s_3_14_168.s

```
000   S_315   START   00h
              CLRr    X
080           LDA     @VAR
              ADDi    @10
              ADDn    @PNTR
100           STA     @ARRY[X]
110           HALT
      PNTR    DD      VAR
100   VAR     DD      10
      ARRY    RD      100
120           END
```

~home/scode/smp/s_3_15_168.s

```
000   S_217   START   1300h
080   MAIN    LDA     VAR1
090           ADD     VAR2
100           STA     VAR3
110           HALT

010   VAR1    DD      10
020   VAR2    DD      20
030   VAR3    RD      1
040           DW      4,5,'A'
050           DB      6,7,'B','C'
060           RB      10
070           DB      "ABC"
120           END     MAIN
```

~home/scode/smp/s_2_17_089.s

```
S_210   START   1300h
VAR0    DD      25h-36        // 1
VAR1    DD      'D'-42h       // 2
VAR2    DD      4144h-'AA'    // 3
VAR3    RD      1

MAIN    LDA     VAR0
        ADD     VAR1
        ADD     VAR2
        STA     VAR3
        HALT
        END     MAIN
```

~home/scode/smp/s_2_10_087.s

```
S_209  START  1300h
VAR0   DD     0+1         // 1
VAR1   DD     'D'-'C'     // 2
VAR2   DD     'AD'-'AA'   // 3
VAR3   RD     1

MAIN   LDA    VAR0
       ADD    VAR1
       ADD    VAR2
       STA    VAR3
       HALT
       END    MAIN
```

~home/scode/smp/s_2_09_087.s

```
S_208  START  1300h
VAR0   DD     4-3         // 1
VAR1   DD     10h-14      // 2
VAR2   DD     ADh-AAh     // 3
VAR3   RD     1           // 4-3

MAIN   LDA    VAR0
       ADD    VAR1
       ADD    VAR2
       STA    VAR3
       HALT
       END    MAIN
```

~home/scode/smp/s_2_08_087.s

```
1  S_114 START  100h   // RND
         LDX    ZERO
3        LDA    SEED
         STA    RND
4   LOOP LDA    RND
         MOD    HUND
5        DMPR   A
         IXBC   TEN
         JNZ    LOOP
8        HALT

    ZERO DD     0
    TEN  DD     10
9   SEED DD     7
    HUND DD     100
13       END
```

~home/scode/smp/s_1_14_029.s

```
S_109  START  1100h // COPY
ILOOP  CID    IPORT
       JZ     ILOOP
       IN     IPORT
       CMPB   ZERO
       JZ     STOP
       DMPR   A       // 4Byte
OLOOP  COD    OPORT
       JZ     OLOOP
       OUT    OPORT
       JMP    ILOOP
STOP   HALT

IPORT  DD     124
OPORT  DD     125
 ZERO  DB     00h

       FILE   124,I,IDATA
       FILE   125,O,ODATA
       END
```

~home/scode/smp/s_1_09_028.s

3.5 XVM 어셈블리 언어의 자동 변수 개념과 구현

3.5.1 일반적인 프로그래밍 언어에서의 변수 유형 분류

어셈블리 언어를 포함해서 모든 프로그래밍 언어는 변수 공간의 특성을 아래와 같이 두 가지 관점에서 분류한다,

- 전역(global)과 지역(local) 관점)
  - 전역 변수는 프로그램의 모든 부분에서 참조 가능하다.
  - 지역 변수는 프로그램의 특정 부분에서만 가능하다.
- 고정(static)과 자동(automatic) 관점)
  - 고정 변수는 프로그램 진행 내내 항구적으로 유지된다.
  - 자동 변수는 특정 시점에 할당되었다가 해당 시기가 지나면 다른 용도로 재사용된다.

이런 관점에서, 지금까지 SVM과 XVM 어셈블리 프로그램에서 사용했던 모든 변수 공간은 전역적이고 고정적이다. 그런데, 모든 변수를 고정 형태로 사용한다면 특정 시점에 한시적으로만 사용되는 변수 공간은 낭비되는 결과가 된다. 이를테면, 아래 [그림 3-22]의 C 언어 프로그램에서 do_zero() 함수가 진행되는 동안에는 do_add() 함수의 변수 i는 절대 참조되지 않고, 반대로 do_add() 함수가 진행되는 동안에는 do_zero() 함수의 변수 yn는 결코 참조되지 않는다. 따라서 이들 변수들은 각각 독립된 공간을 갖는 것보다는 어느 공간을 공유하면 변수 공간을 절약할 수 있다.

반면에 변수 Tsum과 Tcnt는 누적 값을 계속 유지해야 하기 때문에 다른 변수와 공간을 공유할 수 없다.

변수 유형 분류 관점에서 Tsum과 Tcnt는 프로그램의 어느 위치에서도 참조할 수 있고, 저장 공간이 항구적으로 유지되므로 전역이면서 고정 변수이다. 반면에 do_zero() 함수의 변수 yn과 do_add() 함수의 변수 i는 각각 해당 함수 내부에서만 접근할 수 있고, 함수가 끝나면 다른 공간으로 재활용되도록 할당되므로 지역이면서 자동 변수에 속한다.

MEMO

```
#include <stdio.h>
#include <stdlib.h>

void  do_zero();
void  do_add(int rd);

int   Tsum;
int   Tcnt;

main()
{
   int   i, rd;

   for (i = 0; i < 100; i++) {
     rd = rand() % 5;

     switch(rd) {
        case  0: do_zero();  break;
        default: do_add(rd); break;
     }
   }
}
```

```
void do_zero()
{
   int  yn;

   printf("Continue?₩n");
   scanf("%c", &yn);
   if (yn == 'y' || yn == 'Y')
      return;
   printf("Tsum=%d,Tcnt=%d₩n",
                         Tsum, Tcnt);
   exit(0);
}
```

```
void do_add(int  rd)
{
   int   i;

   for (i = 0; i < rd; i++)
      printf("*");
   printf("₩n");

   Tsum += rd;
   Tcnt++;
}
```

[그림 3-22] 변수 유형 분류를 위한 C 프로그램의 예

자동 변수를 실현하는 방법은 특정 레지스터를 기준으로 하는 상대 주소 지정 모드를 활용하는 것이다. [그림 3-22]에서 do_zero() 함수의 i 변수와 do_add() 함수의 yn 변수가 자동 변수로 동작하는 메커니즘은 다음과 같다([그림 3-23] 참조).

- 주프로그램에서 함수 호출 전에 자동 변수들을 위한 공유 공간을 확보하여, 상대 주소 기준 레지스터인 베이스 레지스터를 해당 주소로 초기화하도록 한다.
- 각 함수 내 자동 변수들을 함수별 독립적으로 베이스 레지스터 기준 상대 주소 모드로 0부터 차례로 할당한다.

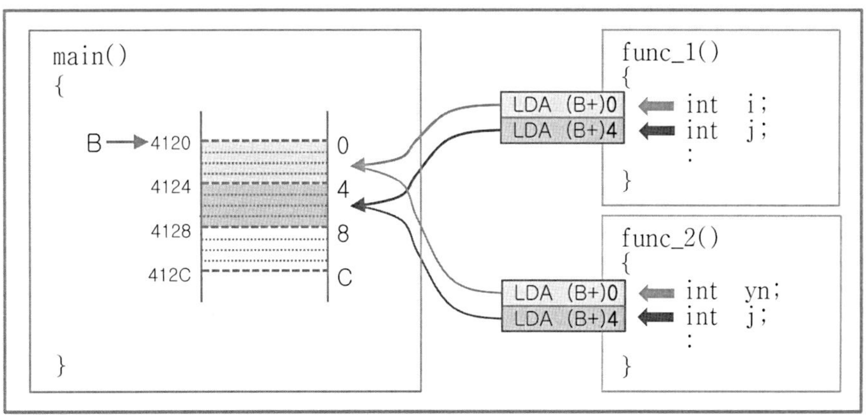

[그림 3-23] 자동 변수 구현 메커니즘

3.5.2 XVM 어셈블리 언어의 자동 변수 지원

XVM 어셈블리 언어에서는 [그림 3-23]의 자동 변수 개념을 실현하기 위해 자동 변수 영역을 식별하는 두 개의 지시어 ".auto", ".aend"를 도입하여 아래와 같이 운영한다.

- ".auto" ~ ".aend" 지시어는 변수 공간의 위치가 고정되지 않고, 상황에 따라 할당 가능한 다른 공간으로 대응시키거나 다른 변수와 공간을 공유해도 무방한 변수들을 식별한다.
- 함수(서브 루틴)의 지역(local) 변수들은 함수가 활성화(호출)되었을 때만 사용되고, 함수가 끝나면 더 이상 참조되지 않는다.
- 함수의 지역 변수들의 공간을 B 레지스터 기준으로 0부터 차례로 상대 주소로 어셈블해 두고, 함수가 호출되기 직전에 B 레지스터를 비어있는 공용 공간 위치로 설정하여 지역 변수들이 해당 공간으로 대응되도록 한다.
- 함수에서 복귀하면 동일한 방법으로 해당 공간을 다른 함수의 지역 변수 공간으로 재활용한다.
- 위와 같은 지역·자동 변수들의 공간 위치는 프로그램의 진행 상황에 따라 다수의 함수들이 공유하면서 내용이 변경되거나 B 레지스터의 이동으로 그 위치가 달라지므로 초기 값을 설정해 놓을 수 없고, B 레지스터가 배제되는 절대 주소 모드로 사용할 수 없다(아래 [그림 3-24]의 예시 ①, ②, ③ 참조).
  . auto 영역에 정의된 기호들은 반드시 B 레지스터 기준 상대 주소로 참조되어야 하므로 '@'를 붙일 수 없다(①).
  . auto 영역에는 초기 값을 지정하는 DD, DW, DB 등의 지시어를 사용할 수 없고, RD, RW, RB 등 공간 확보 지시어만 사용할 수 있다②).
  . DD, DW, DB 등의 피연산자(초기 값)으로 사용될 수 없다(③).

```
000              START   00h
                 :
025              ADD     @LVAR1  ..... ①X
                 :
040              .auto
045     LVAR1    DD      10  ..........②X
050     LVAR2    RD      1
055              .aend
                 :
080     GVAR1    DD      LVAR1 ........③X
085     GVAR2    RD      1
090              END
```

[그림 3-24] XVM 어셈블리 언어의 자동 변수 활용 규칙

- 아래 [그림 3-25]의 예제 프로그램에서
  . HEAP, RTEST, RVAL 등의 기호는 PC 기준 상대 주소로 어셈블하지만, auto 영역의 TMP 기호는 거리가 0(첫 번째 공간)인 B 레지스터 기준 상대 주소로 어셈블한다([그림 3-26] 참조).
  . 라인 075의 RVAL은 '@' 명시에 의해 절대 주소 모드로 어셈블한다.

```
000   S_316   START   00h
005   MAIN    LDBi    HEAP
010           GSUB    RTEST
015           DMP     RVAL
020           HALT
025   RVAL    RD      1
030   HEAP    RB      128

// ~home/scode/smp/s_3_16_173.s

035   RTEST   LDA     RND
040           MODi    10
045           DMPr    A
050           STA     TMP
055           LDA     RND
060           MODi    10
065           DMPr    A
070           ADD     TMP
075           STA     @RVAL
080           RSUB

085           .auto
090   TMP     RD      1
095           .aend

100           END MAIN
```

[그림 3-25] 자동 변수를 활용하는 XVM 어셈블리 프로그램 예

LNO	Location	Label	Opcode	Operand	Object Code
000	0000000	S_316	START	00h	
005	0000000	MAIN	LDBi	HEAP	83200010
010	0000004		GSUB	RTEST	EC20008C
015	0000008		DMP	RVAL	F9200004
020	000000C		HALT		FF000000
025	0000010	RVAL	RD	1	
030	0000014	HEAP	RB	128	
035	0000094	RTEST	LDA	RND	C067FFFFFF
040	0000099		MODi	10	9700000A
045	000009D		DMPr	A	F993
050	000009F		STA	TMP	C8400000
055	00000A3		LDA	RND	C067FFFFFF
060	00000A8		MODi	10	9700000A
065	00000AC		DMPr	A	F993
070	00000AE		ADD	TMP	D0400000
075	00000B2		STA	@RVAL	C860000010
080	00000B7		RSUB		ED000000
085	00000BB		.auto		
090	0000000	TMP	RD	20	
095	00000BB		.aend		
100	00000BB		END	MAIN	

[그림 3-26] [그림 3-25] 프로그램에 대한 XVM 어셈블 결과

3.5.3 자동 변수를 위한 XVM 어셈블러 설계

자동 변수 지원을 위한 XVM 어셈블러의 기본 처리 방향은 auto 영역과 비 auto 영역을 식별하여 LOC(location)을 별도로 관리하는 것이다. 또한, 기호를 기호 테이블에 등록할 때 auto 영역의 기호인지의 여부를 표시하여 auto 영역의 기호들에 대해서는 반드시 B 레지스터 기준 상대 주소 지정 모드로 어셈블 하도록 한다. 또한 [그림 3-24]의 오류 상황에 대한 체크가 필요하다.

- [그림 3-27]의 라인 45와 같이 자동 변수 기호 값(위치)는 DD 등 변수의 초기 값 상수로 사용할 수 없다.
- [그림 3-28]의 라인 30과 같이 자동 변수 기호는 절대 모드로 사용될 수 없다.
- [그림 3-29]의 라인 70과 같이 자동 변수 영역의 변수들은 초기 값을 가질 수 없다.

```
000   S 317   START   00h
      MAIN    LDBi    HEAP
              LDSi    HEAP+64
              CALL    FUNC
              HALT

003   HEAP    RB      64

005   FUNC    LDAn    VP1
010           ADDn    VP2
015           STAn    VP3
020           DMPn    VP3
025           RET
              .auto
030   VAR3    RD      1
              .aend
035   VP1     DD      VAR1
040   VP2     DD      VAR2
045   VP3     DD      VAR3
050   VAR1    DD      20
055   VAR2    DD      30
060           END
// ~home/scode/smp/s_3_17_174.s
```

```
LNO Location Label Opcode Operand Obje Code
--- -------- ----- ------ ------- ---------
000 0000010  S_317 START  10h
    0000010  MAIN  LDBi   HEAP    8320000C
    0000014        LDSi   HEAP    8B200048
    0000018        CALL   FUNC    EE200044
    000001C        HALT           FF000000

003 0000020  HEAP  RB     64

005 0000060  FUNC  LDAn   VP1     40200010
010 0000064        ADDn   VP2     50200010
015 0000068        STAn   VP3     48200010
020 000006C        DMPn   VP3     7920000C
025 0000070        RET            EF000000

    0000074        .auto
030 0000000  VAR3  RD     1
    0000074        .aend
035 0000074  VP1   DD     VAR1    00000080
040 0000078  VP2   DD     VAR2    00000084
045 VP3   DD   VAR3 --> Automatic symbol is not
                 allowed for constant value ...
```

[그림 3-27 자동 변수 기호는 변수 초기 값으로 사용할 수 없는 예

```
  S_318    START
005        LDBi   STACK
           LDSi   STACK+64
           CALL   FUNC
010        HALT
020 STACK  RB     64
025 FUNC   LDAi   10
030        STA    @TMP
040        RET
          .auto
050 TMP    RD     1
          .aend
           END
//~home/scode/smp/s_3_18_175.s
```

```
LNO Location Label Opcode Operand  Obje Code
--- -------- ----- ------ -------  ---------
    0000000  S_318 START
005 0000000        LDBi   STACK    8320000C
    0000004        LDSi   STACK+64 8B200048
    0000008        CALL   FUNC     EE200044
010 000000C        HALT            FF000000
020 0000010  STACK RB     64
025 0000050  FUNC  LDAi   10       8000000A
030   STA        @TMP --> Local symbol 'TMP'
               is not allowd for absolute mode ...
```

[그림 3-28] 자동 변수 기호는 절대 모드로 사용될 수 없는 예

```
  S_319    START
000        LDBi   STACK
           LDSi   STACK+64
010        CALL   FUNC
020        HALT
030 STACK  RB     64
040 FUNC   LDA    TMP
050        ADDi   20
060        RET
          .auto
070 TMP    DD     10
          .aend
           END
//~home/scode/smp/s_3_19_175.s
```

```
LNO Location Label Opcode Operand  Obje Code
--- -------- ----- ------ -------  ---------
    0000000  S_319 START
000 0000000        LDBi   STACK    8320000C
    0000004        LDSi   STACK+64 8B200048
010 0000008        CALL   FUNC     EE200010
020 000000C        HALT            FF000000
030 0000010  STACK RB     12
040 000001C  FUNC  LDA    TMP      C0400000
050 0000020        ADDi   20       90000014
060 0000024        RET             EF000000

    0000028       .auto
070   TMP   DD  10 --> 'DD' is not allowed in
                         automatic region...
```

[그림 3-29] 자동 변수 영역에서는 변수 초기화를 할 수 없는 예

자동 변수 처리를 위한 어셈블러의 개략적인 알고리즘은 다음과 같다.

- 패스_1([그림 3-30]) 에서
  . ".auto"를 만나면 자동 변수 단계임을 표시하고, LOC 값을 임시 보관한 후 0으로 설정한다.
  . 자동 변수 기호를 등록할 때는 속성으로 자동 변수임을 명시한다.
  . ".aend"를 만나면 자동 변수 단계 해제를 표시하고, LOC 값을 복구한다.

```
typedef struct symtab {
        char    symbol[MAX_SLEN];
        int     value;
        int     type;  // STATIC or AUTO
} Symtab;

Pass_1()
{
        AT_flag = STATIC;
        LOC = Load_address;
        while(read_line() >= 0) {
                if (OPcode ==  "END" )
                        break;

                if (OPcode ==  ".auto" ) {
                        AT_flag = AUTO;
                        Loc_tmp = LOC;
                        LOC = 0;
                        continue;
                }
                else if (OPcode ==  ".aend" )
                        AT_flag = STATIC;
                        LOC = Loc_tmp;
                        continue;
                }
                if (Label)
                        insert_symbol(Label, LOC, AT_flag);
                :
                LOC = LOC + Op_len;
        }
}
```

[그림 3-30] 자동 변수를 위한 XVM 어셈블러 설계(패스_1)

- 패스_2([그림 3-31])에서
  . ".auto"를 만나면 자동 변수 단계임을 표시하고, LOC 값을 임시 보관한 후 0으로 설정한다.
  . 자동 변수 단계에서의 기호들은 절대 주소 불가, 초기 값 설정 불가, DD 등에 초기 값 상수로 사용 불가 등의 제한 사항이 있기 때문에 이들에 대한 오류 체크를 반영해야 한다.
  . 자동 변수 기호들은 반드시 B 레지스터 기준 상대 주소로 어셈블한다.
  . ".aend"를 만나면 자동 변수 단계 해제를 표시하고, LOC 값을 복구한다.

```
Pass_2()
{
        AT_flag = STATIC;
        LOC = Load_address;
        while(read_line() >= 0) {
                if (OPcode == "END" )
                        break;
                if (OPcode == ".auto" ) {
                        AT_flag = AUTO;
                        Loc_tmp = LOC;
                        LOC = 0;
                        continue;
                }
                else if (OPcode == ".aend" )
                        AT_flag = STATIC;
                        LOC = Loc_tmp;
                        continue;
                }
                if (OPcode == mnemonic) {
                        . 만약 피연사자에 AUTO 타입의 기호가 있다면
                          B 레지스터 기준 상대 주소 지정 모드로
                          어셈블한다;
                        . 기타의 경우 기존 방법대로 어셈블한다.
                }
                else // directive(space)
                        . 자동변수 관련 오류들을 체크한다([그림 27]~[그림 29])
                LOC = LOC + Op_len;
        }
}
```

[그림 3-31] 자동 변수를 위한 XVM 어셈블러 설계(패스_2)

종합 실습 3-23-177
(XVM 2-패스 어셈블러, 자동변수)

아래 절차에 따라 자동 변수를 지원하는 XVM 2-패스 어셈블러를 구현하여 예제 프로그램들을 어셈블 해보자.

1. 실습환경
   - 유닉스/리눅스
2. XVM 자동 변수 지원 2-패스 어셈블러 구현
   - ~home/asm/asm_x22 디렉터리의 XVM 2-패스 어셈블러 소스를 ~home/asm/asm_x23 디렉터리로 복사하여 필요한 부분을 편집(수정·생성)하고 Makefile을 이용하여 실행파일 "asm_x23" 생성
   - 쉘 변수 PATH에 ~home/asm/asm_x23 디렉터리 등록
     ex) $ PATH=$PATH:~home/asm/asm_x23; export PATH
     % set path=($path ~home/asm/asm_x23)
3. SVM 예제 프로그램 편집
   - ~home/scode/smp 디렉터리에서 SVM 예제 어셈블리 코드 편집(s_x_y_z.s)
   - 종합 실습 3-22-165 등에서 작성했던 코드는 그대로 활용
4. 예제 프로그램 어셈블
   - $ asm_x23 s_x_y_z.s ↲ ==> 출력 결과(어셈블리 리스트 혹은 오류) 확인
   - $ asmx s_x_y_z.s ↲ 의 출력 결과와 비교
   - $ vmex s_x_y_z.obj ↲ ==> 실행 오류인 경우 예제 프로그램 수정 및 어셈블 후 재시도

```
S_316   START   00h
MAIN    LDBi    HEAP
        GSUB    RTEST
        DMP     RVAL
        HALT
RVAL    RD      1
HEAP    RB      128
RTEST   LDA     RND
        MODi    10
        DMPr    A
        STA     TMP
        LDA     RND
        MODi    10
        DMPr    A
        ADD     TMP
        STA     @RVAL
        RSUB
        .auto
TMP     RD      1
        .aend
        END MAIN
```

~home/scode/smp/s_3_16_173.s

```
000   S_308   START   00h
005   MAIN    LDAn    VP1
010           ADDn    VP2
015           STAn    VP3
020           DMP     VP3
025           HALT

030   VAR3    RD      1

035   VP1     DD      VAR1
040   VP2     DD      VAR2
045   VP3     DD      VAR3
050   VAR1    DD      20
055   VAR2    DD      30

060           END
```

~home/scode/smp/s_3_08_167.s

```
000   S_317   START   00h
      MAIN    LDBi    HEAP
              LDSi    HEAP+64
              CALL    FUNC
              HALT
003   HEAP    RB      64
005   FUNC    LDAn    VP1
010           ADDn    VP2
015           STAn    VP3
020           DMPn    VP3
025           RET
              .auto
030   VAR3    RD      1
              .aend
035   VP1     DD      VAR1
040   VP2     DD      VAR2
045   VP3     DD      VAR3
050   VAR1    DD      20
055   VAR2    DD      30
060           END
```

~home/scode/smp/s_3_17_174.s

```
      S_318   START
005           LDBi    STACK
              LDSi    STACK+64
              CALL    FUNC
010           HALT

020   STACK   RB      64

025   FUNC    LDAi    10
030           STA     @TMP
040           RET
              .auto
050   TMP     RD      1
              .aend
              END
```

~home/scode/smp/s_3_18_175.s

```
      S_319   START
000           LDBi    STACK
              LDSi    STACK+64
010           CALL    FUNC
020           HALT

030   STACK   RB      64

040   FUNC    LDA     TMP
050           ADDi    20
060           RET
              .auto
070   TMP     DD      10
              .aend
              END
```

~home/scode/smp/s_3_19_175.s

```
S_320  START  0
MAIN   LDA    VAR0
       ADD    VAR1
       ADD    VAR2
       STA    VAR3
       HALT

VAR0   DD     0+1        // 1
VAR1   DD     'D'-'B'    // 2
VAR2   DD     'AD'-'AA'  // 3
VAR3   RD     1

       END
```

~home/scode/smp/s_3_20_180.s

```
S_321  START  0
MAIN   LDBi   HEAP
       LDSi   HEAP+64
       CALL   FUNC
       HALT

HEAP   RB     64

VAR0   DD     0+1        // 1
VAR1   DD     'D'-'B'    // 2
VAR2   DD     'AD'-'AA'  // 3

FUNC   LDA    VAR0
       ADD    VAR1
       ADD    VAR2
       STA    VAR3
       RET

      .auto
VAR3   RD     1
      .aend
       END
```

~home/scode/smp/s_3_21_180.s

```
S_322  START  0
MAIN   LDBi   STACK
       LDSi   STACK+64
       LDAi   10
       LDQ    FOUR
       CALL   FUN1
       HALT

STACK  RB     64
FOUR   DD     64

FUN1   STA    VAR1
       ADDrr  B,Q
       CALL   FUN2
       SUBrr  B,Q
       RET
      .auto
VAR1   RD     1
      .aend

FUN2   STA    VAR2
       RET
      .auto
VAR2   RD     1
      .aend
       END
```

~home/scode/smp/s_3_22_180.s

```
S_323   START   0
MAIN    LDBi    STACK
        LDSi    STACK+64
        CALL    CALC
        DMPr    A
        HALT
STACK   RB      64
.-----------------------
CALC    CALL    INPUT
        STA     NUM11
        CALL    INPUT
        STA     NUM12
        CALL    TWOADD
        STA     SUM
        CALL    TWOMUL
        ADD     SUM
        RET
        .auto
NUM11   RD      1
NUM12   RD      1
SUM     RD      1
        .aend
.-----------------------
INPUT   CIDi    125
        JZ      INPUT
        INi     125
        CMPi    '0'
        JC      INPUT
        CMPi    '9'+1
        JC      OK
        JMP     INPUT
   OK   SUBi    '0'
        RET
.-----------------------
TWOADD  LDA     NUM21
        ADD     NUM22
        RET
        .auto
NUM21   RD      1
NUM22   RD      1
        .aend
.-----------------------
TWOMUL  LDXi    0
        CLRr    A
   LP   ADD     NUM31
        IXBC    NUM32
        JNZ     LP
        RET
        .auto
NUM31   RD      1
NUM32   RD      1
        .aend
        FILE    125,I,KEYBD
        END
```

```
LNO Location Label  Opcode Operand     Obje Code
--- -------- -----  ------ -------     ---------
    0000000  S_323  START  0
    0000000  MAIN   LDBi   STACK       8320000E
    0000004         LDSi   STACK       8B20004A
    0000008         CALL   CALC        EE200046
    000000C         DMPr   A           F993
    000000E         HALT               FF000000
    0000012  STACK  RB     64
             .--------------------------
    0000052  CALC   CALL   INPUT       EE200020
    0000056         STA    NUM11       C8400000
    000005A         CALL   INPUT       EE200018
    000005E         STA    NUM12       C8400004
    0000062         CALL   TWOADD      EE200038
    0000066         STA    SUM         C8400008
    000006A         CALL   TWOMUL      EE20003C
    000006E         ADD    SUM         D0400008
    0000072         RET                EF000000
    0000076         .auto
    0000000  NUM11  RD     1
    0000004  NUM12  RD     1
    0000008  SUM    RD     1
    0000076         .aend
             .--------------------------
    0000076  INPUT  CIDi   125         B000007D
    000007A         JZ     INPUT       E82FFFF8
    000007E         INi    125         B400007D
    0000082         CMPi   '0'         A02FFFAA
    0000086         JC     INPUT       EA2FFFEC
    000008A         CMPi   '9'         A02FFFAC
    000008E         JC     OK          EA200004
    0000092         JMP    INPUT       EB2FFFE0
    0000096  OK     SUBi   '0'         942FFF96
    000009A         RET                EF000000
             .-------------------------
    000009E  TWOADD LDA    NUM21       C0400000
    00000A2         ADD    NUM22       D0400004
    00000A6         RET                EF000000
    00000AA         .auto
    0000000  NUM21  RD     1
    0000004  NUM22  RD     1
    00000AA         .aend
             .-------------------------
    00000AA  TWOMUL LDXi   0           84000000
    00000AE         CLRr   A           DF93
    00000B0  LP     ADD    NUM31       D0400000
    00000B4         IXBC   NUM32       E6400004
    00000B8         JNZ    LP          E92FFFF4
    00000BC         RET                EF000000
    00000C0         .auto
    0000000  NUM31  RD     1
    0000004  NUM32  RD     1
    00000C0         .aend
    00000C0         FILE   125,I,KEYBD
    00000C0         END
```

~home/scode/smp/s_3_23_181.s

3.6 XVM 어셈블리 언어의 지역 변수 구현

3.6.1 XVM 어셈블러의 지역 변수 지원

앞 장에서 다뤘던 자동 변수는 [그림 3-30]에서 보는 바와 같이 프로그램의 어느 지점에서도 접근(참조)할 수 있다는 점에서 전역 변수이다. 즉, 지금까지의 XVM 어셈블리 언어에서 사용했던 모든 변수는 전역 변수인 것이다. 모든 변수가 전역 변수일 때의 최대 단점은 프로그램 전체 범위에서 모든 변수 이름이 서로 달라야(유일해야) 한다는 점이다. 프로그램이 아주 짧은 경우에는 크게 불편하지 않겠지만 규모가 차츰 커지면서 프로그래머가 유일한 변수 이름을 관리하는 일이 쉽지 않다.

```
LNO  Location  Label   Opcode  Operand       Object Code
---  --------  -----   ------  -----------   -----------
000  0000000   S_316   START   00h
005  0000000   MAIN    LDBi    HEAP          C3200010
010  0000004           GSUB    RTEST         EC20008C
015  0000008           DMP     RVAL          F9200004
020  000000C           HALT                  FF000000
025  0000010   RVAL    RD      1
030  0000014   HEAP    RB      128

035  0000094   RTEST   LDA     RND           C067FFFFFF
040  0000099           MODi    10            9700000A
045  000009D           DMPr    A             F993
050  000009F           STA     TMP           C8400000
055  00000A3           LDA     RND           C067FFFFFF
060  00000A8           MODi    10            9700000A
065  00000AC           DMPr    A             F993
070  00000AE           ADD     TMP           D0400000
075  00000B2           STA     @RVAL         C860000010
080  00000B7           RSUB                  ED000000
085  00000BB           .auto
090  0000000   TMP     RD      20
095  00000BB           .aend
100  00000BB           END      MAIN // ~home/scode/smp/s_3_16_173.s
```

[그림 3-30] XVM 어셈블리 프로그램 자동 변수 예([그림 3-26]과 동일)

XVM 어셈블리 언어에서는 전역 변수와 대비되는 지역 변수 지원을 위해 [그림 3-31]과 같이 ".function", ".fend" 지시자를 도입하여 아래와 같이 구현한다.

- ".function" 지시자는 "MAIN .function"의 예와 같이 기호(레이블) 부분에 함수 이름을 갖는다. 이 때, 함수 이름 "MAIN" 기호는 프로그램의 다른 부분에서 호출 시 이용될 수 있도록 전역 변수로 관리한다,
- ".function" ~ ".fend" 사이는 하나의 독립된 함수 공간을 형성하여 기호(변수)를 다른 함수와 분리하여 별도로 관리한다. 즉, 기호 이름이 다른 함수의 기호와 중복되어도 무방하다.
- ".function" ~ ".fend" 범위를 벗어난 영역에 정의된 기호(변수)들은 전역으로 간주되고, 이 영역에는 니모닉(연산) 코드는 존재할 수 없다([그림 3-32] 참조).

- 위 [그림 3-30]과 같이 ".function" ~ ".fend" 영역이 하나도 명시되지 않은 프로그램은 전체적으로 하나의 함수로 구성된 프로그램으로 간주한다.
- 함수 내에서 ".aend"가 생략되면 자동 변수 영역을 ".fend"까지로 간주한다.
- ".fend"가 생략되면 함수 영역을 "END"까지로 간주한다.
- "END" 지시자의 피연산자 기호가 함수 이름이 아니면 위에서부터 내부(지역) 기호를 순차 검색하여 적용한다.

```
S_324      START     00h
MAIN      .function
           LDBi      HEAP
           GSUB      RTEST
           DMP       RVAL
           HALT
          .fend
RVAL       RD        1
HEAP       RB        128
RTEST     .function
           LDA       RND
           MODi      10
           DMPr      A
           STA       TMP
           LDA       RND
           MODi      10
           DMPr      A
           ADD       TMP
           STA       @RVAL
           RSUB
          .auto
TMP        RD        1
          .aend
          .fend
           END       MAIN
     // ~home/scode/smp/s_3_24_183.s
```

```
S_325   START
 MAIN  .function
   GO   LDBi   STACK
        LDSi   STACK+128
   LP   CALL   GETHX
        DMPB   HEX
        LDAB   HEX
        CMPBi  00h
        JNZ    LP
        HALT
       .fend
  HEX   RB     1
STACK   RB     128
GETHX  .function
        CALL   GETCH
        CMPBi  00h
        JZ     SKIP
        ORi    20h
SKIP    STAB   HEX
        RET
       .fend
GETCH  .function
        CID    IPORT
        JZ     GETCH
        IN     IPORT
        CMPBi  0Ah    // '₩n'
        JNZ    SKIP
        LDABi  00h
SKIP    RET
       .auto
IPORT   DD     125
       .fend
        FILE 125,I,IDATA
        END    GO
    // ~home/scode/smp/s_3_25_183.s
```

[그림 3-31] 지역 변수(함수) 활용 프로그램의 예

MEMO

```
     S_326  START
000  MAIN  .function
            LDBi  HEAP
            CALL  TEST
            HALT
           .fend

010  HEAP   RB    16
015         LDA   RND --> Mnemonic code is not allowed out of function ...

020  TEST  .function
            LDA         RND
            STA   VT
030         RET
           .auto
       VT   RD          1
           .fend
            END                                  // ~home/scode/smp/s_3_26_185
```

[그림 3-32] 연산 명령어가 함수 밖에 위치할 수 없는 예

MEMO

3.6.2 지역 변수 지원을 위한 XVM 어셈블러 설계

XVM 어셈블러의 지역 변수 지원 방법은 큰 틀에서 자동 변수를 지원하기 위해 도입했던 방법과 유사하다. 즉, 소스 코드를 읽어 가면서 현재 특정 함수를 처리 중인지 아닌지를 식별한다. 패스_1에서는 기호를 정의하는 단계이므로 특정 함수 처리 중이라면 현재 라인에 존재하는 기호를 해당 함수의 지역 기호(변수)로 처리하고, 특정 함수 처리 중이 아니라면 전역 변수로 처리한다. 패스_2에서는, 현재 라인의 피연산자에 존재하는 기호를 검색할 때 특정 함수 처리 중이라면 일단 해당 함수의 지역 기호를 대상으로 검색하고, 지역 기호 대상에서 실패하면 전역 기호를 대상으로 검색한다. 특정 함수 처리 중이 아니라면 현재 라인의 피연산자 기호로는 전역 기호만 가능하므로 전역 기호를 대상으로 검색한다.

기호를 전역 기호와 지역 기호를 구분하여 관리하는 방법은 의외로 간단하다. 기호를 기호 테이블에 등록할 때, 전역 기호는 원래 있는 그대로 등록하고, 지역 기호는 함수 이름을 전치사로 삼아 [그림 3-34]와 같이 "GETHX.SKIP" 형태로 등록한다. 지역 변수 처리를 위한 개략적인 알고리즘은 아래와 같다.

- 패스_1([그림 3-33]에서
  . ".function"을 만나면 특정 함수 단계임을 표시하고, 함수 이름을 기록한다.
  . 이 후. 함수 단계인지의 여부는 함수 이름이 기록되어 있는가에 따라 판단하고, 함수 단계라면 기호를 "함수이름.기호" 형태로 기호 테이블에 등록한다.
  . ".fend"를 만나면 함수 단계를 해제하고 함수 이름을 지운다.
  . 함수 단계가 아닌 상황에서 변수 공간 확보 지시어가 아닌 니모닉 코드(명령어)는 오류 처리한다([그림 3-32] 참조).

```
Pass_1()
{
        FuncName = NULL;                  // ATflag : STATIC or AUTO
        :
        while(read_line() >= 0) {
                :
            if (OPcode == ".function" )  { FuncName = LABEL;
                        insert_symbol(Funcname, LOC, AT_flag); continue; }
            else if (OPcode == ".fend" ) { FuncName = NULL; continue;  }
            if (Label) {
                if (FuncName != NULL)
                    insert_symbol(FuncName∪LABEL, LOC, AT_flag); // Local
                else
                    insert_symbol(LABEL, LOC, AT_flag);            // Global
            }
            if (FuncName == NULL && (OPcode is mnemonic)) Error(...);
            :
            LOC = LOC + Op_len;
        }
}
```

[그림 3-33] 지역 변수를 위한 XVM 어셈블러 설계(패스_1)

```
Location Label   Opcode    Operand    Objec Code
-------- -----   ------    -------    ----------
0000000  S_325   START
0000000  MAIN    .function
0000000  GO      LDBi      STACK      8320001D
0000004          LDSi      STACK+128  8B200099
0000008  LP      CALL      GETHX      EE200095
000000C          DMPB      HEX        FB200010
0000010          LDAB      HEX        C220000C
0000014          CMPBi     00h        A2000000
0000018          JNZ       LP         E92FFFEC
000001C          HALT                 FF000000
0000020          .fend

0000020  HEX     RB        1
0000021  STACK   RB        128

00000A1  GETHX   .function
00000A1          CALL      GETCH      EE200014
00000A5          CMPBi     00h        A2000000
00000A9          JZ        SKIP       E8200004
00000AD          ORi       20h        99000020
00000B1  SKIP    STAB      HEX        CA2FFF6B
00000B5          RET                  EF000000
00000B9          .fend

00000B9  GETCH   .function
00000B9          CID       IPORT      F0400000
00000BD          JZ        GETCH      E82FFFF8
00000C1          IN        IPORT      F4400000
00000C5          CMPBi     0Ah        A200000A
00000C9          JNZ       SKIP       E9200004
00000CD          LDABi     00h        82000000
00000D1  SKIP    RET                  EF000000
00000D5          .auto
0000000  IPORT   DD        125        0000007D
0000004          .aend
00000D5          .fend

00000D5          FILE      125,I,KEYBD
00000D5          END       GO   // ~/s_3_25_183.s
```

Symbol	Value
RND	7FFFFFF
S_325	0000000
MAIN	0000000
MAIN.GO	0000000
MAIN.LP	0000008
HEX	0000020
STACK	0000021
GETHX	00000A1
GETHX.SKIP	00000B1
GETCH	00000B9
GETCH.SKIP	00000D1
GETCH.IPORT	0000000

[그림 3-34] 지역 변수(함수) 구현을 위한 기호 관리 예

- 패스_2([그림 3-34]에서
  . ".function"을 만나면 특정 함수 단계임을 표시하고, 함수 이름을 기록한다.
  . 특정 함수 단계에서, 명령어 피연산자에 포함된 기호 값은 "함수이름.기호" 형태의 지역 변수를 먼저 검색하고, 실패하면 "기호" 형태의 전역 변수를 검색한다. 즉, 지역 변수와 전역 변수에 동일 이름의 기호가 존재한다면 지역 변수를 우선 참조하도록 한다([그림 3-35] 참조).
  . ".fend"를 만나면 함수 단계를 해제하고 함수 이름을 지운다.
  . 함수 단계가 아닐 때는 피연산자의 기호에 대하여 "기호" 형태의 전역 변수만을 검색한다.

```
Pass_2()
{
        FuncName = NULL;
        :
        while(read_line() >= 0) {
             :
             if (OPcode ==  ".function" )  { FuncName = LABEL; continue; }
             else if (OPcode ==  ".fend" ) { FuncName = NULL; continue;  }
             :
             . 기호(symbol)가 포함된 피연산자 부분을 어셈블할 때,
                  if (FuncName != NULL)
                            val = search_symbol(FuncName∪symbol);
                  else
                            val = search_symbol(symbol);
                  :
             :
             LOC = LOC + Op_len;
        }
}
```

[그림 3-34] 지역 변수를 위한 XVM 어셈블러 설계(패스_2)

```
LNO Location Label Opcode    Opernd Obje Code
--- -------- ----- ------    ------ ---------
    0000000  S_327 START
000 0000000  MAIN  .function
    0000000        LDBi      HEAP   8320000C
    0000004        CALL      TEST   EE200020
    0000008        STA       X      C8200014
    000000C        HALT             FF000000
    0000010        .fend

010 0000010  HEAP  RB        16
015 0000020  X     RD        1
015 0000024  Y     RD        1

020 0000028  TEST  .function
    0000028        LDA       RND    C067FFFFFF
    000002D        STA       X      C8400000
    0000031        STA       Y      C82FFFEF
    0000035        RET              EF000000
    0000039        .auto
    0000000  X     RD        1
    0000004        .fend
                             // ~home/scode/smp
    0000004        END       //   s_3_27_189.s
```

Symbol	Value
RND	7FFFFFF
S_327	0000000
MAIN	0000000
HEAP	0000010
X	0000020
Y	0000024
TEST	0000028
TEST.X	0000000

[그림 3-35] 지역 변수 후에 전역 변수를 검색하는 예

MEMO

종합 실습 3-24-190
(XVM 2-패스 어셈블러, 지역변수)

아래 절차에 따라 지역 변수를 지원하는 XVM 2-패스 어셈블러를 구현하여 예제 프로그램들을 어셈블 해보자.

1. 실습환경
   - 유닉스/리눅스
2. XVM 자동·지역 변수 지원 2-패스 어셈블러 구현
   - ~home/asm/asm_x23 디렉터리의 XVM 2-패스 어셈블러 소스를 ~home/asm/asm_x24 디렉터리로 복사하여 필요한 부분을 편집(수정·생성)하고 Makefile을 이용하여 실행파일 "asm_x24" 생성
   - 쉘 변수 PATH에 ~home/asm/asm_x24 디렉터리 등록
     ex) $ PATH=$PATH:~home/asm/asm_x24; export PATH
       % set path=($path ~home/asm/asm_x24)
3. SVM 예제 프로그램 편집
   - ~home/scode/smp 디렉터리에서 SVM 예제 어셈블리 코드 편집(s_x_y_z.s)
   - 종합 실습 3-22-165 종합 실습 3-23-177 등 이전에 작성했던 코드는 그대로 활용
4. 예제 프로그램 어셈블
   - $ asm_x24 s_x_y_z.s ↲ ==> 출력 결과(어셈블리 리스트 혹은 오류) 확인
   - $ asmx s_x_y_z.s ↲ 의 출력 결과와 비교
   - $ vmex s_x_y_z.obj ↲ ==> 실행 오류인 경우 예제 프로그램 수정 및 어셈블 후 재시도

```
S_316   START   00h
MAIN    LDBi    HEAP
        GSUB    RTEST
        DMP     RVAL
        HALT
RVAL    RD      1
HEAP    RB      128
RTEST   LDA     RND
        MODi    10
        DMPr    A
        STA     TMP
        LDA     RND
        MODi    10
        DMPr    A
        ADD     TMP
        STA     @RVAL
        RSUB
        .auto
TMP     RD      1
        .aend
        END MAIN
```

~home/scode/smp/s_3_16_173.s

```
000   S_308   START   00h
005   MAIN    LDAn    VP1
010           ADDn    VP2
015           STAn    VP3
020           DMP     VP3
025           HALT

030   VAR3    RD      1

035   VP1     DD      VAR1
040   VP2     DD      VAR2
045   VP3     DD      VAR3
050   VAR1    DD      20
055   VAR2    DD      30

060           END
```

~home/scode/smp/s_3_08_167.s

```
000   S_317   START   00h
      MAIN    LDBi    HEAP
              LDSi    HEAP+64
              CALL    FUNC
              HALT
003   HEAP    RB      64
005   FUNC    LDAn    VP1
010           ADDn    VP2
015           STAn    VP3
020           DMPn    VP3
025           RET
             .auto
030   VAR3    RD      1
             .aend
035   VP1     DD      VAR1
040   VP2     DD      VAR2
045   VP3     DD      VAR3
050   VAR1    DD      20
055   VAR2    DD      30
060           END
```

~home/scode/smp/s_3_17_174.s

```
      S_318   START
005           LDBi    STACK
              LDSi    STACK+64
              CALL    FUNC
010           HALT

020   STACK   RB      64

025   FUNC    LDAi    10
030           STA     @TMP
040           RET
             .auto
050   TMP     RD      1
             .aend
              END
```

~home/scode/smp/s_3_18_175.s

```
      S_319   START
000           LDBi    STACK
              LDSi    STACK+64
010           CALL    FUNC
020           HALT

030   STACK   RB      64

040   FUNC    LDA     TMP
050           ADDi    20
060           RET
             .auto
070   TMP     DD      10
             .aend
              END
```

~home/scode/smp/s_3_19_175.s

```
S_320  START  0
MAIN   LDA    VAR0
       ADD    VAR1
       ADD    VAR2
       STA    VAR3
       HALT

VAR0   DD     0+1        // 1
VAR1   DD     'D'-'B'    // 2
VAR2   DD     'AD'-'AA'  // 3
VAR3   RD     1

       END
```

~home/scode/smp/s_3_20_180.s

```
S_321  START  0
MAIN   LDBi   HEAP
       LDSi   HEAP+64
       CALL   FUNC
       HALT

HEAP   RB     64

VAR0   DD     0+1        // 1
VAR1   DD     'D'-'B'    // 2
VAR2   DD     'AD'-'AA'  // 3

FUNC   LDA    VAR0
       ADD    VAR1
       ADD    VAR2
       STA    VAR3
       RET

       .auto
VAR3   RD     1
       .aend
       END
```

~home/scode/smp/s_3_21_180.s

```
S_322  START  0
MAIN   LDBi   STACK
       LDSi   STACK+64
       LDAi   10
       LDQ    FOUR
       CALL   FUN1
       HALT

STACK  RB     64
FOUR   DD     64

FUN1   STA    VAR1
       ADDrr  B,Q
       CALL   FUN2
       SUBrr  B,Q
       RET
       .auto
VAR1   RD     1
       .aend

FUN2   STA    VAR2
       RET
       .auto
VAR2   RD     1
       .aend
       END
```

~home/scode/smp/s_3_22_180.s

```
S_323   START   0
MAIN    LDBi    STACK
        LDSi    STACK+64
        CALL    CALC
        DMPr    A
        HALT
STACK   RB      64
.-----------------------
CALC    CALL    INPUT
        STA     NUM11
        CALL    INPUT
        STA     NUM12
        CALL    TWOADD
        STA     SUM
        CALL    TWOMUL
        ADD     SUM
        RET
       .auto
NUM11   RD      1
NUM12   RD      1
SUM     RD      1
       .aend
.-----------------------
INPUT   CIDi    125
        JZ      INPUT
        INi     125
        CMPi    '0'
        JC      INPUT
        CMPi    '9'+1
        JC      OK
        JMP     INPUT
   OK   SUBi    '0'
        RET
.-----------------------
TWOADD  LDA     NUM21
        ADD     NUM22
        RET
       .auto
NUM21   RD      1
NUM22   RD      1
       .aend
.-----------------------
TWOMUL  LDXi    0
        CLRr    A
   LP   ADD     NUM31
        IXBC    NUM32
        JNZ     LP
        RET
       .auto
NUM31   RD      1
NUM32   RD      1
       .aend
        FILE    125,I,KEYBD
        END
```

```
LNO Location  Label   Opcode  Operand  Obje Code
--- --------  -----   ------  -------  ---------
    0000000   S_323   START   0
    0000000   MAIN    LDBi    STACK    8320000E
    0000004           LDSi    STACK    8B20004A
    0000008           CALL    CALC     EE200046
    000000C           DMPr    A        F993
    000000E           HALT             FF000000
    0000012   STACK   RB      64
                     .--------------------------
    0000052   CALC    CALL    INPUT    EE200020
    0000056           STA     NUM11    C8400000
    000005A           CALL    INPUT    EE200018
    000005E           STA     NUM12    C8400004
    0000062           CALL    TWOADD   EE200038
    0000066           STA     SUM      C8400008
    000006A           CALL    TWOMUL   EE20003C
    000006E           ADD     SUM      D0400008
    0000072           RET              EF000000
    0000076           .auto
    0000000   NUM11   RD      1
    0000004   NUM12   RD      1
    0000008   SUM     RD      1
    0000076           .aend
                     .--------------------------
    0000076   INPUT   CIDi    125      B000007D
    000007A           JZ      INPUT    E82FFFF8
    000007E           INi     125      B400007D
    0000082           CMPi    '0'      A02FFFAA
    0000086           JC      INPUT    EA2FFFEC
    000008A           CMPi    '9'      A02FFFAC
    000008E           JC      OK       EA200004
    0000092           JMP     INPUT    EB2FFFE0
    0000096   OK      SUBi    '0'      942FFF96
    000009A           RET              EF000000
                     .--------------------------
    000009E   TWOADD  LDA     NUM21    C0400000
    00000A2           ADD     NUM22    D0400004
    00000A6           RET              EF000000
    00000AA           .auto
    0000000   NUM21   RD      1
    0000004   NUM22   RD      1
    00000AA           .aend
                     .--------------------------
    00000AA   TWOMUL  LDXi    0         84000000
    00000AE           CLRr    A         DF93
    00000B0   LP      ADD     NUM31     D0400000
    00000B4           IXBC    NUM32     E6400004
    00000B8           JNZ     LP        E92FFFF4
    00000BC           RET               EF000000
    00000C0           .auto
    0000000   NUM31   RD      1
    0000004   NUM32   RD      1
    00000C0           .aend
    00000C0           FILE    125,I,KEYBD
    00000C0           END
```

~home/scode/smp/s_3_23_181.s(목적 코드 참조)

```
S_324       START    00h
MAIN       .function
            LDBi     HEAP
            GSUB     RTEST
            DMP      RVAL
            HALT
           .fend
RVAL        RD       1
HEAP        RB       128
RTEST      .function
            LDA      RND
            MODi     10
            DMPr     A
            STA      TMP
            LDA      RND
            MODi     10
            DMPr     A
            ADD      TMP
            STA      @RVAL
            RSUB
           .auto
TMP         RD       1
           .aend
           .fend
            END      MAIN
```

~home/scode/smp/s_3_24_183.s

```
      S_326  START
000   MAIN  .function
             LDBi  HEAP
             CALL  TEST
             HALT
            .fend
010   HEAP   RB    16
015          LDA   RND
020   TEST  .function
             LDA   RND
             STA   VT
030          RET
            .auto
        VT   RD        1
            .fend
             END
```

// ~home/scode/smp/s_3_26_185

```
S_325   START
 MAIN  .function
   GO   LDBi   STACK
        LDSi   STACK+128
   LP   CALL   GETHX
        DMPB   HEX
        LDAB   HEX
        CMPBi  00h
        JNZ    LP
        HALT
       .fend
  HEX   RB     1
STACK   RB     128
GETHX  .function
        CALL   GETCH
        CMPBi  00h
        JZ     SKIP
        ORi    20h
SKIP    STAB   HEX
        RET
       .fend
GETCH  .function
        CID   IPORT
        JZ    GETCH
        IN    IPORT
        CMPBi 0Ah    // '₩n'
        JNZ   SKIP
        LDABi 00h
SKIP    RET
       .auto
IPORT   DD    125
       .fend
        FILE 125,I,IDATA
        END   GO
```

~home/scode/smp/s_3_25_183.s

```
        S_327  START
000     MAIN   .function
               LDBi  HEAP
               CALL  TEST
               STA   X
               HALT
               .fend
010      HEAP  RB    16
015         X  RD    1
015         Y  RD    1
020     TEST   .function
               LDA      RND
               STA      X
               STA      Y
               RET
               .auto
            X  RD       1
               .fend
               END
```

~home/scode/smp/s_3_27_189.s

```
        S_328  START
000  // MAIN   .function
               LDBi  HEAP
               CALL  TEST
               STA   X
               HALT
     //       .fend
010      HEAP  RB    16
015         X  RD    1
015         Y  RD    1
020     TEST   .function
               LDA      RND
               STA      X
               STA      Y
               RET
               .auto
            X  RD       1
               .fend
               END
```

~home/scode/smp/s_3_28_195.s

```
S_329   START    0
MAIN    LDBi     STACK
        LDSi     STACK+64
        CALL     CALC
        DMPr     A
        HALT
STACK   RB       64
-----------------------------
CALC    .function
        CALL     INPUT
        STA      NUM1
        CALL     INPUT
        STA      NUM2
        CALL     TWOADD
        STA      SUM
        CALL     TWOMUL
        ADD      SUM
        RET
        .auto
NUM1    RD       1
NUM2    RD       1
SUM     RD       1
        .aend
        .fend
-----------------------------
INPUT   .function
        CIDi     125
        JZ       INPUT
        INi      125
        CMPi     '0'
        JC       INPUT
        CMPi     '9'
        JC       OK
        JMP      INPUT
    OK  SUBi     '0'
        RET
        .fend
-----------------------------
TWOADD  .function
        LDA      NUM1
        ADD      NUM2
        RET
        .auto
NUM1    RD       1
NUM2    RD       1
        .aend
        .fend
-----------------------------
TWOMUL  .function
        LDXi     0
        CLRr     A
    LP  ADD      NUM1
        IXBC     NUM2
        JNZ      LP
        RET
        .auto
NUM1    RD       1
NUM2    RD       1
        .fend
-----------------------------
        FILE     125,I,KEYBD
        END
```

~home/scode/smp/s_3_29_195.s

MEMO

제 4 장 목적 프로그램 재배치

4.1 목적 프로그램 재배치(object program relocation) 개념

목적 프로그램의 재배치 개념을 위해서는 컴퓨터의 메모리 관리에 대한 이해가 필요하다. 유닉스, 리눅스, 윈도즈, 맥 등 일반적인 상용 컴퓨터에서는 동시에 여러 개의 프로그램들이 메모리에 적재되어 실행된다. 아주 가까운 예로 윈도즈 시스템에서 창을 여러 개 열고 작업하는 상황을 들 수 있다. 즉, 창 하나하나가 [그림 4-1]과 같이 서로 독립적인 프로그램으로서 메모리에 동시에 적재되어 실행되고 있는 것이다. 이와 같이 메모리에 여러 개의 프로그램을 적재하여 처리하는 방식을 다중 프로그래밍(multi-programmin)이라 한다.

다중 프로그래밍 환경에서 적재되는 프로그램들은 크기, 적재 시기, 소멸 시기 등이 모두 제각각이어서 어느 시점에 메모리의 특정 부분이 비어있을 것이라고 예측하는 일이 불가능하다. 그런데, 지금까지 어셈블리 프로그래밍 과정에서 익숙해져 있는 바와 같이 프로그램의 서두에 해당 프로그램의 적재 주소를 명기하도록 되어 있고, 어셈블러는 그 적재 주소를 기준삼아 목적 코드 즉, 기계 명령어를 조립한다. 이를 다시 말하면 프로그래머가 비어 있는 메모리 부분을 미리 알아야 한다는 결론으로 이어지는데, 이는 다중 프로그래밍 환경의 특징에 상반되어 불가능하다. 그렇다고, 실시간으로 메모리를 조사하여 비어있는 부분을 예약하고 재빠르게 프로그램을 수정한 다음 다시 어셈블하여 목적 프로그램을 새로 생성하여 실행시키는 과정을 거칠 수는 없다. 시간 낭비가 많고, 메모리 활용도가 저하되며, 무엇보다도 사용자 입장에서 너무 번거로운 일이기 때문이다.

그렇다면 윈도즈와 같은 다중 프로그래밍 환경에서 실행되는 프로그램들은 어떤 방식으로 작성되었을까 하는 의문이 든다. 이를 해결하는 방법이 바로 목적 프로그램 재배치 개념이다. 목적 프로그램의 재배치는 어셈블을 다시 하는 것이 아니라, 이미 존재하는 목적 프로그램을 원래 의도했던 주소가 아닌 다른 주소로 적재하되, 필요한 경우 목적 코드를 수정해주는 것이다. 즉, 목적 프로그램을 적재하면서 진행되는 목적 코드 수정 작업으로 정의할 수 있다.

목적 프로그램의 재배치 작업은 프로그래머가 하는 것이 아니고, 컴퓨터에 탑재된 로더(loader)라는 적재 소프트웨어에 의해서 이루어지므로, 프로그래머는 실제 적재될 주소에 관해서는 걱정할 필요가 없다.

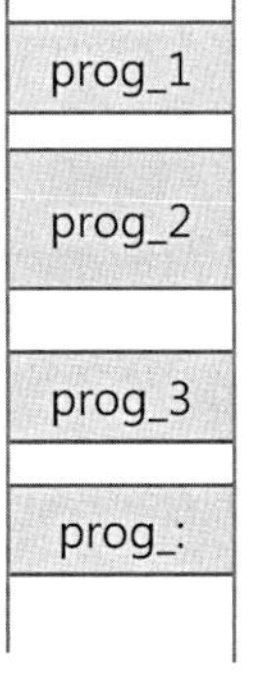

[그림 4-1] 다중 프로그래밍 개념

4.2 절대 프로그램과 재배치

[그림 4-2]는 [그림 4-4] 어셈블리 프로그램에 대한 SVM 목적 프로그램인데 적재 주소 0x00 번지를 전제로 작성되었다. 그런데, 이 목적 프로그램을 아무런 수정 없이 [그림 4-5]와 같이 0x100 번지부터 적재하면 어떻게 될까?

[그림 4-4]의 라인 05의 “LDA X”에 대응되는 목적 코드 0x0000028은 그 코드가 어느 위치에 존재하는가에 관계없이 무조건 메모리 0x28번지를 참조한다. [그림 4-4]와 같이 목적 프로그램이 예정대로 0x00 번지에 적재되었다면 참조 번지 0x28에 의도하는 변수 공간 X가 프로그램 내에 존재하여 정상적인 참조가 이루어진다. 그런데, 이 목적 프로그램을 [그림 4-5]와 같이 0x00이 아닌 0x100 번지에 적재했다면 0x28 번지는 프로그램의 영역을 벗어나 더 이상 원하는 변수 공간 X가 아니고, 변수 X의 올바른 위치는 프로그램 내 0x128 번지다.

[그림 4-4]에 대한 목적 프로그램 [그림 4-2]를 0x00이 아닌 0x100 번지에 적재할 때의 재배치 작업은 메모리 주소(기호)에 해당되는 모든 목적 코드 부분에 0x100을 더해주는 일로 정의할 수 있다. 만약 0x200 번지에 적재한다면 0x200을 더해주어야 한다. 이를 일반화하면 주소에 해당되는 모든 목적 코드 부분에 실제 적재 주소를 더하는 일과 같고, 그 결과는 [그림 4-3]의 원천 코드를 수정하여 다시 어셈블한 내용과 동일하다.

목적 프로그램을 메모리에 적재하는 로더(적재기)는 [그림 4-4]의 원천 프로그램은 전혀 참조하거나 고려하지 않고, 오직 [그림 4-2]의 목적 프로그램만을 참조하여 적재한다. [그림 4-2]의 경우, ‘T’ 레코드(기계 명령어)만을 대상으로 [그림 4-3]의 명령어 포맷에 맞추어 피연산자 부분에 재배치 작업을 적용하면 될 것이다.

```
H:S_401:000000:000038
T:0000000:18:00000028^1000002C^0800002C^00000028^10000030^08000028
T:0000018:10:20000034^2A000004^3900002C^3F000000
D:0000028:10:00000001^00000000^00000001^0000000A
E:0000000
```

[그림 4-2] [그림 4-3] 프로그램에 대한 목적 프로그램

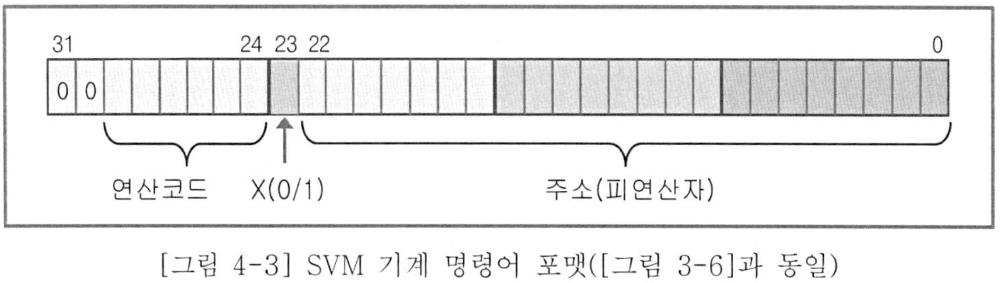

[그림 4-3] SVM 기계 명령어 포맷([그림 3-6]과 동일)

Location	Label	Opcode	Operand	Object Code
0000000	S_401	START	00h	
0000000	MAIN	LDA	N	00000028
0000004	LOOP	ADD	SUM	1000002C
0000008		STA	SUM	0800002C
000000C		LDA	N	00000028
0000010		ADD	ONE	10000030
0000014		STA	N	08000028
0000018		CMP	TEN	20000034
000001C		JC	LOOP	2A000004
0000020		DMP	SUM	3900002C
0000024		HALT		3F000000
0000028	N	DD	1	00000001
000002C	SUM	DD	0	00000000
0000030	ONE	DD	1	00000001
0000034	TEN	DD	10	0000000A
0000038		END	~home/scode/smp/s_4_01_201.s	

[그림 4-4] 어셈블리 프로그램의 예

Location	Object Code
0000100	00000028
0000104	1000002C
0000108	0800002C
000010C	00000028
0000110	10000030
0000114	08000028
0000118	20000034
000011C	2A000004
0000120	3900002C
0000124	3F000000
0000128	00000001
000012C	00000000
0000130	00000001
0000134	0000000A

[그림 4-5] [그림 4-4]의 목적 프로그램이 0x100에 적재된 모습

아래 [그림 4-6]은 원천 코드 [그림 4-7]에 대한 SVM 목적 프로그램인데 재배치가 곤란한 경우의 예이다. 앞에서 다룬 바와 같이 'T' 레코드만 재배치 대상이라면 어려움이 없겠지만, 아래의 예에서는 'D' 레코드의 초기 값에도 재배치가 이루어져야 한다. 그러나 [그림 4-6]의 목적 프로그램만을 참조하는 로더(적재기)로서는 'D' 레코드 중 어느 것이 재배치 대상인지 알 수 없다. 따라서 지금까지 다뤘던 SVM 목적 프로그램은 모두 재배치가 불가능하다.

위와 같이 재배치가 불가능하여 오직 주어진 위치에만 적재되어야만 실행이 가능한 경우를 절대 프로그램이라 부른다. 절대 프로그램이 재배치 가능한 프로그램으로 전환되기 위해서는 목적 프로그램이 재배치에 필요한 충분한 정보를 넣어주어야 한다.

```
H:S_402:000000:000060
T:0000000:18:0400002C^007fffff^08800000^39800000^00000028^1000005C
T:0000018:10:08000028^24000030^2A000008^3F000000
D:0000028:0C:00000001^00000034^0000005C
D:000005C:04:00000001
E:0000000
```

[그림 4-6] [그림 4-7] 프로그램에 대한 목적 프로그램(재배치 불가능)

LNO	Location	Label	Opcode	Operand	Object Code
00	0000000	S_402	START	00h	
05	0000000	MAIN	LDX	PTR1	0400002C
10	0000004		LDA	RND	007fffff
15	0000008	LOOP	STA	0[X]	08800000
20	000000C		DMP	0[X]	39800000
25	0000010		LDA	N	00000028
30	0000014		ADD	ONE	1000005C
35	0000018		STA	N	08000028
40	000001C		IXC	PTR2	24000030
45	0000020		JC	LOOP	2A000008
50	0000024		HALT		3F000000
55	0000028	N	DD	1	00000001
60	000002C	PTR1	DD	ARR	00000034
65	0000030	PTR2	DD	ARR+40	0000005C
70	0000034	ARR	RD	10	
75	000005C	ONE	DD	1	00000001
80	0000060		END	~home/scode/smp/s_4_02_202.s	

[그림 4-7] 재배치가 곤란한 프로그램의 예

4.3 SVM 목적 프로그램 재배치를 위한 어셈블러 확장

원천 프로그램을 참조하는 어셈블러는 원천 코드로부터 재배치가 필요한 부분을 파악할 수 있기 때문에 재배치 가능한 목적 프로그램을 생성할 수 있다. 아래의 [그림 4-8]은 [그림 4-7]의 재배치 불가능한 SVM 목적 프로그램 안에 재배치 정보를 의미하는 'R'(Relocation) 레코드를 추가함으로써 로더가 재배치 작업을 수행할 수 있는 재배치 가능한 SVM 목적 프로그램의 예이다. 여기서 "R:000002C:04:+" 레코드는 원래의 적재 주소인 0x00을 기준으로 0x2C 번지부터 4 바이트에 걸쳐 실제 적재 주소와 원래 적재 주소의 차(LDGAP)을 더하라는(+) 의미이다.

```
H:S_402:000000:000060
T:0000000:18:0400002C^007fffff^08800000^39800000^00000028^1000005C
T:0000018:10:08000028^24000030^2A000008^3F000000
D:0000028:0C:00000001^00000034^0000005C
D:000005C:04:00000001   ↖0x2C      ↖0x30
R:000002C:04:LDGAP:+
R:0000030:04:LDGAP:+
E:0000000
```

[그림 4-8] [그림 4-7] 프로그램에 대한 재배치 가능한 목적 프로그램

그런데, 모든 텍스트 레코드에 재배치를 일괄적으로 적용하면 문제가 발생하는 경우가 있다. 즉, 기호 기반 프로그래밍 한경에서 "LDA 0[X]"와 배열 형태의 접근 시 피연산자가 상수인 경우에는 그 값을 주소가 아닌 기준 값 0으로 해석해주는 것이 타당하기 때문에 재배치 대상에서 제외하도록 한다. 또한, 특별 기호 RND(난수 변수)도 재배치 대상이 아니다.

이 문제를 해결하기 위한 방안으로 일단 모든 텍스트 레코드의 피연산자 부분을 재배치한다는 전제 하에, 위 두 경우에는 [그림 4-9]와 같이 재배치를 취소(원위치)하는 재배치 레코드를 삽입한다.

```
H:S_402:000000:000064  ↘0x05        0x0D↘     0x11↘
T:0000000:18:04000030^007fffff^38000003^08800000^39800000^0000002C
T:0000018:14:10000060^0800002C^24000034^2A00000C^3F000000
D:000002C:0C:00000001^00000038^00000060
D:0000060:04:00000001
R:0000005:03:LDGAP:-
R:000000D:03:LDGAP:-
R:0000011:03:LDGAP:-
R:0000030:04:LDGAP:+
R:0000034:04:LDGAP:+
E:0000000
```

[그림 4-9] [그림 4-8]을 보완한 재배치 가능한 목적 프로그램

MEMO

SVM 어셈블러가 재배치 레코드를 작성하는 경우는 앞에서 언급한 바와 같이 DD, DW, DC 등의 지시 명령어에서 변수 초기 값에 기호가 사용되거나, 배열 접근 명령어의 피연산자에 상수가 사용되는 경우(n[X] 형태), 그리고 명령어 피연산자에 RND 기호가 사용된 경우이다. 이를 적용하기 위해 2장에서 구현했던 SVM 어셈블러의 피연산자 수식 계산 코드의 구성을 살펴보면 [그림 4-10]과 같다.

즉, 니모닉 코드(기계 명령어)의 피연산자 계산 프로시저(cal_nm_oprnd(), [그림 2-22])와 공간 확보 지시자(의사 명령어)의 초기 값 계산 프로시저(cal_dc_oprnd(), [그림 2-30])가 수식을 계산하는 프로시저(cal_one_expr(), [그림 2-23])를 공유하고, 수식 계산 프로시저는 다시 수식을 구성하는 항 하나를 수치로 변환하는 프로시저(cnv_one_term(), [그림 2-24])를 사용한다. 최종적으로 기호나 상수를 직접 참조하는 프로시저는 단일 항을 변환하는 cnv_one_term() 프로시저이다. 이들을 수정하여,

cnv_one_term()는 현재 항 term이 기호(REL)인지 상수(ABS)인지를 cal_one_expr()에게 보고하고, cal_one_expr()은 수식의 최종 결과가 상수인지(항 모두가 상수이거나 두 항 모두가 기호인 경우) 아니면 기호인지를 결정하여 cal_nm_oprand()나 cal_dc_oprand()에 보고하도록 한다([그림 4-11]).

cal_nm_oprand()는 피연산자가 "n[X]" 형태이거나 RND인 경우를 식별해서 재배치 취소 레코드를 생성하고, cal_dc_oprand()는 수식의 결과가 기호인 경우 재배치 레코드를 생성한다.

[그림 4-12], [그림 4-13]은 그 구현 코드이고, cal_one_expr() 프로시저의 수정 내용은 간단하므로 생략한다.

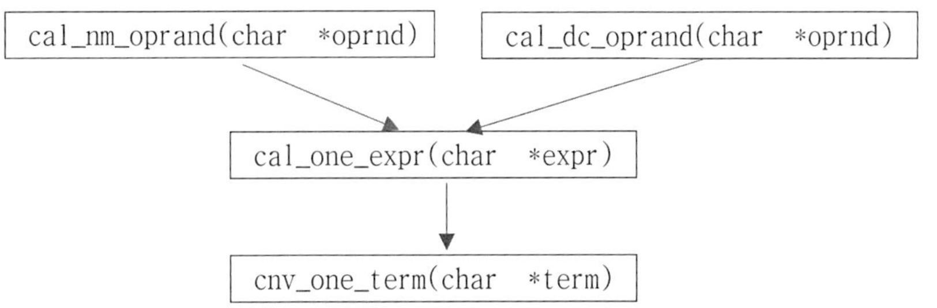

[그림 4-10] SVM 어셈블러 피연산자 계산 프로시저 구성 관계

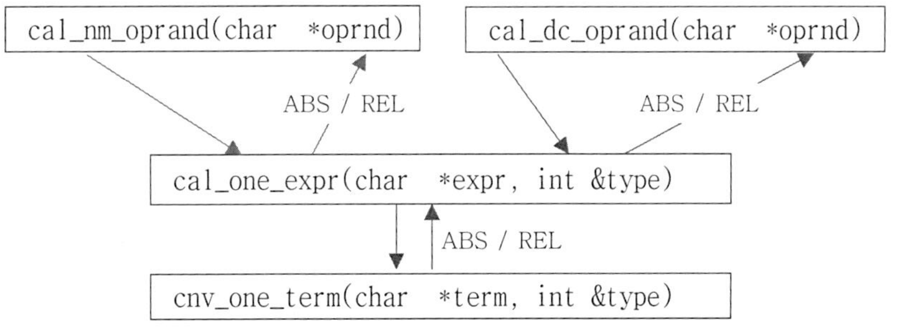

[그림 4-11] SVM 어셈블러 재배치 정보 추출 과정

```
#define        EXP_ABS         0        // const
#define        EXP_REL         1        // symbol
int cal_nm_oprnd(char  *oprnd) // operand of mnemonic  code
{
        char    buf[128], *xp;          // if '[X]' ?
        int     opr, type;

        strcpy(buf, oprnd);
        if (xp = strchr(buf, '[X]')) {
                *xp = 0;
        }
        opr = cal_one_expr(buf, &type);// SYM+/-const
        if (xp) {
                opr |= OP_XBIT;
                if (type == EXP_ABS) ins_RELTAB(LOC + 1, 3, -1);
        }
        else if (opr == RND_OPR)     ins_RELTAB(LOC + 1, 3, -1);
        return(opr);
}                               /* ~home/asm/asm_s25/cal_mnmo.c [그림 2-22] */
```

[그림 4-12] cal_nm_oprnd 프로시저 수정

```
int cal_dc_oprnd(char  *oprnd, int unit, unsigned char obj[])
{
        char    buf[128], *exp;
        char    *op = (char *)(obj +1);
        short   *sp = (short *)(obj +1);
        int     *ip = (int *)(obj +1);
        int     v, len = 0, type;

        strcpy(buf, oprnd);
        exp = strtok(buf, ",");
        do {
                v = cal_one_expr(exp, &type);
                switch(unit) {
                case 4: *op = v >> 24; op++, len++;
                        *op = v >> 16; op++, len++;
                case 2: *op = v >>  8; op++, len++;
                case 1: *op = v;       op++; len++; ;
                }
                if (type == EXP_REL)  ins_RELTAB(LOC, unit, 1); // '+'
        } while (exp = strtok(NULL, ","));
        obj[0] = len;
        return(len);
}                               /* ~home/asm/asm_s25/cal_drctv.c [그림 2-30] */
```

[그림 4-13] cal_dc_oprnd 프로시저 수정

```
int cal_one_expr(char  *expr, int *type)
{                         // SYM+/-const, const+/-const, const-SYM, SYM-SYM
        int      expv, v1, v2, sign, type1, type2 = EXP_ABS;
        char     *pp = NULL, *mp = NULL, *v2p = NULL;     // pp:'+', mp:'-'
        if ((sign = issign(*expr)) != 0) expr++;
        else                              sign = 1;

        if (pp = strchr(expr, '+'))       *pp = 0;         // exclude +sign
        else if (mp = strchr(expr, '-')) *mp = 0;         // exclude -sign
        if (pp)        v2p = pp + 1;
        else if (mp) v 2p = mp + 1;
        v1 = cnv_one_term(expr, &type1) * sign;
        if (v2p)       v2 = cnv_one_term(v2p, &type2);
        if (pp)        expv = v1 + v2;
        else if (mp)  expv = v1 - v2;
        else           expv = v1;
        if (type1 != type2)       *type = EXP_REL; // only one symbol
        else                      *type = EXP_ABS; // absolute constant
        return(expv);
}                          /* ~home/asm/asm_s25/cal_expr.c [그림 2-23] */
```

[그림 4-14] cal_one_expr() 프로시저 수정 코드

```
int  cnv_one_term(char *term, int *type) // ex) cal_one_term("ARR", ...)
{                                        // ex) cal_one_term("10h", ...)
   int  val;                             // ex) cal_one_term("'AB'", ...)

   *type = EXP_ABS;          // constant
   if (isdigit(term[0]) || term[strlen(term) -1] == 'h') {  // const
      if ((val = str2int(term)) == INV_VAL)
         fprintf(stderr, "%s --> Operand number '%s' is not valid ...₩n",
                                           LBUF, term), exit(11);
   }
   else if (term[0] == '₩'') {                        // 'A', 'AB', ...
      if ((val = asc2int(term)) == INV_VAL)
         fprintf(stderr, "%s --> Operand number '%s' is not valid ...₩n",
                                           LBUF, term), exit(11);
   }
   else {                                             // symbol
      if ((val = see_SYMTAB(term)) == INV_VAL)
         fprintf(stderr, "%s --> Operand symbol '%s' is not defined ...₩n",
                                           LBUF, term), exit(12);
      if (strcmp(term, "RND")) *type = EXP_REL; // symbolic
   }
   return(val);                 /* ~home/asm/asm_s25/cal_term.c [그림 2-24] */
```

[그림 4-15] cnv_one_term() 프로시저 수정 코드

```
#define  MAX_REL  16

typedef struct reltab {
    int     loc, bytes, sign;
} Reltab;

int     RELCNT;
Reltab  RELTAB[MAX_REL]

void  ins_RELTAB(int loc, int bytes, int  sign)
{
    Reltab  *rp, *sp;
    int     r;
    if ((r = see_RELTAB(loc)) >= 0) {  // ex) "DD  VAR1-VAR2"
        rp = RELTAB + r;                // delete
        RELCNT--;
        for (; r < RELCNT; r++, rp++)
            *rp = *(rp + 1);
    }
    else {
        rp = RELTAB + RELCNT;
        rp->loc = loc, rp->nbytes = bytes; rp->sign = sign;
        RELCNT++;
    }
}

int  see_RELTAB(int loc)
{
    Reltab  *rp;
    int     r;
    for (r = 0, rp = RELTAB; r < RELCNT; r++, rp++) {
            if (rp->loc == loc)
                    return (r);
    }
    return (-1);
}


void  put_obj_RELTAB()
{
   Reltab    *rp;
   int       r;
   for (r = 0, rp = RELTAB; r < RELCNT; r++, rp++)  {
     if (rp->sign > 0) fprintf(Ofp, "R:%.7X:%.2X:+₩n", rp->loc, rp->bytes);
     else              fprintf(Ofp, "R:%.7X:%.2X:-₩n", rp->loc, rp->bytes);
   }
}                                      /* ~home/asm/asm_s25/reltab.c */
```

[그림 4-16] ins_RELTAB(), see_RELTAB(), put_obj_RELTAB() 프로시저 구현 코드

[그림 4-16]의 ins_RELTAB() 프로시저에 의해 저장된 재배치 정보는 [그림 4-17]의 put_obj_end() 프로시저에서 'E'(END) 레코드 출력 직전에 목적 코드에 출력되도록 한다.

```
void put_obj_end(int  goaddr)
{
    flush_objbuf(Txbp);
    flush_objbuf(Dtbp);
    put_obj_RELTAB();
    fprintf(Ofp, "E:%.7X\n", goaddr);
    fclose(Ofp);
    Ofp = NULL;
}                              /* ~home/asm/asm_s25/obj.c [그림 2-60] */
```

[그림 4-17] put_obj_end() 프로시저 수정 코드

MEMO

종합 실습 4-25-210
(SVM 2-패스 어셈블러, 재배치)

아래 절차에 따라 SVM 2-패스 재배치를 지원하는 어셈블러를 구현하여 예제 프로그램들을 어셈블 해보자.

1. 실습환경
   - 유닉스/리눅스
2. 2-패스 어셈블러 구현
   - ~home/asm/asm_s22 디렉터리의 SVM 어셈블러 소스를 ~home/asm/asm_s25 디렉터리로 복사하여 필요한 부분을 편집(수정·생성)하고 Makefile을 이용하여 실행파일 “asm_s25” 생성
   - 쉘 변수 PATH에 ~home/asm/asm_s25 디렉터리 등록
     ex) $ PATH=$PATH:~home/asm/asm_s25; export PATH
     % set path=($path ~home/asm/asm_s25)
3. SVM 예제 프로그램 편집
   - ~home/scode/smp 디렉터리에서 SVM 예제 어셈블리 코드 편집(s_x_y_z.s)
4. 예제 프로그램 어셈블
   - $ asm_s25 s_x_y_z.s ↵ ==> 출력 결과(어셈블리 리스트 및 목적 프로그램) 확인
   - $ asmx s_x_y_z.s ↵ 의 출력 결과와 비교
5. 예제 프로그램 실행(SVM 에뮬레이터)
   - vmes s_x_y_z.obj 1234h↵ ==> 실행 오류인 경우 원인 분석 후 필요한 경우 원인 분석, 예제 프로그램 수정 및 어셈블 후 재시도
     vmes s_x_y_z.obj↵

```
S_403   START  1300h

        LDA    PTR1
        DMPr   A
        LDA    PTR2
        DMPr   A

PTR1    DD     VAR1
PTR2    DD     VAR2+8
VAR1    RD     1
VAR2    RD     2

        END
```

~home/scode/smp/s_4_03_210.s

```
S_113   START   1000h // RND

        LDA     SEED
        STA     RND
        LDA     RND
        DMPr    A
        LDA     RND
        DMPr    A
        HALT

SEED    DD      77

        END
```

~home/scode/smp/s_1_13_029.s

```
00   S_401   START   00h
05   MAIN    LDA     N
10   LOOP    ADD     SUM
15           STA     SUM
20           LDA     N
25           ADD     ONE
30           STA     N
35           CMP     TEN
40           JC      LOOP
45           DMP     SUM
50           HALT
55   N       DD      1
60   SUM     DD      0
65   ONE     DD      1
70   TEN     DD      10
75           END
```

~home/scode/smp/s_4_01_201.s

```
00   S_402   START   00h
05   MAIN    LDX     PTR1
10           LDA     N
15   LOOP    STA     0[X]
20           DMP     0[X]
25           LDA     NX
30           ADD     ONE
35           STA     N
40           IXC     PTR2
45           JC      LOOP
50           HALT
55   N       DD      1
60   PTR1    DD      ARR
65   PTR2    DD      ARR+40
70   ARR     RD      10
75   ONE     DD      1
80           END
```

~home/scode/smp/s_4_02_202.s

```
005  S_110   START   1200h
025  MAIN    LDX     INTS
030  LOOP    LDAB    NAME1[X]
035          CMPB    NAME2[X]
040          JNZ     SKIP
045          IXBC    INTS+4
             JNZ     LOOP
     SKIP    DMPr    A
             HALT
     INTS    DD      0,4
055  NAME1   DB      "HONG"
     NAME2   DB      'H','O','N','G'
060          END
```

~home/scode/smp/s_1_10_028.s

```
LDX     ZERO
        LDA     ONE
LOOP    STA     BUF[X]
        ADD     ONE
        IXC     FHUND
        JNZ     LOOP
ZERO    DD      0
ONE     DD      1
FHUND   DD      400
BUF     RD      100
```

~home/scode/smp/s_1_04_024.s

MEMO

```
00    S_404   START   00h

05    MAIN    LDA     ZERO
              SUB     PTR1
              STA     PTR1
              LDA     ZERO
              SUB     PTR2
              STA     PTR2
              LDX     PTR1
15    LOOP    STA     0[X]
20            DMP     0[X]
25            LDA     N
30            ADD     ONE
35            STA     N
40            IXC     PTR2
45            JC      LOOP
50            HALT

55      N     DD      1
60    PTR1    DD      -ARR
65    PTR2    DD      -ARR-40
70    ARR     RD      10
75    ONE     DD      1
      ZERO    DD      0

80            END
```

~home/scode/smp/s_4_04_213.s

```
.      S_102   START 0

 0             LDX    ZERO
 4             LDA    ONE
 8             STA    BUF[X]
12             ADD    ONE
16             IXC    HUND
20             JNZ    8
24             HALT

               ZERO   DD    0
               ONE    DD    1
               HUND   DD    400
               BUF    RD

.              END
```

~home/scode/smp/s_1_02_024.s

```
S_101 START 0
 0      LDX   28      // X=0
 4      LDA   32      // A=1
 8      STA   40[X]   // 36[X]=1
12      ADD   32      // A=A+1
16      IXC   36      // X+=4, X==400?
20      JNZ   8
24      HALT

2428      DD    0
2832      DD    1
3236      DD    400
3640      RD    100
        END
```

~home/scode/smp/s_1_01_024.s

4.4 XVM 목적 프로그램 재배치

[그림 4-18], [그림 4-21]은 각각 동일한 프로그램을 SVM과 XVM 기계 환경에서 어셈블한 결과이다. SVM을 위한 목적 코드의 모든 피연산자는 [그림 4-28]의 기계어 포맷에 따라 모드 절대 주소로 조립되어 있어서, 적재 주소가 달라지면 모두 수정해주어야 한다는 사실은 이전 절에서 이미 언급한 바와 같다.

```
Location  Label  Opcode  Operand      Object Code
--------  -----  ------  -----------  -----------
0000000   S_104  START   0
0000000          LDX     ZERO         0400001C
0000004          LDA     ONE          00000020
0000008   LOOP   STA     BUF[X]       08800028
000000C          ADD     ONE          10000020
0000010          IXC     FHUND        24000024
0000014          JNZ     LOOP         29000008
0000018          HALT                 3F000000

000001C   ZERO   DD      0            00000000
0000020   ONE    DD      1            00000001
0000024   FHUND  DD      400          00000190
0000028   BUF    RD      100
00001B8          END  // ~home/scode/smp/s_1_04_024.s
```

[그림 4-18] SVM 어셈블러의 생성 결과

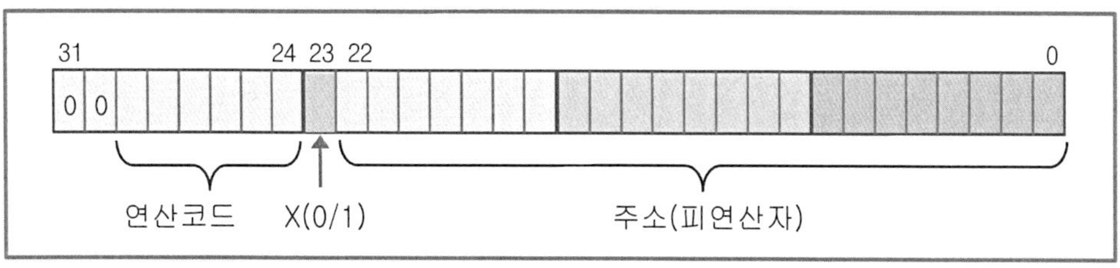

[그림 4-19] SVM 기계 명령어 포맷([그림 4-3]과 동일)

그런데, XVM 환경에서는 [그림 4-21]의 PC 기준 상대 주소로 조립되어 있어서 적재 주소가 달라지더라도 PC가 그만큼 달라지기 때문에 최종 주소는 프로그램 내 동일한 지점을 참조하게 된다. 이를테면 [그림 4-20]의 첫 줄 목적 코드 "04200018"은 고정된 거리 값 0x00018에 현재의 PC 값 0x00004를 더한 0x0001C, 즉 변수 ZERO를 참조한다. 이 때, PC 값은 다음에 실행될 기계 명령어 주소를 가지게

되므로 이 경우 0x00004가 다음 명령어의 주소이다.

만약 이 프로그램이 0x01000부터 적재되어 실행된다면 PC 값은 0x01000에서 시작하여 첫 명령어가가 인출된 후 바로 0x01004로 업데이트되고, 이 값이 고정 거리 0x00018와 더해져 최종 주소 0x0101C, 즉 여전히 프로그램 내 ZERO를 참조한다. 이와 같이 상대 주소 모드로 조립된 XVM의 목적 코드는 프로그램의 적재 주소와 무관하게 수정할 필요가 없다.

XVM 어셈블러는 '@' 표기를 사용하거나 기호가 아닌 상수 주소를 사용하는 등의 특별한 경우가 아닌 한 기본적으로 PC 기준 상대 주소 모드로 조립하므로 재배치할 내용이 매우 제한적이다. [그림 4-20]은 어떤 주소에 적재하더라도 재배치 작업이 전혀 필요 없는, 있는 그대로가 재배치 가능한 목적 프로그램이다.

```
Location  Label   Opcode  Operand      Object Code
--------  -----   ------  -----------  -----------
0000000   S_104   START   0
0000000           LDX     ZERO         C4200018
0000004           LDA     ONE          C0200018
0000008   LOOP    STA     BUF[X]       C8A0001C
000000C           ADD     ONE          D0200010
0000010           IXC     FHUND        E4200010
0000014           JNZ     LOOP         E92FFFF0
0000018           HALT                 FF000000

000001C   ZERO    DD      0            00000000
0000020   ONE     DD      1            00000001
0000024   FHUND   DD      400          00000190
0000028   BUF     RD      100
00001B8           END  // ~home/scode/smp/s_1_04_024.s
```

[그림 4-20] XVM 어셈블러의 생성 결과

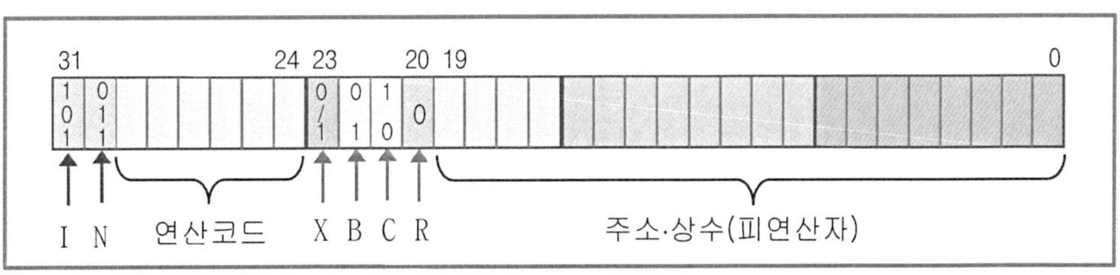

[그림 4-21] XVM의 일반 기계 명령어 포맷(상대 주소 지정 모드)
[그림 3-5]와 동일

4.5 XVM 목적 프로그램 재배치를 위한 어셈블러 확장

XVM 어셈블러가 상대 주소 지정 모드를 적용하지 않는 경우는 다음과 같다.

① 어셈블리 프로그래머가 '@'기호를 이용하여 확장 절대 모드를 명시적으로 지시한 경우
  - 피연산자의 거리가 범위를 벗어나 상대 주소를 적용할 수 없을 때 프로그래머는 메모리 참조 명령어 앞에 '@' 표기를 붙여 절대 확장 주소 지정 모드임을 지시한다. 이 경우 피연산자 부분이 현재의 기호 값 그대로 조립되므로 적재 주소가 달라지면 SVM에서와 같이 수정해 주어야 한다.

② 기호가 DD 등의 변수 공간에 초기 값으로 사용된 경우
  - 포인터 개념의 간접 주소 지정 모드가 필요할 때 프로그래머는 기호 값을 포인터 변수의 초기 값으로 설정한다.
  - 이 경우 기호 값은 적재 주소를 기준으로 결정되는데, 이 값을 변수 공간에 저장해 놓고 나중에 적재 주소가 변경된다면 기존의 그 기호 값은 더 이상 프로그램 내 올바른 주소가 아니다. 즉, 목적 프로그램이 재배치 된 만큼 수정해주어야 한다.

③ 명령어의 피연산자에 기호가 아닌 상수를 사용한 경우
  - 어셈블러가 프로그램 영역 밖의 고정된 특정 주소를 참조하고자 할 때는 피연산자 부분을 상수로 표시할 수밖에 없다.
  - 이 경우, XVM 어셈블러는 해당 상수를 명령어의 피연산자 부분에 절대 모드로 조립한다.

위 ①, ②, ③의 세 가지 경우 중, 목적 프로그램이 다른 주소에 적재될 경우 재배치 작업이 필요한 경우는 ①, ② 이다. 따라서, XVM 어셈블러는 이들 경우를 식별하여 [그림 4-22]와 같이 재배치 레코드를 목적 프로그램에 추가해 주어야 한다.

MEMO

```
Location   Label   Opcode    Operand Object Code
--------   -----   ------    ------- -----------
0001300    S_405   START     1300h
0001300            LDA    ①  @PTR    C06000130B
0001305            DMPr      A       F993
0001307            HALT              FF000000
000130B    PTR     DD     ②  VAR     0000130F
000130F    VAR     RD        1

0001313            END      //~home/scode/smp/s_4_05_217.s
```

```
H:S_405:001300:000013
T:0001300:0B:C06000130B^F993^FF000000
D:000130B:04:0000130F
R:0001301:07:LDGAP:+
R:000130B:08:LDGAP:+
E:0001300
```

[그림 4-22] XVM 어셈블러의 재배치 레코드 예

MEMO

종합 실습 4-25-218
(XVM 2-패스 어셈블러, 재배치)

아래 절차에 따라 XVM 2-패스 재배치를 지원하는 어셈블러를 구현하여 예제 프로그램들을 어셈블 해보자.

1. 실습환경
   - 유닉스/리눅스
2. 2-패스 어셈블러 구현
   - ~home/asm/asm_x24 디렉터리의 XVM 어셈블러 소스를 ~home/asm/asm_x25 디렉터리로 복사하여 필요한 부분을 편집(수정·생성)하고 Makefile을 이용하여 실행파일 "asm_x25" 생성
   - 쉘 변수 PATH에 ~home/asm/asm_x25 디렉터리 등록
     ex) $ PATH=$PATH:~home/asm/asm_x25; export PATH
     % set path=($path ~home/asm/asm_x25)
3. XVM 예제 프로그램 편집
   - ~home/scode/smp 디렉터리에서 SVM 예제 어셈블리 코드 편집(s_x_y_z.s)
   - 이미 존재하는 예제 코드는 그대로 활용하고, 필요시 살짝 수정
4. 예제 프로그램 어셈블
   - $ asm_x25 s_x_y_z.s ↵ ==> 출력 결과(어셈블리 리스트 및 목적 프로그램) 확인
   - $ asmx s_x_y_z.s ↵ 의 출력 결과와 비교
5. 예제 프로그램 실행(XVM 에뮬레이터)
   - vmex s_x_y_z.obj 1234h↵ ==> 실행 오류인 경우 원인 분석 후 필요한 경우 원인 분석, 예제 프로그램 수정 및 어셈블 후 재시도
     vmex s_x_y_z.obj↵

```
S_405   START  1300h
        LDA    @PTR
        DMPr   A
        HALT

PTR     DD     VAR
VAR     RD     1

        END
```

~home/scode/smp/s_4_05_217.s

```
.       S_304   START 0
                :
                LDA     VAR1
                ADDn    PNTR
                STAn    PNTR
                :
                HALT          // !!!
        VAR1    DD      10
        VAR2    DD      20
        PNTR    DD      VAR2
          :
.          END
```

~home/scode/smp/s_3_04_146.s

```
S_329   START   0
MAIN    LDBi    STACK
        LDSi    STACK+64
        CALL    CALC
        DMPr    A
        HALT
STACK   RB      64
-------------------------
CALC    .function
        CALL    INPUT
        STA     NUM1
        CALL    INPUT
        STA     NUM2
        CALL    TWOADD
        STA     SUM
        CALL    TWOMUL
        ADD     SUM
        RET
        .auto
NUM1    RD      1
NUM2    RD      1
SUM     RD      1
        .aend
        .fend
-------------------------
INPUT   .function
        CIDi    125
        JZ      INPUT
        INi     125
        CMPi    '0'
        JC      INPUT
        CMPi    '9'
        JC      OK
        JMP     INPUT
   OK   SUBi    '0'
        RET
        .fend
-------------------------
TWOADD  .function
        LDA     NUM1
        ADD     NUM2
        RET
        .auto
NUM1    RD      1
NUM2    RD      1
        .aend
        .fend
-------------------------
TWOMUL  .function
        LDXi    0
        CLRr    A
   LP   ADD     NUM1
        IXBC    NUM2
        JNZ     LP
        RET
        .auto
NUM1    RD      1
NUM2    RD      1
        .fend
-------------------------
        FILE    125,I,KEYBD
        END
```

~home/scode/smp/s_3_29_195.s

```
00   S_406   START   00h
05   MAIN    CLRr    A
             SUB     PTR1
             STA     PTR1
             CLRr    A
             SUB     PTR2
             STA     PTR2
             LDX     PTR1
15   LOOP    STA     0[X]
20           DMP     0[X]
25           LDA     N
30           ADD     ONE
35           STA     N
40           IXC     PTR2
45           JC      LOOP
50           HALT
55      N    DD      1
60   PTR1    DD      -ARR
65   PTR2    DD      -ARR-40
70   ARR     RD      10
75   ONE     DD      1
80           END
```

~home/scode/smp/s_4_06_219.s

```
000  S_407   START   10h
      MAIN   LDBi    HEAP
     LDSi    HEAP+64
             CALL    FUNC
             HALT
003   HEAP   RB      64
005  FUNC    LDAn    VP1
010          ADDn    VP2
015          ADD     VPN
             STAn    VP1
020          DMPn    VP1
025          RET
             .auto
030  VAR3    RD      1
030  VAR4    RD      1
             .aend
035  VP1     DD      VAR1
040  VP2     DD      VAR2
045  VPN     DD      VAR4-VAR3
050  VAR1    DD      20
055  VAR2    DD      30
060          END
```

~home/scode/smp/s_4_07_219.s

```
000    S_408   START   10h
       MAIN    LDBi    HEAP
               LDSi    HEAP+64
               CALL    FUNC
               HALT
003    HEAP    RB      64
005    FUNC    LDAn    VP1
010            ADDn    VP2
015            ADD     VPN
               STAn    VP1
020            DMPn    VP1
025            RET
               .auto
030    VAR3    RD      1
030    VAR4    RD      1
               .aend
035    VP1     DD      VAR1
040    VP2     DD      VAR2
045    VPN     DD      VAR4+VAR3
050    VAR1    DD      20
055    VAR2    DD      30
060            END
```

~home/scode/smp/s_4_08_220.s

```
S_101 START 0
 0     LDX   28      // X=0
 4     LDA   32      // A=1
 8     STA   40[X]   // 36[X]=1
12     ADD   32      // A=A+1
16     IXC   36      // X+=4, X==400?
20     JNZ   8
24     HALT          // Append

2428     DD     0
2832     DD     1
3236     DD     400
3640     RD     100
       END
```

~home/scode/smp/s_1_01_024.s

```
.      S_102   START 0

 0             LDX   ZERO
 4             LDA   ONE
 8             STA   BUF[X]
12             ADD   ONE
16             IXC   HUND
20             JNZ   8
24             HALT

               ZERO   DD    0
               ONE    DD    1
               HUND   DD    400
               BUF    RD

.              END
```

~home/scode/smp/s_1_02_024.s

```
005    S_110   START   1200h
025    MAIN    LDX     INTS
030    LOOP    LDAB    NAME1[X]
035            CMPB    NAME2[X]
040            JNZ     SKIP
045            IXBC    INTS+4
               JNZ     LOOP
       SKIP    DMPR    A
               HALT
       INTS    DD      0,4
055    NAME1   DB      "HONG"
       NAME2   DB      'H','O','N','G'
060            END
```

~home/scode/smp/s_1_10_028.s

제 5 장 목적 프로그램 링크

5.1 목적 프로그램 링크(link) 개념

어떤 프로그래밍 언어를 사용던 간에 프로그램의 규모가 커지면 전체 프로그램을 하나의 파일에 코딩하는 일은 어렵고 비효율적이며, 점차 불가능하게 된다. 만약 규모가 상당한 프로그램 전체를 하나의 파일로 작성한다면 아래와 같이 불가능하거나, 비효일적이거나 혹은 어려운 점에 직면한다(1 장의 Makefile 참조).

① 여러 프로그래머들이 팀을 이루어 코딩하기가 불가능하다.
② 수정・삽입・삭제 등 편집 작업 시 원하는 위치를 찾고 이동하는 일에 많은 시간이 소요된다.
② 프로그램의 전체적인 구성을 파악하기가 어렵다.
④ 프로그램의 극히 일부를 수정하더라도 전체를 다시 컴파일해야 한다
⑤ 프로그램 중 일부분을 다른 프로그램에서 재활용하기가 어렵다.

예를 들면, C 언어로 작성된 리눅스 운영체제 소스 코드는 아래 그림 형태의 디렉터리별로 그룹핑되어 총 약 2,000만 라인으로 구성되어 있는데 이를 하나의 파일로 작성하고 관리한다는 것은 상상도 할 수 없는 일이다. 소스 차제의 규모뿐만 아니라, 리눅스 커널 개발에 관여하는 10,000명 이상의 개발자들이 편리하게 작업하기 위해서는 여러 개의 파일로 나누어야 코딩해야 한다는 당위성이 너무나 명백하다.

따라서, C 언어를 포함하는 모든 프로그래밍 언어는 여러 개의 파일로 분리 코딩할 수 있는 방법을 제공한다. 즉, 어셈블리 언어도 외에는 아니므로 프로그램을 분리하여 코딩한 후 링크(연결)할 수 있는 장치를 제공해주어야 한다.

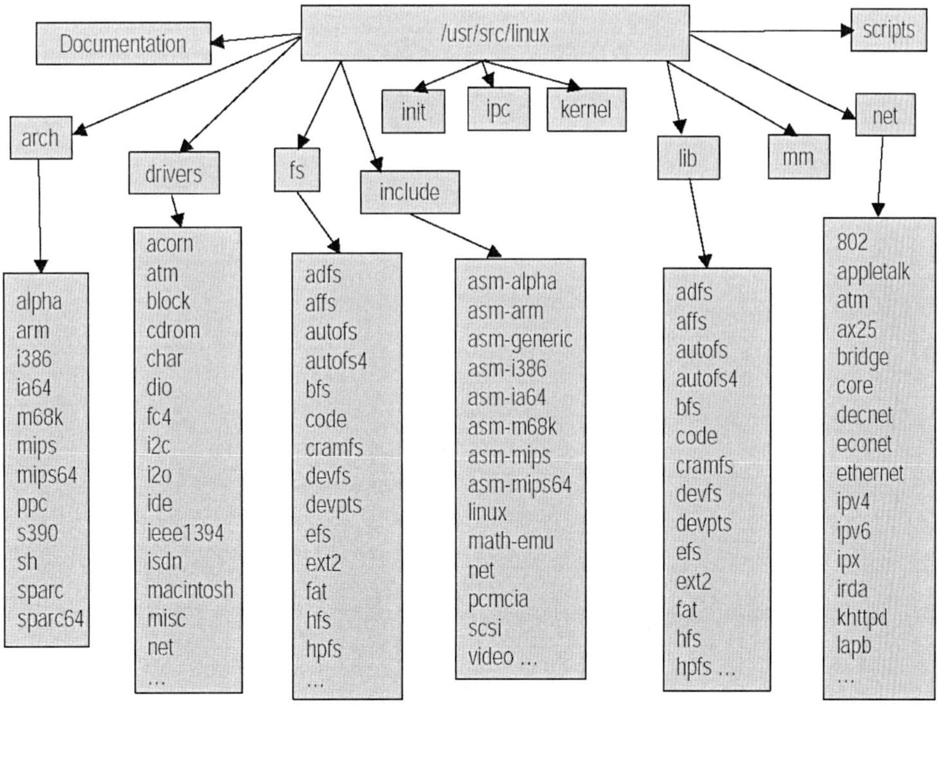

5.2 목적 프로그램 링크 지원을 위한 XVM 어셈블러 확장

지금까지 다뤘던 어셈블리 예제 프로그램들은 모두 하나의 파일로 작성된 것들이었다. 그러나, 앞에서 설명한 바와 같이 현실에 적용해야 하는 실질적인 프로그램들은 하나의 파일로 작성할 수 없기 때문에, 분리 코딩할 수 있는 장치가 마련되어야 하는데 C 언어의 장치와 유사하다.

[그림 5-1]은 main.c와 add.c 등 두 개의 파일로 나누어 작성된 C 프로그램의 예이다. 이들 두 개의 파일은 1 장 Makefile에서 설명한 바와 같이 각각 독립적으로 컴파일된 후 통합·링크된다. 이러한 컴파일 과정 관점에서 이들 두 두 소스 파일은 다음과 같은 심각한 문제점으로 인해 컴파일에 실패한다.

- main.c를 컴파일 할 때 변수 x와 y에 대한 정보가 없다.
- add.c를 컴파일 할 때 변수 sum에 대한 정보가 없다.
- 즉, 자기 파일에 정의되어있지 않은 변수를 참조한다.

위 문제점들을 해소하기 위해 프로그래머는 [그림 5-2]와 같이 외부 변수에 대하여는 extern 지시자를 이용하여 외부 참조임을 명시한다. 그 결과는 다음과 같이 해석된다.

- main.c에서 변수 x, y는 외부 변수이고, sum은 다른 어느 파일에서도 참조 가능한 선억 변수이다.
- add.c에서 변수 sum은 외부 변수이고, x와 y는 다른 어느 파일에서도 참조 가능한 전역 변수다.

```
#include <stdio.h>              /* main.c */
int     sum;

int  main()
{
     x = 1,  y = 2;
     addtw();
     printf("%d", sum);
}
```

```
                     /* add.c */
int    x, y;
void addtw()
{
      sum = x + y;
}
```

[그림 5-2] C 프로그램의 분리 코딩 예

```
#include <stdio.h>              /* main.c */
extern int  x, y;
int     sum;

int  main()
{
     x = 1,  y = 2;
     addtw();
     printf("%d", sum);
}
```

```
                     /* add.c */
extern int  sum;
int     x, y;
void addtw()
{
      sum = x + y;
}
```

[그림 5-2] 외부 변수 참조 명시의 예

- 어느 파일에서의 외부 변수는 반드시 다른 어느 한 파일에 전역 변수로 존재해야한다.

어셈블리 언어도 분리 코딩을 지원해야 하고, 이 경우 앞선 C 프로그램 분리 코딩 예에서와 동일한 지원 방안이 필요하다. [그림 5-3]은 [그림 5-2]의 내용을 XVM 어셈블리 프로그램으로 코딩한 예이다. 이 예와 같이 우리가 다루는 XVM 어셈블리 언어가 지원하는 분리 코딩 장치는 아래와 같다.

- 외부 변수나 외부 함수에 대하여는 .extern 지시자를 사용하여 명시한다.
- 다른 파일에서 참조해야만 하는 전역 변수들은 .global 지시자로 명시한다.
- 프로그램 이름과 함수 이름들은 시적으로 전역 변수로 간주한다.

```
S_501   START   00h
        .extern X,Y,ADDTW
        .global SUM
MAIN    .function
        LDSi    STACK+32
        LDAi    1
        STA     X
        LDAi    2
        STA     Y
        CALL    ADDTW
        DMP     SUM
        HALT
STACK   RB      32
        .fend
SUM     RD      1
        END     MAIN
        //~home/scode/smp/s_5_01_225.s
```

```
S_502   START   00h
        .extern SUM
        .global X,Y
ADDTW   .function
        LDA     X
        ADD     Y
        STA     SUM
        RET
          .fend
X       RD      1
Y       RD      1
        END

        //~home/scode/smp/s_5_02_225.s
```

[그림 5-3] 외부 변수 참조 명시의 예

위의 표기 장치에 대하여 XVM 어셈블러가 어셈블 과정에서 내부적으로 아래 내용을 처리하도록 확장한다.

- 나중에 목적 프로그램들이 연결·통합될 때 사용될 수 있도록 외부 변수 목록과 전역 변수 목록을 목적 프로그램에 추가한다. 이 때, 전역 변수들은 기호 값과 함께 등록되어야만 다른 프로그램에서 해당 기호 값(주소)을 참조할 수 있다.
- 외부 변수가 피연산자로 사용된 부분에는 임시 기호 값(0)으로 채우고, 이 이 부분에 대한 링크 레코드를 목적 프로그램에 추가한다. 또한, 이 부분의 주소 지정 모드는 거리 계산이 불가능하기 때문에 절대 모드로 조립할 수밖에 없다.
- 목적 프로그램들이 연결될 때 링크 레코드를 참조하여, 해당 외부 변수를 전역 변수로 제공하는 목적 프로그램으로부터 값을 얻고 수정해 줄 수 있다.

[그림 5-4], [그림 5-5]에 [그림 5-3]의 분리 코딩된 두 XVM 어셈블리 프로그램에 대한 어셈블 과정 및 결과를 보였는데, 목적 코드에 내부 처리된 자세한 내용은 아래와 같다.

■ S_501 코드

① 외부 기호로 명시된 ADDTW, X, Y에 대한 외부 기호 레코드('X')를 목적 프로그램에 추가 하였다.

② 묵시적으로 전역 기호로 간주되는 프로그램 이름 S_501과 함수 이름 MAIN과, 그리고 전역 기호로 명시된 SUM에 대한 전역 기호 레코드('G)를 목적 프로그램에 추가 하였다.

③ 외부 기호가 사용된 피연산자 부분은 임시 값 0을 절대 모드로 조립해두었다.

④ 임시 기호 값 0으로 처리된 피연산자 부분에 대한 연결 레코드('L')를 추가하였다. 연결 레코드는 해당 외부 기호 값이 알려지면 적재 메모리 해당 부분(시작 주소와 4 비트 단위 길이)에 더하라는 의미이다.

```
LNO  Location  Label      Opcode     Operand         Object Code
---  --------  -----      ------     -----------     -----------
     0000000   S_501      START      00h
     0000000   ②       ① .extern    ADDTW,X,Y
     0000000           ② .global    SUM
     0000000   MAIN       .function
     0000000   ②          LDSi       STACK+32        8B20003F
     0000004              LDAi       1               80000001
     0000008              STA        X            ④ C860000000 ③
     000000D              LDAi       2               80000002
     0000011              STA        Y            ④ C860000000 ③
     0000016              CALL       ADDTW        ④ EE60000000 ③
     000001B              DMP        SUM             F9200024
     000001F              HALT                       FF000000
     0000023   STACK      RB         32
     0000043              .fend
     0000043   SUM        RD         1
     0000047              END        MAIN  // ~home//scode/smp/s_5_01.225.s
```

```
H:S_501:000000:000047
T:0000000:1B:8B20003F^80000001^C860000000^80000002^C860000000^EE60000000
T:000001B:08:F9200024^FF000000     ④  ③             ④  ③     ④  ③
X:ADDTW,X,Y ①
G:S_501=0000000,SUM=0000043,MAIN=0000000 ②
L:0000017:07:ADDTW:+  ④
L:0000009:07:X:+  ④
L:0000012:07:Y:+  ④
E:0000000
```

[그림 5-4] [그림 5-3]의 S_501 코드에 대한 어셈블리 리스트와 목적 프로그램

■ S_502 코드

① 외부 기호로 명시된 SUM에 대한 외부 기호 레코드('X')를 목적 프로그램에 추가 하였다.

② 묵시적으로 전역 기호로 간주되는 프로그램 이름 S_502과 함수 이름 ADDTW와, 그리고 전역 기호로 명시된 X, Y에 대한 전역 기호 레코드('G)를 목적 프로그램에 추가 하였다.

③ 외부 기호가 사용된 피연산자 부분은 임시 값 0을 절대 모드로 조립해두었다.

④ 임시 기호 값 0으로 처리된 피연산자 부분에 대한 연결 레코드('L')를 추가하였다.

```
LNO  Location  Label       Opcode     Operand             Object Code
---  --------  -----       ------     -----------         -----------
     0000000   S_502       START      00h
     0000000   ②        ① .extern    SUM
     0000000            ② .global    X,Y
     0000000   ADDTW       .function
     0000000   ②           LDA        X                   C020000D
     0000004               ADD        Y                   D020000D
     0000008               STA        SUM              ④ C860000000 ③
     000000D               RET                            EF000000
     0000011               .fend
     0000011   X           RD         1
     0000015   Y           RD         1
     0000019               END          // ~home/scode/smp/s_5_02.225.s
```

```
H:S_502:000000:000019
T:0000000:11:C020000D^D020000D^C860000000^EF000000
X:SUM  ①                         ④ ↑    ③
G:S_502=0000000,X=0000011,Y=0000015,ADDTW=0000000  ②
L:0000009:07:SUM:+  ④
E:0000000
```

[그림 5-5] [그림 5-3]의 S_502 코드에 대한 어셈블리 리스트와 목적 프로그램

프로그램이 여러개의 파일로 구성된 경우 시작 주소(GOaddr)를 어떻게 결정한 것인가에 대한 규칙이 필요한데, 우리 어셈블러에서는 다음과 같이 정한다.

- 프로그램 파일 중 "MAIN"이나 "main" 기호가 존재하면 이 곳을 시작 주소로 설정한다.
- 어떤 파일에도 "MAIN"이나 "main" 기호가 존재하지 않으면, 맨 첫 파일의 적재 주소(LDaddr)를 시작 주소로 설정한다.

연습 5-1 아래 C 프로그램에 상응하는 XVM 어셈블리 프로그램 작성 및 검증 (~home/wrk/w_5_03_228.s, ~home/wrk/w_5_04_228.s, 이하 구현 코드는 각 파일 어셈블 후 $ vmex s1.obj s2.obj ↲ 형태로 검증).

```
#include <stdio.h>
int        x, y, sum;

int  main()
{
       x = 1;
       y = 2;
       addtw();

       printf("%d₩n", sum);
}
/* ~home/scode/smp/wrk/w_5_01_228.c */
```

```
extern  int   x, y, sum;

void  addtw()
{
       sum = x + y;
}

/* ~home/scode/smp/wrk/w_5_02_228.c */
```

연습 5-2 아래 C 프로그램에 상응하는 XVM 어셈블리 프로그램 작성 및 검증 (~home/wrk/w_5_07_228.s, ~home/wrk/w_5_08_228.s)

```
#include <stdio.h>
extern int       x, y, sum;

int  main()
{
       x = 1;
       y = 2;
       addtw();

       printf("%d₩n", sum);
}
/* ~home/scode/smp/wrk/w_5_05_228.c */
```

```
int   x, y, sum;

void  addtw()
{
       sum = x + y;
}

/* ~home/scode/smp/wrk/w_5_06_228.c */
```

연습 5-3 아래 C 프로그램에 상응하는 XVM 어셈블리 프로그램 작성 및 검증 (~home/wrk/w_5_11_229.s, ~home/wrk/w_5_12_229.s)

```
#include <stdio.h>
int      x;
extern  int  y, sum;

int  main()
{
        x = 1;
        y = 2;
        addtw();

        printf("%d₩n", sum);
}
/* ~home/scode/smp/wrk/w_5_09_229.c */
```

```
extern int  x;
int     y, sum;

void  addtw()
{
        sum = x + y;
}

/* ~home/scode/smp/wrk/w_5_10_229.c */
```

연습 5-4 아래 XVM 어셈블리 프로그램을 두 개의 파일로 분리하여 작성 및 검증 (~home/wrk/w_5_14_229.s, ~home/wrk/w_5_15_229.s).

```
000    S_513    START    1000h
005    MAIN     LDBi     HEAP
010             GSUB     RTEST
015             DMP      RVAL
020             HALT
030    HEAP     RB       128
                .fend
025    RVAL     RD       1

030    RTEST    .function
033             STA      RND // seed
035             LDA      RND
040             MODi     10
045             DMPr     A
050             STA      TMP
050             STA      BUF
055             LDA      RND
060             MODi     10
065             DMPr     A
070             ADD      TMP
075             STA      @RVAL
080             RSUB

085             .auto
090    TMP      RD       1
                .fend
100             END  MAIN

// ~home/scode/smp/w_5_13_229.s
```

종합 실습 5-26-230
(XVM 2-패스 어셈블러, 링크)

아래 절차에 따라 XVM 2-패스 재배치를 지원하는 어셈블러를 구현하여 예제 프로그램들을 어셈블 해보자.

1. 실습환경
   - 유닉스/리눅스
2. 2-패스 어셈블러 구현
   - ~home/asm/asm_x25 디렉터리의 XVM 어셈블러 소스를 ~home/asm/asm_x26 디렉터리로 복사하여 필요한 부분을 편집(수정·생성)하고 Makefile을 이용하여 실행파일 "asm_x26" 생성
   - 쉘 변수 PATH에 ~home/asm/asm_x26 디렉터리 등록
     ex) $ PATH=$PATH:~home/asm/asm_x26; export PATH
     % set path=($path ~home/asm/asm_x26)
3. XVM 예제 프로그램 편집
   - ~home/scode/smp 디렉터리에서 분리된 XVM 예제 어셈블리 코드 쌍을 편집(s1.s, s2.s, ...)
   - 이미 존재하는 예제 코드는 그대로 활용하고, 필요시 살짝 수정
4. 예제 프로그램 쌍 어셈블
   - $ asm_x26 s1.s↲ ==> 출력 결과(어셈블리 리스트 및 목적 프로그램) 검증
     $ asm_x26 s2.s↲
     :
     위 각각에 대하여 $ asmx s1.s↲ 형태의 출력 결과와 비교
5. 예제 프로그램 실행(XVM 에뮬레이터)
   - vmex s1.obj s2.obj ...↲ ==> 실행 오류인 경우 원인 분석 후 필요한 경우
     vmex s1.obj s2.obj ... 1234h↲ 우 원인 분석, 예제 프로그램 수정 및 어셈블 후 재시도

```
S_503   START
        .extern  GETHX
        .global  HEX
MAIN    .function
        LDSi    STACK+1024
  LP    CALL    GETHX
        DMPB    HEX
        LDAB    HEX
        CMPBi   00h
        JNZ     @LP
        HALT
        .fend
  HEX   RB      1
STACK   RB      1024
        END   MAIN
```

```
    S_504  START
        .extern  HEX,GETCH
        .global  GETHX
GETHX   .function
        CALL    GETCH
        CMPBi   00h
        JZ      @SKIP1
        ORi     20h
SKIP1   STAB    HEX
        RET
        .fend
        END
```

```
S_505   START
        .global  GETCH
GETCH   .function
        CID     IPORT
        JZ      GETCH
        IN      IPORT
        CMPBi 0Ah    // '₩n'
        JNZ     @SKIP2
        LDABi 00h
SKIP2   RET
IPORT   DD      125
        .fend
        FILE 125,I,IDATA
        END
```

~home/scode/smp/s_5_03_231.s ~ s_5_05_231.s

```
S_506   START     00h
        .extern   X,Y,ADDTW
        .global   SUM
MAIN    .function
        LDSi      STACK+32
        LDAi      1
        STA       X
        LDAi      2
        STA       Y
        CALL      ADDTW
        DMP       SUM
        HALT
STACK   RB        32
        .fend
SUM     RD        1
        END       MAIN
```

```
S_507   START     00h
        .extern   SUM
        .global   ADDTW,X,Y
ADDTW   .function
        LDA       X
        ADD       Y
        STA       SUM
        RET
        .fend
X       RD        1
Y       RD        1
        END
```

~home/scode/smp/s_5_06_232.s ~ s_5_07_232.s

제 6 장 연습 문제 해설

6.1 점검 1-1 ~ 점검 1-11 해설

점검 1-1

```
. C_101 START
        STA     100
        STX     104
        LDA     104
        LDX     100
        :
.       END

// ~home/scode/smp/chk/c_1_01_016.s
```

점검 1-2

```
. C_102 START
        :
        LDA     100
        ADD     104
        ADD     108
        STA     112
        :
.       END
// ~home/scode/smp/chk/c_1_02_017.s
```

점검 1-3

```
. C_103 START
        :
        LDAW    100
        STAW    102
        STAW    104
        STAW    106
        STAW    108
        STAW    112
        :
.       END
// ~home/scode/smp/c_1_03_017.s
```

점검 1-4

```
. C_104 START
        :
        LDA     100
        SHL     104
        SHL     104
        SHL     100
        XOR     108
        STA     108
        :
.       END
// ~home/scode/smp/c_1_04_018.s
```

점검 1-5

```
. C_105 START
        :
        LDA     104
        SHR     100     // /2
        SHR     100     // /4
        :
.       END

// ~home/scode/smp/c_1_05_018.s
```

점검 1-6

```
. C_106 START 0
  0     LDA     104
  4     AND     100
  8     LDA     104
 12     JNZ     24
 16     SUB     100
 20     JMP     28
 24     ADD     100
 28     STA     104
        :
.       END
// ~home/scode/smp/c_1_06_019.s
```

```
. C_107 START                        점검 1-7
        :
0       LDX     104
4       CID     100
8       JZ      4

12      IN      100
16      CMPB    104
20      JZ      36

24      STAB    108[X]
28      IXBC    100   //only for X++
32      JMP     4
36      :
.       END
    // ~home/scode/smp/c_1_07_020.s
```

```
. C_108 START                        점검 1-8
0       LDX     108
4       LDAB    112[X]
8       CMPB    108
12      JZ      40

16      COD     104
20      JZ      16

24      LDAB    112[X]
28      OUT     104
32      IXBC    104   //only for X++
36      JMP     4
40      :
.       END
    // ~home/scode/smp/c_1_08_020.s
```

```
. C_109 START                        점검 1-9
0       LDA     12
4       ADD     16
8       STA     20
        :
12      DD      11
16      DD      22
20      RD      1
        :
.       END
  // ~home/scode/smp/chk/c_1_09_023.s
```

점검 1-10

```
. C_110 START
        LDA   C0
        STA   S
        LDA   C1
        STA   I

   LP   ADD   S
        STA   S    // s=i
        LDA   I
        ADD   C1
        STA   I    // i
        CMP   C100 // i<=100?
        JC    LP
        JZ    LP

        DMP   I
        DMP   S
        HALT

  C0    DD     0
  C1    DD     1
  C100  DD     100
  I     RD     1
  S     RD     1
.       END
// ~home/scode/smp/chk/c_1_10_025.s
```

점검 1-11

```
. C_111 START
        LDA   C0
        STA   I
        LDX   C0

   LP   STAW  DATA[X] // data[i]=i
        IXWC  C0      // only for X
        LDA   I
        ADD   C1
        STA   I       // i
        CMP   C100    // i<100?
        JC    LP

        DMP   I
        DMPW  DATA+198
        HALT

  C0    DD     0
  C1    DD     1
  C100  DD     100
  I     RD     1
  DATA  RW     100
.       END
// ~home/scode/smp/chk/c_1_11_025.s
```

6.2 연습 1-1 ~ 연습 1-18 해설

연습 1-1

```
. W_101 START
        :
        LDA     100
        XOR     100      // 0
        STA     100
        :
.       END

// ~home/scode/smp/wrk/w_1_01_021.s
```

연습 1-2

```
. W_102 START
        :
        LDA     100
        XOR     100
        STA     100 // 0
        LDX     100
        IXBC    100 // only for X++
        STX     100 // 1
        :
.       END
// ~home/scode/smp/wrk/w_1_02_021.s
```

연습 1-3

```
 W_103  START
        :
        LDA     100
        XOR     100
        STA     100 // 0
        LDX     100
        IXC     100 // only for X++
        STX     100 // 1
        ADD     100 // 1
        ADD     100 // 2
        ADD     100 // 3
        STA     104
        :
.       END

// ~home/scode/smp/wrk/w_1_03_021.s
```

연습 1-4

```
. W_104 START
        :
        LDA     100
        XOR     100
        STA     100 // 0
        LDX     100
        IXC     100 // only for X++
        STX     100 // 1
        ADD     100 // 1
        ADD     100 // 2
        ADD     100 // 3
        STA     104
        ADD     104 // 6
        ADD     104 // 9
        ADD     100 // 10
        STA     104
        :
.       END
// ~home/scode/smp/wrk/w_1_04_021.s
```

연습 1-5

```
. W_105 START
        :
0       LDA     100
4       XOR     100
8       STA     100     // 0
12      LDX     100
16      IXC     100     // only for
X++
20      STX     100     // 1
24      ADD     100     // 1
28      ADD     100     // 2
32      ADD     100     // 3
36      STA     104
40      ADD     104     // 6
44      ADD     104     // 9
48      ADD     100     // 10
52      STA     104

56      LDA     100     // 1
60      STA     108     // i
64      STA     112     // sum
68      LDA     108
72      ADD     100
76      STA     108     // i++
80      ADD     108
84      STA     108     // sum+=i
88      LDA     108
92      CMP     104     // i==10?
96      JNZ     68
        :
.       END

// ~home/scode/smp/wrk/w_1_05_021.s
```

연습 1-6

```
. W_106 START
0       LDA     100
4       ADD     104
8       ADD     108
12      STA     120
        :
100     DD      2
104     DD      6
108     DD      9
        :
120     RD      1       // sum
.       END
// ~home/scode/smp/wrk/w_1_06_023.s
```

연습 1-7

```
. W_107 START
0       LDA     100
4       STA     120     //sum=0
8       LDA     112
12      ADD     120
16      STA     120     // sum+=i
20      LDA     112
24      ADD     104
28      STA     112     // i++
32      CMP     108     // i <101 ?
36      JNZ     12
        :
100     DD      0       // zero
104     DD      1       // one
108     DD      101     // 101
112     DD      1       // i
        :
120     RD      1       // sum
.       END
   // ~home/scode/wrk/w_1_07_023.s
```

연습 1-8

```
W_108   START
        LDA    C2
        ADD    C6
        ADD    C9
        DMPR   A
        HALT

C2      DD     2
C6      DD     6
C9      DD     9
        END
// ~home/scode/smp/wrk/w_1_08_030.s
```

연습 1-9

```
W_109   START
        LDA    I
LP      ADD    S
        STA    S      // s=i
        LDA    I
        ADD    C1
        STA    I      // i
        CMP    C101 // i < 101?
        JC     LP

        DMP    S
        HALT

C1      DD     1
C101    DD     101
I       DD     1
S       DD     0
        END
// ~home/scode/smp/wrk/w_1_09_030.s
```

연습 1-10

```
W_110   START
        LDA    I
LP      AND    C1     // odd?
        JZ     SKIP

        LDA    I
        ADD    S
        STA    S      // s=i

SKIP    LDA    I
        ADD    C1
        STA    I      // i
        CMP    C101 // i < 101?
        JC     LP

        DMP    S
        HALT

C1      DD     1
C101    DD     101
I       DD     1
S       DD     0
        END

// ~home/scode/smp/wrk/w_1_10_030.s
```

연습 1-11

```
W_111  START
       LDA   I
LP     AND   C1    // odd?
       LDA   I
       JZ    EVN

       ADD   SODD
       STA   SODD// so+=i
       JMP   JOIN

EVN    ADD   SEVN
       STA   SEVN// se+=i

JOIN   LDA   I
       ADD   C1
       STA   I     // i++
       CMP   C101 // i < 101?
       JC    LP

       DMP   SODD
       DMP   SEVN
       HALT

C1     DD    1
C101   DD    101
I      DD    1
SODD   DD    0
SEVN   DD    0
       END
// ~home/scode/smp/wrk/w_1_11_031.s
```

연습 1-12

```
W_112  START
       LDX   C0
       LDA   C100
LP1    STAW  ARR1[X]
       SUB   C1
       IXWC  C200
       JC    LP1

       LDX   C0
LP2    LDA   ARR1[X]
       STA   ARR2[X]
       DMPW  ARR2[X]
       IXWC  C200
       JC    LP2

       HALT

C0     DD    0
C1     DD    1
C100   DD    100
C200   DD    200
ARR1   RW    100
ARR2   RW    100
       END

// ~home/scode/smp/wrk/w_1_12_031.s
```

연습 1-13

```
W_113   START
        LDA     RND
        MOD     C100
DMPR    A
        STA     MAX
        STA     MIN
        ADD     SUM
        STA     SUM
        LDX     C1

LP      LDA     RND
        MOD     C100
        DMPr    A
        CMP     MIN
        JC      N_MN //new min

        CMP     MAX
        JC      JOIN //skip
        JZ      JOIN //skip

        STA     MAX  //new max
        JMP     JOIN

N_MN    STA     MIN
JOIN    ADD     SUM
        STA     SUM
        IXBC    C10
        JC      LP

        DMP     MIN
        DMP     MAX
        DMP     SUM
        HALT

C1      DD      1
C10     DD      10
C100    DD      100
MIN     RD      1
MAX     RD      1
SUM     DD      0
        END
// ~home/scode/smp/wrk/w_1_13_031.s
```

연습 1-14

```
W_114   START
        LDX     C0
LP1     LDA     RND
        MOD     C100
        STA     ARR[X]
        DMP     ARR[X]
        IXC     C40
        JC      LP1

        LDX     C0
LP2     LDA     ARR[X]
        CMP     MIN
        JC      N_MN //new min

        CMP     MAX
        JC      JOIN //skip
        JZ      JOIN //skip

        STA     MAX  //new max
        JMP     JOIN

N_MN    STA     MIN
JOIN    ADD     SUM
        STA     SUM
        IXC     C40
        JC      LP2

        DMP     MIN
        DMP     MAX
        DMP     SUM
        HALT

C0      DD      0
C40     DD      40
C100    DD      100
ARR     RD      10
MIN     DD      100
MAX     DD      -1
SUM     DD      0
        END
// ~home/scode/smp/wrk/w_1_14_031.s
```

연습 1-15

```
W_115  START
LP0    GSUB  ARRGET
       GSUB  ARRMNX
       GSUB  ARRPUT
       LDA   I
       ADD   C1
       STA   I
       CMP   C3
       JNZ   LP0

       HALT

I      DD    0
C1     DD    1
C3     DD    3
ARR    RD    10
MIN    DD    100
MAX    DD    -1
SUM    DD    0
..............................
ARRGET LDX   C0
LP1    LDA   RND
       MOD   C100
       STA   ARR[X]
       DMP   ARR[X]
       IXC   C40
       JC    LP1

       RSUB

C0     DD    0
C40    DD    40
C100   DD    100
..............................
ARRMNX LDX   C0
LP2    LDA   ARR[X]
       CMP   MIN
       JC    N_MN //new min

       CMP   MAX
       JC    JOIN //skip
       JZ    JOIN //skip

       STA   MAX  //new max
       JMP   JOIN

N_MN   STA   MIN
JOIN   ADD   SUM
       STA   SUM
       IXC   C40
       JC    LP2

       RSUB
..............................
ARRPUT LDX   C0
       DMPS  STR1
LP3    LDA   ARR[X]
       DMPR  A
       IXC   C40
       JC    LP3

       DMPS  STR2
       DMP   MIN
       DMPS  STR3
       DMP   MAX
       DMPS  STR4
       DMP   SUM
       DMPS  STR5

       RSUB

STR1   DB    "Array"
STR2   DB    "min"
STR3   DB    "max"
STR4   DB    "sum"
STR5   DB    "-------"

       END

// ~home/scode/smp/wrk/w_1_15_032.s
```

연습 1-16

```
W_116  START
       GSUB  NGET
       GSUB  MULTI
       DMP   N1
       DMP   N2
       DMP   RV
       HALT

N1     RD    1
N2     RD    1
RV     RD    0
..............................
NGET   STU   RTA
       GSUB  HGET
       LDA   NH
       STA   N1
       GSUB  HGET
       LDA   NH
       STA   N2
       LDU   RTA
       RSUB

RTA    RD    1
NH     RD    1
..............................
MULTI  LDA   C0
       STA   RV //rv=0
       STA   J  //j=0
  LP   CMP   N2 //j==n2 ?
       JZ    FIN
       LDA   N1
       ADD   RV
       STA   RV //rv=n1

       LDA   J
       ADD   C1
       STA   J  //j++
       JMP   LP

  FIN  RSUB

  C0   DD    0
  C1   DD    1
  J    RD    1
..............................
HGET   CID   IPORT
       JZ    HGET
       AND   CFF
       IN    IPORT
       CMPB  CC0
       JC    HGET

       CMPB  CC9
       JC    DEC // decimal
       JZ    DEC // decimal

       CMPB  CCA
       JC    HGET

       CMPB  CCF
       JC    HEX // hexa
       JZ    HEX // hexa

       JMP   HGET

DEC    SUBB  CC0
       JMP   JOIN

HEX    SUBB  CCA
       ADDB  C10
JOIN   STA   NH
       RSUB

IPORT  DD    125
CFF    DD    FFh
C10    DB    10
CC0    DB    '0'
CC9    DB    '9'
CCA    DB    'A'
CCF    DB    'F'

       FILE 125,I,KEYBD
       END

// ~home/scode/smp/wrk/w_1_16_032.s
```

연습 1-17

```
W_117  START
 LP0   GSUB  MULTI
       DMP   RV
       LDA   N2
       ADD   C1
       STA   N2  //n2++
       CMP   C10 //n2==10?
       JNZ   LP0

       HALT

C10    DD    10
N1     DD    7
N2     DD    1
RV     RD    1
............................
 MULTI LDA  C0
       STA  RV //rv=0
       STA  J  //j=0
   LP  CMP  N2 //j==n2 ?
       JZ   FIN
       LDA  N1
       ADD  RV
       STA  RV //rv+=n1
       LDA  J
       ADD  C1
       STA  J  //j++
       JMP  LP
   FIN RSUB
   C0  DD   0
   C1  DD   1
   J   RD   1
       END

// ~home/scode/smp/wrk/w_1_17_032.s
```

연습 1-18

```
W_118  START
       STA   RND // seed
       LDA   RND
       MOD   C100
       STA   N1
       DMP   N1
       LDA   RND
       MOD   C100
       STA   N2
       DMP   N2
       GSUB  DIVID
       DMP   QQ
       DMP   RR
       HALT

C100   DD    100
N1     RD    1
N2     RD    1
QQ     RD    1
RR     RD    1
..............................
DIVID  LDA  C0
       STA  QQ  //q=0
  LP   LDA  N1  //
       CMP  N2  // n1>=n2?
       JC   FIN
       SUB  N2
       STA  N1  //n1-=n2
       LDA  QQ
       ADD  C1
       STA  QQ  //q++
       JMP  LP
  FIN  LDA  N1
       STA  RR
       RSUB
  C0   DD   0
  C1   DD   1
       END

// ~home/scode/smp/wrk/w_1_18_032.s
```

6.2 연습 3-1 ~ 연습 3-10 해설

연습 3-1, SVM

```
W_302 START
      LDAB  X
      ADDB  C1
      STAB  X

      LDAW  Y
      ADDW  C2
      STAW  Y

      LDA   Z
      ADD   C3
      STA   Z

      DMPB  X
      DMPW  Y
      DMP   Z
      HALT

C1    DB    1
C2    DW    2
C3    DD    3

X     DB    10
Y     DW    20
Z     DD    30
      END
// ~home/scode/smp/wrk/w_3_02_148.s
```

연습 3-1, XVM

```
W_303 START
      LDAB  X
      ADDBi 1
      STAB  X

      LDAW  Y
      ADDWi 2
      STAW  Y

      LDA   Z
      ADDi  3
      STA   Z

      DMPB  X
      DMPW  Y
      DMP   Z
      HALT

X     DB    10
Y     DW    20
Z     DD    30
      END
// ~home/scode/smp/wrk/w_3_03_148.s
```

연습 3-2, SVM

```
W_305   START
        LDA     C0
        STA     S // s=0
        LDA     C1
        STA     I // i=1

LP      ADD     S
        STA     S // s+=i

        LDA     I
        ADD     C1
        STA     I // i++

        CMP     C100
        JC      LP
        JZ      LP

        DMP     I
        DMP     S
        HALT

C0      DD      0
C1      DD      1
C100    DD      100
S       RD      1
I       RD      1
        END
// ~home/scode/smp/wrk/w_3_05_148.s
```

연습 3-2, XVM

```
W_306   START
        LDAi    0
        STA     S // s=0
        LDAi    1
        STA     I // i=1

LP      ADD     S
        STA     S // s+=i

        LDA     I
        ADD     1
        STA     I // i++

        CMPi    100
        JC      LP
        JZ      LP

        DMP     I
        DMP     S
        HALT

S       RD      1
I       RD      1
        END
// ~home/scode/smp/wrk/w_3_06_148.s
```

연습 3-3, SVM

```
W_308  START
       LDA   C0
       STA   I    // i=0
       LDX   C0

LP     ADD   Y
       ADD   C10 // i+Y+10
       STA   BUF[X]

       LDA   I
       ADD   C1
       STA   I    // i++

       IXC   C400
       JC    LP // i<100?

       DMP   I

       HALT
C0     DD    0
C1     DD    1
C10    DD    10
C400   DD    400
Y      RD    1
I      RD    1
BUF    RD    100
       END
// ~home/scode/smp/wrk/w_3_08_148.s
```

연습 3-3, XVM

```
W_309  START
       LDAi  0
       STA   I // i=0
       LDXi  BUF

LP     ADD   Y
       ADDi  10 //i+Y+10
       STA   I[X]

       LDA   I
       ADDi  1
       STA   I // i++

       CMPi  100
       JC    LP // i<100?

       DMP   I

       HALT
Y      RD    1
I      RD    1
BUF    RD    100
       END
// ~home/scode/smp/wrk/w_3_09_148.s
```

연습 3-4, SVM

```
W_311  START
       LDA   C0
       STA   I    // i=0
       LDX   C0

 LP    LDAB  STR1[X]
       CMPB  C0
       JZ    FIN

       STAB  STR2[X]
       IXBC  C0   // X++
       JMP   LP

 FIN   DMPS  STR1
       DMPS  STR2
       HALT

C0     DD    0
I      RD    1
STR1   DB    "happy"
STR2   RB    16
       END
// ~home/scode/smp/wrk/w_3_11_149.s
```

연습 3-4, XVM

```
W_312  START
       CLRr  A
       CLRr  X
       MOVrr Q,X

 LP    LDAB  STR1[X]
       CMPrr A,Q
       JZ    FIN

       STAB  STR2[X]
       IXBCr Q   // X++
       JMP   LP

 FIN   DMPS  STR1
       DMPS  STR2
       HALT

STR1   DB    "happy"
STR2   RB    16
       END

// ~home/scode/smp/wrk/w_3_12_149.s
```

연습 3-5, SVM

```
W_314  START
       LDX   YP
       LDA   C3
       STA   0[X]

       DMP   Y
       HALT

C3     DD    3
Y      RD    1
YP     DD    Y
       END

// ~home/scode/smp/wrk/w_3_14_149.s
```

연습 3-5, XVM

```
W_315  START
       LDAi  Y
       STA   YP
       LDAi  3
       STAn  YP

       DMP   Y
       HALT

Y      RD    1
YP     RD    1
       END

// ~home/scode/smp/wrk/w_3_15_149.s
```

연습 3-6, SVM

```
W_317  START
       LDA    I
       XOR    I
       STA    I       // i=0

       LDX    BP
 LP    LDA    C3
       STA    0[X]
       IXC    C100  //x

       LDA    I
       ADD    C1
       STA    I

       CMP    C100  // i<100?
       JC     LP

       DMP    I
       DMP    -4[X] // BUF[99]
       HALT

C1     DD     1
C3     DD     3
C100   DD     100
I      RD     1
BP     DD     BUF
BUF    RD     100
       END

// ~home/scode/smp/wrk/w_3_17_149.s
```

연습 3-6, XVM

```
W_318  START
       CLRr   A
       STA    I         // i=0
       LDAi   BUF

       STA    BP        // bp=buf
       LDA    I
 LP    STAn   BP        // *bp=i

       LDA    BP
       ADDi   4
       STA    BP        //bp++

       LDA    I
       ADDi   1
       STA    I         //i++

       CMPi   100
       JC     LP

       DMP    I

       LDA    BP
       SUBi   4         // buf[99]
       MOVrr  P,A
       DMPrn  P
       HALT

I      RD     1
BP     RD     1
BUF    RD     100
       END
// ~home/scode/smp/wrk/w_3_18_149.s
```

연습 3-7

```
int     var1 = 20, var2 = 30, var3;
int    *vp1 = &var1, *vp2 = &var2,
                    *vp3 = &var3;
main() {
 *vp3 = *vp1 + *vp2;
 printf("%d,%d₩n", *vp3, var3)
}

   // ~home/scode/smp/wrk/w_3_20_150.c
```

연습 3-8

```
int      vars[3] = {20, 30, 0};
int      two = 2, *vp = vars;

main() {
  for (  ; vp != vars + 2; vp++)
     *(vars + 2) += *vp;
  printf("%d,%d,%d₩n", *(vars + 2),
                          *vp, vp[0]);
}
   // ~home/scode/smp/wrk/w_3_22_150.c
```

연습 3-9

```
short    vars[3] = {20, 30, }, *vp;
char     i;
main()
{
  register  s = 0;
  for (vp = vars, i=0; i != 2;
                       vp++, i++) {
    s += *vp;
  }
  *vp = s;
  printf("%d,%d₩n", *vp, vars[2]);
}
   // ~home/scode/smp/wrk/w_3_24_151.c
```

연습 3-10

```
int      var1 = 20, var2;

main()
{
         var2 = var1 + 3;
         printf("%d₩n", var2);
}

   // ~home/scode/smp/wrk/w_3_26_151.c
```

6.3 연습 5-1 ~ 연습 5-3 해설

연습 5-1 ①

```
W_503  START
       .global  X,Y,SUM
       .extern  ADDTW

MAIN   .function
       LDSi   STACK+16
       LDQi   1
       STQ    X
       INCBr  Q
       STQ    Y

       DMP    X
       DMP    Y

       CALL   ADDTW
       DMP    SUM
       HALT
STACK  RB     16
       .fend

X      RD     1
Y      RD     1
SUM    RD     1
       END
// ~home/scode/smp/wrk/w_5_03_228.s
```

연습 5-1 ②

```
W_504  START
       .extern  X,Y,SUM
       .global  ADDTW

ADDTW  .function
       LDA    X
       ADD    Y
       STA    SUM
       RET
       .fend
       END
// ~home/scode/smp/wrk/w_5_04_228.s
```

연습 5-2 ①

```
W_507  START
       .extern   X,Y,SUM
       .extern   ADDTW
MAIN   .function
       LDSi   STACK+16
       LDQi   1
       STQ    X
       INCBr Q
       STQ    Y
       DMP X
       DMP Y
       CALL   ADDTW
       DMP    SUM
       HALT
STACK RB      16
      .fend
       END
// ~home/scode/smp/wrk/w_5_07_228.s
```

연습 5-2 ②

```
W_508  START
       .global   X,Y,SUM
       .global   ADDTW
ADDTW  .function
       LDA    X
       ADD    Y
       STA    SUM
       RET
       .fend
X      RD     1
Y      RD     1
SUM    RD     1
       END
// ~home/scode/smp/wrk/w_5_08_228.s
```

연습 5-3 ①

```
W_511  START
       .extern   Y,SUM,ADDTW
       .global   X
MAIN   .function
       LDSi   STACK+16
       LDQi   1
       STQ    X
       INCBr Q
       STQ    Y
       DMP X
       DMP Y
       CALL   ADDTW
       DMP    SUM
       HALT
STACK RB      16
      .fend
X      RD     1
       END
// ~home/scode/smp/wrk/w_5_11_229.s
```

연습 5-3 ②

```
W_512  START
       .global   ADDTW
       .global   Y,SUM
       .extern   X
ADDTW  .function
       LDA    X
       ADD    Y
       STA    SUM
       RET
       .fend
Y      RD     1
SUM    RD     1
       END
// ~home/scode/smp/wrk/w_5_12_229.s
```

연습 5-4 ①

```
W_514  START
       .extern  RTEST
       .global  RVAL
MAIN   .function
       LDBi   HEAP
       GSUB   RTEST
       DMP    RVAL
       HALT
HEAP   RB     128
       .fend
RVAL   RD     1
       END

// ~home/scode/smp/wrk/w_5_14_229.s
```

연습 5-4 ②

```
W_515  START
       .extern  RVAL
       .global  RTEST
RTEST  .function
       STA     RND
       LDA     RND
       MODi    10
       DMPr    A
       STA     TMP
       STA     BUF
       LDA     RND
       MODi    10
       DMPr    A
       ADD     TMP
       STA     @RVAL
       RSUB
       .auto
TMP    RD   20
BUF    RD   20
       .fend
       END

// ~home/scode/smp/wrk/w_5_15_229.s
```

부록: XVM 어셈블러를 위한 보완/추가 소스코드

```
/* optab.c */
#define MAX_OLEN        8
#define MAX_OPTAB       (sizeof(OPTAB) / sizeof(struct optab))

typedef struct optab {
        char            mnemonic[MAX_OLEN];
        unsigned char   opcode;
        unsigned char   n_operand;
        unsigned char   n_register;            // Register ? or not
        unsigned char   in_mode;               // i or n
} Optab;

#define     IM      0x2             // immediate
#define     NM      0x1             // indirect
#define     XM      (IM | NM)       // all(none, normal, XVM)

Optab   OPTAB[] = {
   "LDAr",  0x00,1,1,XM,            0x01,1,1,XM,            0x02,1,1,XM,  "LDBr", 0x03,1,1,XM,
   "LDArn", 0x00,1,1,NM, "LDAWrn",0x01,1,1,NM, "LDABrn",0x02,1,1,NM, "LDBrn",0x03,1,1,NM,
   "LDAi",  0x00,1,0,IM, "LDAWi", 0x01,1,0,IM, "LDABi", 0x02,1,0,IM, "LDBi", 0x03,1,0,IM,
   "LDAn",  0x00,1,0,NM, "LDAWn", 0x01,1,0,NM, "LDABn", 0x02,1,0,NM, "LDBn", 0x03,1,0,NM,
   "LDA",   0x00,1,0,XM, "LDAW",  0x01,1,0,XM, "LDAB",  0x02,1,0,XM, "LDB",  0x03,1,0,XM,

   "LDXr",  0x04,1,1,XM, "LDUr",  0x05,1,1,XM, "LDPr",  0x06,1,1,XM, "LDQr", 0x07,1,1,XM,
   "LDXrn", 0x04,1,1,NM, "LDUrn", 0x05,1,1,NM, "LDPrn", 0x06,1,1,NM, "LDQrn",0x07,1,1,NM,
   "LDXi",  0x04,1,0,IM, "LDUi",  0x05,1,0,IM, "LDPi",  0x06,1,0,IM, "LDQi", 0x07,1,0,IM,
   "LDXn",  0x04,1,0,NM, "LDUn",  0x05,1,0,NM, "LDPn",  0x06,1,0,NM, "LDQn", 0x07,1,0,NM,
   "LDX",   0x04,1,0,XM, "LDU",   0x05,1,0,XM, "LDP",   0x06,1,0,XM, "LDQ",  0x07,1,0,XM,

   "STAr",  0x08,1,1,XM,            0x09,1,1,XM,            0x0A,1,1,XM,  "LDSr", 0x0B,1,1,XM,
   "STArn", 0x08,1,1,NM, "STAWrn",0x09,1,1,NM, "STABrn",0x0A,1,1,NM, "LDSrn",0x0B,1,1,NM,
                                                                       "LDSi", 0x0B,1,0,IM,
   "STAn",  0x08,1,0,NM, "STAWn", 0x09,1,0,NM, "STABn", 0x0A,1,0,NM, "LDSn", 0x0B,1,0,NM,
   "STA",   0x08,1,0,XM, "STAW",  0x09,1,0,XM, "STAB",  0x0A,1,0,XM, "LDS",  0x0B,1,0,XM,

   "STXr",  0x0C,1,1,XM, "STUr",  0x0D,1,1,XM, "STBr",  0x0E,1,1,XM, "STPr", 0x0F,1,1,XM,
   "STXrn", 0x0C,1,1,NM, "STUrn", 0x0D,1,1,NM, "STBrn", 0x0E,1,1,NM, "STPrn",0x0F,1,1,NM,
   "STXn",  0x0C,1,0,NM, "STUn",  0x0D,1,0,NM, "STBn",  0x0E,1,0,NM, "STPn", 0x0F,1,0,NM,
   "STX",   0x0C,1,0,XM, "STU",   0x0D,1,0,XM, "STB",   0x0E,1,0,XM, "STP",  0x0F,1,0,XM,

   "ADDrr", 0x10,2,2,XM,
   "ADDr",  0x10,1,1,XM,                                               "STQr", 0x13,1,1,XM,
   "ADDrn", 0x10,1,1,NM, "ADDWrn",0x11,1,1,NM, "ADDBrn",0x12,1,1,NM, "STQrn",0x13,1,1,NM,
   "ADDi",  0x10,1,0,IM, "ADDWi", 0x11,1,0,IM, "ADDBi", 0x12,1,0,IM,
   "ADDn",  0x10,1,0,NM, "ADDWn", 0x11,1,0,NM, "ADDBn", 0x12,1,0,NM, "STQn", 0x13,1,0,NM,
   "ADD",   0x10,1,0,XM, "ADDW",  0x11,1,0,XM, "ADDB",  0x12,1,0,XM, "STQ",  0x13,1,0,XM,

   "SUBrr", 0x14,2,2,XM,                                               "MODrr",0x17,2,2,XM,
   "SUBr",  0x14,1,1,XM,                                               "MODr", 0x17,1,1,XM,
   "SUBrn", 0x14,1,1,NM, "SUBWrn",0x15,1,1,NM, "SUBBrn",0x16,1,1,NM, "MODrn",0x17,1,1,NM,
   "SUBi",  0x14,1,0,IM, "SUBWi", 0x15,1,0,IM, "SUBBi", 0x15,1,0,IM, "MODi", 0x17,1,0,IM,
   "SUBn",  0x14,1,0,NM, "SUBWn", 0x15,1,0,NM, "SUBBn", 0x16,1,0,NM, "MODn", 0x17,1,0,NM,
   "SUB",   0x14,1,0,XM, "SUBW",  0x15,1,0,XM, "SUBB",  0x16,1,0,XM, "MOD",  0x17,1,0,XM,
```

==> 다음 페이지에 계속

```
"ANDrr", 0x18,2,2,XM,  "ORrr",   0x19,2,2,XM,  "XORrr",  0x1A,2,2,XM,  "MOVrr",0x1B,2,2,XM,
"ANDr",  0x18,1,1,XM,  "ORr",    0x19,1,1,XM,  "XORr",   0x1A,1,1,XM,
"ANDrn", 0x18,1,1,NM,  "ORrn",   0x19,1,1,NM,  "XORrn",  0x1A,1,1,NM,
"ANDi",  0x18,1,0,IM,  "ORi",    0x19,1,0,IM,  "XORi",   0x1A,1,0,IM,
"ANDn",  0x18,1,0,NM,  "ORn",    0x19,1,0,NM,  "XORn",   0x1A,1,0,NM,
"AND",   0x18,1,0,XM,  "OR",     0x19,1,0,XM,  "XOR",    0x1A,1,0,XM,

"SHLrr", 0x1C,2,2,XM,  "SHRrr",  0x1D,2,2,IM,                          "CLRr", 0x1F,1,1,XM,
"SHLr",  0x1C,1,1,XM,  "SHRr",   0x1D,1,1,IM,  "STSr",   0x1E,1,1,XM,
"SHLrn", 0x1C,1,1,NM,  "SHRrn",  0x1D,1,1,NM,  "STSrn",  0x1E,1,1,NM,
"SHLi",  0x1C,1,0,IM,  "SHRi",   0x1D,1,0,IM,
"SHLn",  0x1C,1,0,NM,  "SHRn",   0x1D,1,0,NM,  "STSn",   0x1E,1,0,NM,
"SHL",   0x1C,1,0,XM,  "SHR",    0x1D,1,0,XM,  "STS",    0x1E,1,0,XM,

"CMPrr", 0x20,2,2,XM,                                                  "PUSHr", 0x23,1,1,XM,
"CMPr",  0x20,1,1,XM,
"CMPrn", 0x20,1,1,NM,  "CMPWrn",0x21,1,1,NM,   "CMPBrn",0x22,1,1,NM,   "PUSHrn",0x23,1,1,NM,
"CMPi",  0x20,1,0,IM,  "CMPWi", 0x21,1,0,IM,   "CMPBi", 0x22,1,0,IM,   "PUSHi", 0x23,1,0,IM,
"CMPn",  0x20,1,0,NM,  "CMPWn", 0x21,1,0,NM,   "CMPBn", 0x22,1,0,NM,   "PUSHn", 0x23,1,0,NM,
"CMP",   0x20,1,0,XM,  "CMPW",  0x21,1,0,XM,   "CMPB",  0x22,1,0,XM,   "PUSH",  0x23,1,0,XM,

"IXCr",  0x24,1,1,XM,  "IXWCr", 0x25,1,1,XM,   "IXBCr", 0x26,1,1,XM,   "POPr",  0x27,1,1,XM,
"IXCrn", 0x24,1,1,NM,  "IXWCrn",0x25,1,1,NM,   "IXBCrn",0x26,1,1,NM,   "POPrn", 0x27,1,1,NM,
"IXCi",  0x24,1,0,IM,  "IXWCi", 0x25,1,0,IM,   "IXBCi", 0x26,1,0,IM,   "POPn",  0x27,1,0,NM,
"IXCn",  0x24,1,0,NM,  "IXWCn", 0x25,1,0,NM,   "IXBCn", 0x26,1,0,NM,
"IXC",   0x24,1,0,XM,  "IXWC",  0x25,1,0,XM,   "IXBC",  0x26,1,0,XM,   "POP",   0x27,1,0,XM,

"JZr",   0x28,1,1,XM,  "JNZr",  0x29,1,1,XM,   "JCr",   0x2A,1,1,XM,   "JMPr",  0x2B,1,1,XM,
"JZrn",  0x28,1,1,NM,  "JNZrn", 0x29,1,1,NM,   "JCrn",  0x2A,1,1,NM,   "JMPrn", 0x2B,1,1,NM,
"JZi",   0x28,1,0,IM,  "JNZi",  0x29,1,0,IM,   "JCi",   0x2A,1,0,IM,   "JMPi",  0x2B,1,0,IM,
"JZn",   0x28,1,0,NM,  "JNZn",  0x29,1,0,NM,   "JCn",   0x2A,1,0,NM,   "JMPn",  0x2B,1,0,NM,
"JZ",    0x28,1,0,XM,  "JNZ",   0x29,1,0,XM,   "JC",    0x2A,1,0,XM,   "JMP",   0x2B,1,0,XM,

"GSUBr", 0x2C,1,1,XM,                          "CALLr", 0x2E,1,1,XM,   "RET",   0x2F,0,0,XM,
"GSUBrn",0x2C,1,1,NM,                          "CALLrn",0x2E,1,1,NM,
"GSUBi", 0x2C,1,0,IM,                          "CALLi", 0x2E,1,0,IM,
"GSUBn", 0x2C,1,0,NM,                          "CALLn", 0x2E,1,0,NM,
"GSUB",  0x2C,1,0,XM,  "RSUB",  0x2D,0,0,XM,   "CALL",  0x2E,1,0,XM,

"CIDr",  0x30,1,1,XM,  "INCr",  0x31,1,1,XM,   "CODr",  0x32,1,1,XM,   "INCWr", 0x33,1,1,XM,
"CIDrn", 0x30,1,1,NM,                          "CODrn", 0x32,1,1,NM,
"CIDi",  0x30,1,0,IM,                          "CODi",  0x32,1,0,IM,
"CIDn",  0x30,1,0,NM,                          "CODn",  0x32,1,0,NM,
"CID",   0x30,1,0,XM,                          "COD",   0x32,1,0,XM,

"INr",   0x34,1,1,XM,  "DECr",  0x35,1,1,XM,   "OUTr",  0x36,1,1,XM,   "DECWr", 0x37,1,1,XM,
"INrn",  0x34,1,1,NM,                          "OUTrn", 0x36,1,1,NM,
"INi",   0x34,1,0,IM,                          "OUTi",  0x36,1,0,IM,
"INn",   0x34,1,0,NM,                          "OUTn",  0x36,1,0,NM,
"IN",    0x34,1,0,XM,                          "OUT",   0x36,1,0,XM,

                       "DMPr",  0x39,1,1,XM,
                       "DMPrn" ,0x39,1,1,NM,   "DMPWrn",0x3A,1,1,NM,   "DMPBrn",0x3B,1,1,NM,
                       "DMPi",  0x39,1,0,IM,
                       "DMPn",  0x39,1,0,NM,   "DMPWn", 0x3A,1,0,NM,   "DMPBn", 0x3B,1,0,NM,
                       "DMP",   0x39,1,0,XM,   "DMPW",  0x3A,1,0,XM,   "DMPB",  0x3B,1,0,XM,
```

==> 다음 페이지에 계속

```
    "ANDrr", 0x18,2,2,XM,  "ORrr",  0x19,2,2,XM,  "XORrr", 0x1A,2,2,XM,  "MOVrr",0x1B,2,2,XM,
    "ANDr",  0x18,1,1,XM,  "ORr",   0x19,1,1,XM,  "XORr",  0x1A,1,1,XM,
    "ANDrn", 0x18,1,1,NM,  "ORrn",  0x19,1,1,NM,  "XORrn", 0x1A,1,1,NM,
    "ANDi",  0x18,1,0,IM,  "ORi",   0x19,1,0,IM,  "XORi",  0x1A,1,0,IM,
    "ANDn",  0x18,1,0,NM,  "ORn",   0x19,1,0,NM,  "XORn",  0x1A,1,0,NM,
    "AND",   0x18,1,0,XM,  "OR",    0x19,1,0,XM,  "XOR",   0x1A,1,0,XM,

    "SHLrr", 0x1C,2,2,XM,  "SHRrr", 0x1D,2,2,IM,                         "CLRr", 0x1F,1,1,XM,
    "SHLr",  0x1C,1,1,XM,  "SHRr",  0x1D,1,1,IM,  "STSr",  0x1E,1,1,XM,
    "SHLrn", 0x1C,1,1,NM,  "SHRrn", 0x1D,1,1,NM,  "STSrn", 0x1E,1,1,NM,
    "SHLi",  0x1C,1,0,IM,  "SHRi",  0x1D,1,0,IM,
    "SHLn",  0x1C,1,0,NM,  "SHRn",  0x1D,1,0,NM,  "STSn",  0x1E,1,0,NM,
    "SHL",   0x1C,1,0,XM,  "SHR",   0x1D,1,0,XM,  "STS",   0x1E,1,0,XM,

    "CMPrr", 0x20,2,2,XM,                                                "PUSHr", 0x23,1,1,XM,
    "CMPr",  0x20,1,1,XM,
    "CMPrn", 0x20,1,1,NM,  "CMPWrn",0x21,1,1,NM,  "CMPBrn",0x22,1,1,NM,  "PUSHrn",0x23,1,1,NM,
    "CMPi",  0x20,1,0,IM,  "CMPWi", 0x21,1,0,IM,  "CMPBi", 0x22,1,0,IM,  "PUSHi", 0x23,1,0,IM,
    "CMPn",  0x20,1,0,NM,  "CMPWn", 0x21,1,0,NM,  "CMPBn", 0x22,1,0,NM,  "PUSHn", 0x23,1,0,NM,
    "CMP",   0x20,1,0,XM,  "CMPW",  0x21,1,0,XM,  "CMPB",  0x22,1,0,XM,  "PUSH",  0x23,1,0,XM,

    "IXCr",  0x24,1,1,XM,  "IXWCr", 0x25,1,1,XM,  "IXBCr", 0x26,1,1,XM,  "POPr",  0x27,1,1,XM,
    "IXCrn", 0x24,1,1,NM,  "IXWCrn",0x25,1,1,NM,  "IXBCrn",0x26,1,1,NM,  "POPrn", 0x27,1,1,NM,
    "IXCi",  0x24,1,0,IM,  "IXWCi", 0x25,1,0,IM,  "IXBCi", 0x26,1,0,IM,  "POPn",  0x27,1,0,NM,
    "IXCn",  0x24,1,0,NM,  "IXWCn", 0x25,1,0,NM,  "IXBCn", 0x26,1,0,NM,
    "IXC",   0x24,1,0,XM,  "IXWC",  0x25,1,0,XM,  "IXBC",  0x26,1,0,XM,  "POP",   0x27,1,0,XM,

    "JZr",   0x28,1,1,XM,  "JNZr",  0x29,1,1,XM,  "JCr",   0x2A,1,1,XM,  "JMPr",  0x2B,1,1,XM,
    "JZrn",  0x28,1,1,NM,  "JNZrn", 0x29,1,1,NM,  "JCrn",  0x2A,1,1,NM,  "JMPrn", 0x2B,1,1,NM,
    "JZi",   0x28,1,0,IM,  "JNZi",  0x29,1,0,IM,  "JCi",   0x2A,1,0,IM,  "JMPi",  0x2B,1,0,IM,
    "JZn",   0x28,1,0,NM,  "JNZn",  0x29,1,0,NM,  "JCn",   0x2A,1,0,NM,  "JMPn",  0x2B,1,0,NM,
    "JZ",    0x28,1,0,XM,  "JNZ",   0x29,1,0,XM,  "JC",    0x2A,1,0,XM,  "JMP",   0x2B,1,0,XM,

    "GSUBr", 0x2C,1,1,XM,                         "CALLr", 0x2E,1,1,XM,  "RET",   0x2F,0,0,XM,
    "GSUBrn",0x2C,1,1,NM,                         "CALLrn",0x2E,1,1,NM,
    "GSUBi", 0x2C,1,0,IM,                         "CALLi", 0x2E,1,0,IM,
    "GSUBn", 0x2C,1,0,NM,                         "CALLn", 0x2E,1,0,NM,
    "GSUB",  0x2C,1,0,XM,  "RSUB",  0x2D,0,0,XM,  "CALL",  0x2E,1,0,XM,

    "CIDr",  0x30,1,1,XM,  "INCr",  0x31,1,1,XM,  "CODr",  0x32,1,1,XM,  "INCWr", 0x33,1,1,XM,
    "CIDrn", 0x30,1,1,NM,                         "CODrn", 0x32,1,1,NM,
    "CIDi",  0x30,1,0,IM,                         "CODi",  0x32,1,0,IM,
    "CIDn",  0x30,1,0,NM,                         "CODn",  0x32,1,0,NM,
    "CID",   0x30,1,0,XM,                         "COD",   0x32,1,0,XM,

    "INr",   0x34,1,1,XM,  "DECr",  0x35,1,1,XM,  "OUTr",  0x36,1,1,XM,  "DECWr", 0x37,1,1,XM,
    "INrn",  0x34,1,1,NM,                         "OUTrn", 0x36,1,1,NM,
    "INi",   0x34,1,0,IM,                         "OUTi",  0x36,1,0,IM,
    "INn",   0x34,1,0,NM,                         "OUTn",  0x36,1,0,NM,
    "IN",    0x34,1,0,XM,                         "OUT",   0x36,1,0,XM,
                           "DMPr",  0x39,1,1,XM,
                           "DMPrn" ,0x39,1,1,NM,  "DMPWrn",0x3A,1,1,NM,  "DMPBrn",0x3B,1,1,NM,
                           "DMPi",  0x39,1,0,IM,
                           "DMPn",  0x39,1,0,NM,  "DMPWn", 0x3A,1,0,NM,  "DMPBn", 0x3B,1,0,NM,
                           "DMP",   0x39,1,0,XM,  "DMPW",  0x3A,1,0,XM,  "DMPB",  0x3B,1,0,XM,

    "DMPS",  0x3C,1,0,XM,  "INCBr", 0x3D,1,1,XM,  "DECBr", 0x3E,1,1,XM,  "HALT",  0x3F,0,0,XM,
    "DMPSrn",0x3C,1,1,NM,
    "DMPSn", 0x3C,1,0,NM,
};                  /* ~home/asm/asm_x22/optab.c → 57쪽 optab.c와 비교(전체수정) */
```

```
/* len_mnmo.c */
int len_mnemonic(Optab *op)
{
        switch(op->n_register) {
         case 0: break;
         case 1: return(2);
         case 2:
         case 3: return(3);
        }
        if (OPerand && op->n_operand) {
                if (*OPerand == '@' || strstr(OPerand, "RND"))
                        return(5);
        }
        return(4);
}          /* ~home/asm/asm_x22/len_mnmo.c → 100쪽 len_mnmo.c와 비교(전체 수정)*/
```

```
/* cal_term.c */
#define  TERM_SYM            1
#define  TERM_CONST          2

int  cnv_one_term(char *term, int *t_type) // ex) cal_one_term( "BUF" )
{                                          // ex) cal_one_term( "10h" )
   int val;                                // ex) cal_one_term( "'AB'" )

   *t_type = TERM_CONST;

   if (isdigit(term[0]) || term[strlen(term) -1] == 'h') {  // const
      if ((val = str2int(term)) == INV_VAL)
         fprintf(stderr, "%s --> Operand number '%s' is not valid ...\n",
                                                   LBUF, term), exit(11);
   }
   else if (term[0] == '\'') {                             // 'A', 'AB', ...
      if ((val = asc2int(term)) == INV_VAL)
         fprintf(stderr, "%s --> Operand number '%s' is not valid ...\n",
                                                   LBUF, term), exit(11);
   }
   else {                                                  // symbol
      if ((val = see_SYMTAB(term)) == INV_VAL)
         fprintf(stderr, "%s --> Operand symbol '%s' is not defined ...\n",
                                                   LBUF, term), exit(12);
         *t_type = TERM_SYM;
   }
   return(val);
}          /* ~home/asm/asm_x22/cal_term.c → 63쪽 cal_term.c와 비교(부분 삽입)*/
```

```
/* cal_expr.c */

#define  EXP_ABS      0x01     // absolute
#define  EXP_REL      0x02     // relative

int cal_one_expr(char *expr, int *e_type) // ex) cal_one_expr( "BUF" )
{                                         // ex) cal_one_expr( "VAR3+4" )
        int     expv, v1, v2, sign,;      // ex) cal_one_expr( "10h+10" )
        int     t_type1, t_type2;
        char    *pp = NULL, *mp = NULL, *v2p = NULL;    // pp:'+', mp:'-'

        if ((sign = issign(*expr)) != 0)  expr++;
        else                              sign = 1;

        if (pp = strchr(expr, '+'))       *pp = 0;
        else if (mp = strchr(expr, '-'))  *mp = 0;

        if (pp)         v2p = pp + 1;
        else if (mp)    v2p = mp + 1;

        v1 = sign * cnv_one_term(expr, &t_type1);
        if (v2p)        v2 = cnv_one_term(v2p, &t_type2);

        if (pp)         expv = v1 + v2;
        else if (mp)    expv = v1 - v2;
        else            expv = v1;

        *e_type = EXP_REL;

        if (v2p) {
                if ((t_type1 == TERM_CONST && t_type2 == TERM_CONST) ||
                        (t_type1 != TERM_CONST && t_type2 != TERM_CONST))
                                *e_type = EXP_ABS;
        }
        else {
                if (stype1 == SYM_CONST)
                                *e_type = EXP_ABS;
        }
        return(expv);
}         /* ~home/asm/asm_x22/cal_expr.c ==> 62쪽 cal_expr.c와 비교(부분 삽입)*/
```

```
int  issign(int  c)
{
  switch(c) {
   case  '+'  : return 1;
   case  '-'  : return -1;
   default    : return 0;
  }
}
```

```
/* cal_mnmo.c */

#define OP_XBIT   0x800000
#define OP_BBIT   0x00400000
#define OP_CBIT   0x00200000
#define OP_RBIT   0x00100000

#define OPR_ABS 0x04    // absolute mode
#define OPR_EXT 0x08    // extend mode

int cal_nm_oprnd(char *oprnd, int *mode) // operand of mnemonic code
{                               // ex) cal_nm_oprnd("BUF")
  char buf[128], *xp;           // ex) cal_nm_oprnd("VAR3+4")
  int         opr, e_type;      // ex) cal_nm_oprnd("BUF[X]")

  strcpy(buf, oprnd);           // keep unchanged original operand string
  if (xp = strchr(buf, '[')) { // '[X]' ?
     if (strcmp(xp, "[X]"))
        fprintf(stderr, "%s --> Operand is not valid ...\n", LBUF), exit(10);
     *xp = 0;
  }
  opr = cal_one_expr(buf, &e_type);     // CON +/-const, SYM+/-const

  if (e_type & EXP_ABS) *mode |= OPR_ABS;

  if (!(*mode & OPR_ABS)) {                // 4 bytes normal relative mode
      opr = (opr - (LOC + 4)) & 0xfffff; // LOC advances 4 bytes
      opr |= OP_CBIT;                     // PC relative
  }
  else if (*mode & OPR_EXT) {             // 5 bytes absolute mode
      opr &= 0xffffff;
      opr |= ((OP_BBIT | OP_CBIT) << 8); //  (B, P) == (1, 1)
  }
  else                                    // 4 bytes absolute mode
      opr &= 0xfffff;

  opr &= 0x007fffff;                      // for minus value

  if (xp) opr |= OP_XBIT;

  return(opr);
}          /* ~home/asm/asm_x22/cal_mnmo.c ==> 61쪽 cal_mnmo.c와 비교(부분 삽입) */
```

```
/* asm_mnmo.c */

int asm_mnemonic(Optab *op)
{
	char	*orp = OPerand;
	char	*obp = (char *)OBJC;
	int	len, mode, opr, i;
	unsigned long long  obc;		// 8byte

	obc = (op->opcode << 24) | (op->in_mode << (24 + 6));
					// (OP_IBIT, OP_NBIT) == (I, N)
	if (op->n_register) {
		switch(op->n_register) {
		  case 1: obc |= (OP_RBIT | OP_XBIT);
			  len = 2; break;
		  case 2: obc |= (OP_RBIT | OP_XBIT | OP_BBIT);
			  len = 3; break;
		  case 3: obc |= (OP_RBIT | OP_XBIT | OP_BBIT | OP_CBIT);
			  len = 3; break;
		}
		opr = cal_nm_rgstr(op, orp);   // r1,r2,r3 / r1,r2,00 / r1,00,00
		obc = (obc >> 8) | opr;	      // for 3 bytes
		if (len == 2) obc >>= 8;      // for 2 bytes
	}
	else if (op->n_operand) {
		mode = 0;

		if (*orp == '@' || !strcmp(orp, "RND"))
		    mode |= (OPR_EXT | OPR_ABS);
		if (*orp == '@') orp++;

		opr = cal_nm_oprnd(orp, &mode);

		if (mode & OPR_EXT) {
			obc = (obc << 8) | (unsigned int)opr;
			len = 5;
		}
		else {
			obc |= opr;
			len = 4;
		}
	}
	else	len = 4;

	OBJC[0] = len;
	for (i = len; i >= 1; i--)
		OBJC[len -i +1] = obc >> ((i -1) * 8);

	return(len);
}	/* ~home/asm/asm_x22/asm_mnmo.c ==> 59쪽 asm_mnmo.c와 비교(전체 수정) */
```

```
/* cal_rgst.c */

int cal_nm_rgstr(Optab *op, char  *oprnd)
{                                                   // P     ==> 0x500
        int     i, rn, opr = 0;                     // P,Q   ==> 0x560
        char    buf[16], *rp;                       // P,Q,S ==> 0x567

        strcpy(buf, oprnd);

        rp = strtok(buf, " ,₩t₩n₩r");

        for (i = 0; i < op->n_register; i++) {
                if (!rp)
                        fprintf(stderr, "%s --> Register is missing ...₩n",
                                                        LBUF), exit(10);

                rn = get_rgstno(rp);

                opr = opr << 4 | rn;

                rp = strtok(NULL, " ,₩t₩n₩r");
        }

        if (rp)
                fprintf(stderr, "%s --> Extra register...₩n", LBUF), exit(10);

        for ( ; i < 3; i++)      // 003 --> 300
                opr <<= 4;

        return(opr);
}                          /* ~home/asm/asm_x22/cal_rgst.c ==> 새로 삽입*/
```

찾 아 보기(위치순)

찾 아 보기(단어순)